格差社会
のなかの
自己イメージ

数土直紀［編著］
Sudo Naoki

勁草書房

はしがき

　本書は，格差社会を主題にしている．格差社会を問題として取り上げている図書は少なくないが，本書と類書の異なる点は，本書が格差の実態を直接的に問題にしているのではなく，格差社会を生きる人びとの意識を問題にしている点である．格差社会が問題だというのは，とうぜん格差によって道理に合わない苦難を強いられている人びとが存在するからである．とうぜん，そうした人びとの苦難を実証的に明らかにし，解決のための道筋を明らかにすることには大きな意味がある．しかし，私たちが社会を生きるうえで問題を抱え込むのは，雇用身分の不安定さ，所得の低さ，社会保障の不完全さといった目にみえる部分だけにあるのではない．実際は，可視化することの難しい私たちの内面にも格差社会の影響は及んでいる．私たちの意識も，（格差）社会のあり方を反映しており，そしてそのことでさまざまな問題を生じさせてもいる．したがって，格差の現実態を明らかにすることも重要だが，そこに加えて"私たちが格差社会の下で何を考え，そして何を意識しているのか"を明らかにすることもまた大切になる．そうした問題意識の下，本書では，総中流社会から格差社会への変化を象徴的にあらわしているものとして特に階層帰属意識に焦点をあてつつ，格差社会の下での人びとの階層意識を明らかにしようとしている．

　また本書での議論は，2015 年の冬から春にかけて実施された 2015 年「階層と社会意識全国調査」（第 1 回 SSP 調査）のデータに依拠している．第 1 回 SSP 調査は，吉川徹（大阪大学）が中心になって展開されている SSP（Stratification and Social Psychology）プロジェクトの一環として実施された．ちなみに，第 1 回 SSP 調査は，従来の社会調査データとの比較可能性を担保しつつ，新しい調査方法を積極的に導入した革新的な社会調査である．具体的には，大規模全国調査に CAPI 法と呼ばれるコンピュータ（タブレット端末）を用いた

個別聴取面接法を野心的に採用している．実際に，この方法を採用することで，調査データのコーディングやデータクリーニングの効率が格段にあがり，調査実施後の比較的早い時期からさまざまな学術的な成果を上げることが可能になった（詳細については，SSP プロジェクトの web サイトである http://ssp.hus.osaka-u.ac.jp/ を参照してほしい）．

　もちろん，ほんとうに重要なのは結果であり，方法ではないことは十分に承知している．私たちとしては，与えられたデータのなかに意味のある結果をみいだせるよう最善の努力を積み重ねてきた．そしてその一部を書籍という形で公開できることに喜びを感じている．本書を通じて，日本社会が抱えている多くの問題を，たとえその一端でも伝えることができていればと願っている．

執筆者を代表して

数土直紀

目　次

格差社会のなかの自己イメージ

iv 目 次

はしがき……………………………………………………数土直紀

第Ⅰ部 階層意識とライフスタイル

第1章 「社会の形」から考える格差社会 ………………神林博史 3
──階層イメージを手がかりに

1 「社会の形」から社会を考える　3

2 階層イメージ　6

3 データ　10

4 分析　10

5 階層イメージからみた格差社会　19

第2章 働き方と幸福感の連関構造 …………………………橋爪裕人 22

1 働き方の格差と幸福　22

2 非正規は不幸になったのか　27

3 正規はなぜ満足化したか　34

4 正規という働き方は自分が手に入れた地位になった　43

第3章 若者の地位アイデンティティ ………………狭間諒多朗 46
──現在志向と宗教性の効果に注目して

1 注目される若者の意識　46

2 下流化する若者の地位アイデンティティ　49

3 変化する社会への意識の適応　50

4 現在志向と宗教性が地位アイデンティティに与える影響　52

5 学歴別の分析　55

目　次　v

　6　現在の壮中年層，過去の若者との比較　58

　7　地位アイデンティティからみる若者の格差　60

第4章　人びとのつながりと自由 ……………………内藤　準 65
　　　　　──地域に埋め込まれたサポート関係がもたらす「資源」と「しがらみ」

　1　問題の所在　65

　2　方法と仮説　69

　3　データと変数　77

　4　結果　79

　5　結論　84

第 II 部　地位アイデンティティ

第5章　働き方と地位アイデンティティ ……………小林大祐 93
　　　　　──正規への移動障壁が非正規の地位アイデンティティを低めるのか？

　1　はじめに　93

　2　先行研究と仮説　95

　3　データ，変数，分析モデル　101

　4　分析　102

　5　結果と議論　109

第6章　移動経験からみた現代日本の階層意識の構造…金澤悠介 118

　1　総中流社会から格差社会へ？　118

　2　先行研究　121

　3　使用する変数と操作化　126

vi 目 次

4 分析結果 128

5 移動経験からみた階層意識の構造 135

第7章 時代・世代でみえる地位アイデンティティの移り変わり…谷岡 謙 140
——多母集団潜在クラス分析による検討

1 変わる日本社会と地位アイデンティティ 140

2 潜在構造からみる日本社会と地位アイデンティティ 144

3 社会構造と地位アイデンティティの関わり方 153

第8章 格差社会のなかの自己イメージ ……………数土直紀 156

1 いま自分は社会のどこにいるのか——地位としての学歴 156

2 希少性は失われても，重要性は増す 162

3 格差が自己イメージにあらわれる時 168

4 学歴はいつまで地位であり続けるのか 174

終 章 何が変わり，何が変わらないのか…………数土直紀 183

1 格差社会と総中流社会 183

2 社会変動のなかの自己イメージ 187

文 献 ……………………………………………………193

あとがき………………………………………………数土直紀 205

索 引 ……………………………………………………207

第 I 部

階層意識とライフスタイル

第 1 章

「社会の形」から考える格差社会
階層イメージを手がかりに

神林博史

1 「社会の形」から社会を考える

1.1 社会はどんな形をしているのか

　社会には，豊かな人たちもいれば，貧しい人たちもいる．では，豊かな人，ふつうの人，貧しい人は，それぞれどのくらいの割合で存在するのだろうか．そしてその割合をもとに現在の社会の形を描くとしたら，どのようになるだろうか．

　1970 年代から 80 年代にかけて，日本社会を形容する言葉としてマスメディアでよく使われたのが「一億総中流」や「総中流社会」であった．この社会認識の根底には，「国民生活に関する世論調査」（内閣府）における「お宅の生活の程度は，世間一般からみて，どうですか」という質問に対し，「中の上」「中」「中の下」と回答する人の合計比率が 1970 年代初頭に 9 割をこえたという事実がある．中層が 9 割をこえた社会の形を絵に描くとすれば，中間部分の厚いダイヤモンド型になるだろう．図 1–1 は，1989 年の『朝日ジャーナル』に掲載された記事のなかに描かれた戦後日本社会の形である [1]．1955 年の下層が多い社会から，中間層の厚みが増してゆき，1975 年の「みんな中流」へと至る変化が描かれている．近未来には下層がふたたび拡大することも示されているが，「格差社会」と形容される近年の状況を鑑みれば，見事な予想である．

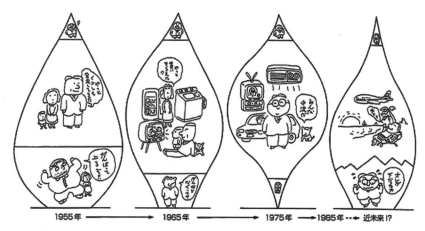

出典:『朝日ジャーナル』1989年4月7日号

図1-1 戦後日本社会の形の変化

ここで1つ気をつけなければいけないことがある.「総中流社会」という社会のイメージは「社会はどのような形をしていると思いますか」と人びとに質問して得られた結果ではなく,生活程度の「中」回答が多いという事実を基に作り出されたものだということである.もし,「社会はどのような形をしていると思いますか」と人びとに社会の形を直接的に質問したら,どのような結果が得られるだろうか.ほとんどの人が図1-1の「総中流」のようなある特定の形を回答するのか,人によって回答する社会の形はばらばらなのか,どちらだろうか.そうした結果から,私たちは何を読み取ることができるのだろうか.

本章では,1980年代と2010年代の社会調査で測定された,人びとが思い浮かべる社会の形——社会階層研究では,これを「階層イメージ」と呼ぶ——を手がかりに,社会の変化と人びとの意識の変化を探ってみたい.

1.2 社会の形を探る理由

はて,人びとが社会の形をどう思っているかなんて,そんなことを知って何の役に立つのだろう.そう思った読者もいるかもしれない.まずこのことから説明しよう.

社会経済的地位の上下構造(社会階層や社会階級)のどこに個人が位置する

かを知ることは，社会学のみならず社会科学全般にとってきわめて重要な意味を持つ．なぜなら人びとの生活のあり方，意識や行為などは，社会構造上の位置に影響を受けるからだ．たとえば，社会経済的地位が高く豊かな生活を営んでいる人は，現在の自分の地位や生活水準をもたらしてくれた社会のあり方を肯定し，これを支持する可能性が高い．他方，地位の低い人たちの考え方は，この逆になるだろう．

　なお，ここでの「社会構造上の位置」は，収入や職業などの客観的なものだけでなく，階層帰属意識や階級帰属意識の形で測定される主観的な位置も重要である．なぜなら，先述のような社会に対する肯定や否定は，「自分は高い／低い位置にある」という自覚がなければ生じないからだ．さらにいえば，客観的な地位と主観的な地位が必ず一致するとも限らない．たとえば，客観的には決して高いとはいえない社会経済的に地位にある人が，「自分の地位は『中の上』くらいだろう」と思って現状に満足しているのであれば，その人は現在の社会を変革しようとは思わないだろう．

　以上のように，社会構造上の位置を知ることは人びとの意識や行為のあり方を理解する上で重要なのだが，社会の形，すなわち社会経済的地位がどのように分布しているかを把握できれば，対象とする現象への理解をより深めることができる．なぜなら，社会構造上の位置がもたらす影響は，社会構造自体の変化にともなって変化することがあるからだ．

　たとえば，「学歴インフレ」と呼ばれる現象がある．これは，高学歴化の進行によって，学歴（とりわけ大卒）の労働市場における価値が低下することを指す．かつて進学率が低かった時代には，大学を卒業した人には希少価値があり，就職に有利であった．しかし，現在のように多くの人が大学を卒業する時代になれば，大卒であることの希少性はなくなり，就職における有利さも低下する．この場合，社会全体の学歴分布（社会における大卒者の割合）が変化したことによって，大卒という社会的地位の有効性も変化したわけである．

　もう1つ例を挙げよう．2011年にアメリカで発生したウォール街占拠運動のスローガンは「私たちは99％だ」（We are the 99％）であった．このスローガンは「私たちはアメリカの所得分布の下位99％に属する存在だ」ということを意味するが，アメリカ社会に詳しくない人はこの意味を十分に理解できな

6 第I部 階層意識とライフスタイル

いかもしれない．なぜなら，すべての人が同じ所得を得ているのでない限りどのような社会においても所得分布の下位99%は必ず存在するので，そのこと自体は何ら珍しくないからだ．このスローガンは，所得分布の上位1%層がアメリカ人の所得全体のシェアのかなりの部分を占有するという，21世紀初頭のアメリカに特徴的な所得格差を背景としている．つまり，アメリカにおける所得分布と，人びとの所得分布上の位置の両方が組み合わさることで，「私たちは99%だ」というスローガンははじめて意味を持つ．

　社会構造上の位置の場合と同様，社会の形（社会経済的地位の分布，社会構造）についても，客観的なものと主観的なものを想定できる．そして，これらはいずれも重要である．主観的な社会の形は客観的な社会の形の影響を受けるので，客観的な形と比べて重要度が落ちると考える読者もいるかもしれないが，それは必ずしも正しくない．もし多くのアメリカ人が，アメリカ社会を（客観的な事実はともかく）「総中流社会だ」と認識していれば，「私たちは99%だ」というスローガンが人びとの心をあれほどまでに引きつけることはなかっただろう．このように，客観的な社会状態とは別に「人びとは社会をどう見ているか」自体もまた重要な社会的事実であり，社会学が取り組むべき対象なのだ（数土 2015）．

2 階層イメージ

2.1 階層イメージとは何か

　社会の形，より具体的には社会経済的地位の分布について，人びとが想像する姿のことを，社会階層研究では「社会階層イメージ」または「社会階級イメージ」と呼ぶ．日本の研究では前者，海外の研究では後者が使われることが多い．

　社会階層（階級）イメージは，「社会階層（階級）がいくつの，どのようなカテゴリに分かれているか」についての認知である「構成イメージ」と，「それぞれの階層（階級）カテゴリはどのように分布しているか」についての認知である「分布イメージ」の2種類に分類できる（高坂・宮野 1990）．本章では，使用するデータの制約から，分布イメージのみを扱う．以下では，社会階層の

分布イメージのことを，単に「階層イメージ」と呼ぶ．

階層イメージの質問として国際的に最もよく知られているのは，国際社会調査プログラム（International Social Survey Programme: ISSP）で使用されているものだろう．これは，社会階層の構成比率が異なる5種類の社会の形を図示し，いずれかを選択してもらう形で測定される．この質問は，ISSPの「社会的不平等」第3回調査（1999）で導入されて以降，日本を含めた世界各国で調査が行われている．日本語版調査票の質問文と社会の形の説明を，図1-2に示す（原 2010）．

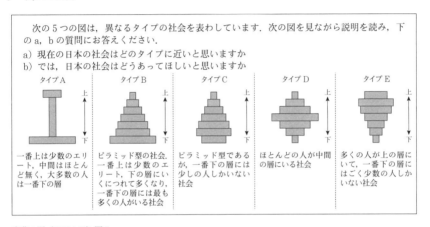

出典：原（2010：60）図7

図1-2　ISSP調査における「社会のタイプ」

本章ではこれとは異なり，1985年「社会階層と社会移動」全国調査（SSM調査）で使用された次のような質問で得られた回答を分析する[2]．

> かりに，日本の社会全体のひとびとを上，中，下の3つの層に分けるとすれば
> a) 上（じょう）の層は何パーセントぐらいいると思いますか
> b) 下（げ）の層は何パーセントぐらいいると思いますか
> 　　　　　　　　　（出典：1985年「社会階層と社会移動」全国調査）

SSM調査は1955年以降10年おきに実施されているが，この質問が使われ

8 第Ⅰ部 階層意識とライフスタイル

たのは 1985 年調査のみであった．しかし，2010 年以降に SSP プロジェクト
が実施したいくつかの社会調査でこの質問がふたたび採用された．今回は
2015 年に実施された調査データを用いるので，これによって「総中流社会」
の 1980 年代から，「格差社会」の 2010 年代の階層イメージを比較できる．

　ところで，前記の質問は，図 1-2 のようにあらかじめ決められた社会の形を
選ぶのではなく，社会の上層と下層の割合を調査対象者に推測してもらう形式
になっている．この回答を分析する場合，数土（2015）のように回答された数
値をそのまま分析の対象とすることもできるが，上層・中層・下層の数値を用
いて，事後的に階層イメージを作成することができる（中層の割合は上層と下
層の数値から計算できる）．高坂健次と宮野勝は，中間集中型，ピラミッド型，
均等分布型，2 極分化型，逆ピラミッド型の 5 つの階層イメージ類型を作成し
た．これらは，以下のように定義される（高坂・宮野 1990：49-50）[3]．

　①中間集中型：「中」が半分以上を占め，「上」や「下」より多いと認知した
　　回答
　②ピラミッド型：半数以上が「下」に属し，かつ，「上」よりは「中」，「中」
　　よりは「下」の構成比が大きいと認知した回答
　③逆ピラミッド型：ピラミッド型の逆の回答
　④均等分布型：3 つの階層がほぼ均等の構成比を占めている回答
　⑤ 2 極分化型：「中」が 20％ 以下で，他の階層のいずれよりも少ないと認知
　　した回答

　図 1-2 との対応関係でいえば，中間集中型はタイプ D，ピラミッド型はタ
イプ B に相当する．均等分布型は，図 1-2 の中に対応する形はないが，大き
さが等しい長方形のブロックを積み重ねた形をイメージすればよい．2 極分化
型はタイプ A，逆ピラミッド型はタイプ E か，タイプ B をひっくり返した形
のいずれかに対応するだろう．本章では，この高坂・宮野の階層イメージ類型
を用いて分析を行う．

2.2 階層イメージはどう決まるか

　人びとの階層イメージはどのように形成されるのだろうか．現在のところ有力なのは，「準拠集団と現実のブレンド」仮説である（Evans et al. 1992; Evans and Kelley 2016）．この仮説によれば，普遍的な心理メカニズムである準拠集団の効果と，社会の不平等度のように国や時代によって変化する外的要因の効果が複合することで，人びとの階層イメージが形成される．

　準拠集団とは，人びとが何かを判断する際の基準となる集団のことである．たとえば，大学時代の友人たちと比べて自分は出世が遅れていると考える人は，大学時代の友人たちを準拠集団にしている．一般的な傾向として，準拠集団には自分の身近な人びとが選ばれやすい．そしてこれも一般的な傾向として，身近な人びとの社会経済的地位は，その人の地位に近い場合が多い．それゆえ階層イメージを考える場合，人びとは自分の身近な存在である準拠集団の割合を多く見積もり，自分と同じ社会経済的地位の割合の大きい階層イメージを持つと予想できる[4]．したがって，社会経済的地位が高い人は上層の多い階層イメージを持ち，低い人はその逆になるだろう．なお，社会経済的地位は客観的なものと主観的なもののどちらでもよい．

　ただし，準拠集団論的な心理メカニズムは，社会の「現実」――たとえば，所得の不平等度や経済システムなど――によって修正される．社会経済的地位の高い人が上層の多い階層イメージを持ったとしても，社会に貧しい人が多く存在することを知っていれば，上層の割合を少なく修正するだろう．このように，階層イメージは準拠集団の影響と現実をブレンドした形で決まると考えられる[5]．

　この仮説を日本社会の変化にあてはめてみよう．社会経済的地位の不平等は1960年代以後の高度経済成長期に低下したが，1980年代ごろから再び不平等化が拡大しつつ現在に至る傾向が観察されている（橋本 2009 など）．不平等が小さく，その存在がそれほど認知されていなかった1980年代と，不平等が拡大しこの問題への社会的関心も高まった2010年代とでは，現実による修正力は後者の方が強く働くだろう．言い換えると，1980年代と比べて2010年代の人びとの階層イメージはより現実的になり，上層や中層が多い階層イメージが減少し，下層が多い階層イメージの割合が増えると予想できる．

3 データ

データは，1985年「社会階層と社会移動」全国調査（SSM調査）と，2015年「階層と社会意識全国調査」（SSP調査）を用いる．先述のように，この2つの調査で階層イメージが同じ質問で測定されており，30年間の変化を調べることができる．

2つの調査はいずれも全国規模で実施されたランダムサンプリングによる量的調査である．1985年SSM調査は，1985年SSM調査研究会を調査主体として1985年11月から1986年2月に実施された．調査対象は20歳から69歳の男女，対象地域は日本全国の300地点であった．標本抽出方法は層化2段無作為抽出法，調査方法は訪問面接法で実施された．1985年SSM調査は，男女別の調査票が採用された．男性を対象とするA票とB票，女性を対象とする女性票である．有効標本数と回収率は以下の通りである．A票（N＝1,239，61.0%），B票（N＝1,234，60.8%），女性票（N＝1,474，68.8%）.

2015年SSP調査は，SSPプロジェクトを調査主体として，2015年1月から6月に実施された．調査対象は20歳から64歳の男女，対象地域は日本全国の450地点である．標本抽出方法は層化3段無作為抽出法，調査方法は訪問面接法で，紙の調査票ではなくコンピュータ（タブレット端末）を用いて行われた．有効標本数は3,575，有効回収率は42.9%であった．

先述のように，1985年SSM調査の対象者年齢が20歳から69歳なのに対し，2015年SSP調査の対象者年齢は20歳から64歳となっている．このため，以下の分析では1985年SSM調査データの分析対象をSSP調査データにあわせて20歳から64歳に限定した．

4 分析

4.1 階層イメージの基礎集計

まず，階層イメージ回答の基礎統計量を確認しよう．1985年は，上層%の平均が19.3（標準偏差14.8），下層%の平均が27.7（標準偏差18.3）であった

（N＝3,141）．2015 年は，上層 % の平均が 18.0（標準偏差 14.2），下層 % の平均が 32.4（標準偏差 18.7）であった（N＝3,502）[6]．1985 年と比較した場合，上層 % の値に大きな変化はないものの，下層 % の値は増加し，全体的に人びとの階層イメージが下方シフトしたことがわかる．

では，これらの回答を階層イメージに分類した場合はどうなるだろうか．表 1-1 は，階層イメージの構成比率をまとめたものである．

表 1-1　階層イメージの分布

数値：%

階層イメージ	1985 年			2015 年		
	全体	男性	女性	全体	男性	女性
中間集中型	58.4	57.6	59.7	55.2	55.1	55.4
ピラミッド型	19.0	22.2	13.1	24.0	27.9	20.6
均等分布型	11.8	10.7	13.9	8.7	6.6	10.4
2 極分化型	5.4	5.1	6.0	9.4	8.0	10.5
逆ピラミッド型	5.4	4.4	7.2	2.7	2.3	3.1
N	3108	2018	1090	3462	1594	1868

注：20 歳から 64 歳の男女のみ．DK および分類不能は除外した．

1985 年から 2015 年の間で，階層イメージの構成はそれほど大きく変化していない．しかし 2015 年では，中間層の割合の多い類型（中間集中型と均等分布型）を選択する人の割合が減少し，下層の割合の多い類型（ピラミッド型と 2 極分化型）を選択する人が増えたことがわかる．当然のことながら，この変化は先に述べた下層 % の平均値の増加に対応している[7]．

また，階層イメージは男女で微妙に回答傾向が異なることがわかる．男性と比較した場合，女性は中層の多い類型の割合が多く，下層の多い類型の割合が少ない[8]．この理由は，後で確認する階層帰属意識と階層イメージの関連から説明できるだろう．

なお，ISSP 調査の場合，1999 年から 2009 年の間に「現在の日本社会」のタイプ D が 32% から 18% に減少し，それ以外のタイプが増加（特にタイプ B が 29% から 35% に増加）した（原 2010）．質問法や階層イメージの分類法が異なるので直接的な比較はできないが，ISSP 調査も表 1-1 と同様の傾向を示していると言える．以上の結果を踏まえると，「準拠集団と現実のブレンド」仮説が予想するように，人びとの階層イメージが社会の現実によって修正される

12　第Ⅰ部　階層意識とライフスタイル

度合いが強まったと言えそうである.

4.2　社会経済的地位との関係

　次に，社会経済的地位と階層イメージがどのように関係しているかを検討し
よう．このことを確認するために，階層イメージを従属変数，性別，年齢，教
育年数，婚姻関係，学歴，職業，従業上の地位，世帯収入を独立変数とした多
項ロジットモデルで分析を行った[9]．紙幅の都合上，詳細な結果は省略するが，
階層イメージと独立変数の関連はそれほど強くないことが明らかになった.
1985年と2015年で一貫して統計的に有意な効果を持っていた変数は学歴のみ
で，それ以外は階層イメージに対して散発的な効果を示すにすぎなかった.

　モデルの疑似決定係数（コックスとスネルの決定係数）は1985年が0.092，
2015年が0.082で，ほとんど変化していない．階層帰属意識の場合，社会経済
的変数の説明力が1970年代以降上昇する傾向があることが指摘されている
（吉川 2014），階層イメージには，そのような変化は生じていないようである.

　では，独立変数の中で唯一明確な効果を持っていた学歴と階層イメージはど
のように関連するのだろうか．階層イメージと学歴の関連をまとめたのが，表
1-2である.

表 1-2　階層イメージと学歴の関係（階層イメージ別学歴分布）

階層イメージ	1985年				2015年			
	中卒	高卒	短大以上	N	中卒	高卒	短大以上	N
中間集中型	−5.3	0.3	5.1	1813	−1.5	−5.4	6.9	1901
ピラミッド型	−0.3	0.5	−0.2	591	0.0	3.5	−3.5	822
均等分布型	9.0	3.2	−12.2	368	1.0	13.5	−14.5	299
2極分化型	24.1	−10.3	−13.7	168	4.7	8.7	−13.3	320
逆ピラミッド型	14.8	−1.1	−13.7	167	11.2	6.1	−17.3	95
全体分布	27.7	48.4	23.8	3107	5.6	50.7	43.6	3437

注：数値は各階層イメージにおける学歴分布と全体の学歴分布の差.

　表1-2は，階層イメージと学歴（3分類）のクロス表を作成し，調査データ
全体の学歴分布（表1-2の最下行に示した）と，階層イメージ別の学歴分布の差
をまとめたものである．この数値が0より大きいと，ある階層イメージにおけ
る学歴の割合が全体の学歴分布より多いことを示す．たとえば1985年の中間

集中型の短大以上卒の数値は 5.1 だが，これは中間集中型回答者の短大以上卒割合が 28.9%（＝23.8＋5.1）であることを示す．逆に数値が 0 より小さい場合，その学歴の割合が全体の学歴分布より少ないことを示す．たとえば 1985 年の中間集中型の中卒の数値は－5.3 で，これは中間集中型回答者の中卒比率が 22.4%（＝27.7－5.3）であることを示す．1985 年と 2015 年では学歴分布自体がかなり異なっているので，全体分布からのずれを示した方が各階層イメージの特徴を把握しやすいと判断してこのような処理を行った．

　中間集中型は，1985 年，2015 年とも短大以上卒が多いことがわかる．ピラミッド型は，1985 年では全体の学歴分布と大きな差はないが，2015 年では高卒層がやや多くなった．均等分布型は，1985 年では中卒が多かったのに対し 2015 年では中卒よりも高卒が多くなった．2 極分化型は，1985 年では中卒に大きく偏っていたが，2015 年は均等分布型と同様，中卒よりも高卒が多くなった．逆ピラミッド型は，1985 年，2015 年とも中卒が多い．

　以上の結果を思い切って単純化すると，大卒は中間集中型を，高卒はピラミッド型と均等分布型を，中卒は 2 極分化型と逆ピラミッド型を好む傾向があり，「学歴分断線」（吉川 2009）の存在が示唆される．当然の結果かもしれないが，学歴によって社会の形のみえ方は異なるのである．ただし，以上の結果は，「準拠集団と現実のブレンド」仮説には必ずしもうまくあてはまっていない．

4.3　階層帰属意識との関係

　前節では客観的な社会経済的地位と階層イメージの関係を分析したが，次に（階層イメージ以外の）意識変数との関連を分析しよう．

　階層イメージとの関係でまず検討すべき意識変数は，階層帰属意識であろう．なぜなら，階層帰属意識は主観的な社会経済的地位に相当するからである．また，階層イメージに関する先行研究は，階層帰属意識と階層イメージの間に密接な理論的関係があることを想定している（高坂・宮野 1990; 高坂 2006）．

　表 1-3 は，階層イメージごとに階層帰属意識の分布を集計したものである．階層帰属意識の「上」は回答数が少ないため「中の上」と統合した（以下，「上」と「中の上」を統合したカテゴリを単に「中の上」と記す）．数値は表 1-2 と同じく，階層帰属意識の全体分布に対する差を示している．なお，両年とも階

14 第Ⅰ部 階層意識とライフスタイル

層帰属意識と階層イメージの関連は5％で統計的に有意であった（カイ2乗検定）．

表1-3 階層イメージと階層帰属意識の関係（階層イメージ別階層帰属意識分布）

階層イメージ	1985 年					2015 年				
	上＋中の上	中の下	下の上	下の下	N	上＋中の上	中の下	下の上	下の下	N
中間集中型	1.4	3.1	−2.1	−2.3	1798	4.6	2.0	−4.4	−2.2	1908
ピラミッド型	−11.7	−3.4	7.8	7.3	586	−9.8	−3.8	9.4	4.3	829
均等分布型	0.0	−1.4	1.0	0.4	364	2.1	0.2	−1.3	−1.0	300
2極分化型	4.4	−7.0	1.1	1.6	164	−4.0	0.2	2.5	1.2	323
逆ピラミッド型	21.8	−10.8	−7.6	−3.3	167	1.0	−7.8	0.9	5.9	95
全体分布	28.5	50.3	16.6	4.5	3079	30.6	47.8	17.0	4.7	3455

注：数値は各階層イメージにおける階層帰属意識分布と全体の階層帰属意識分布の差．

　中間集中型は1985年では「中」回答がやや多めだが，全体分布との差は大きくなかった．しかし，2015年では「中の上」の割合が増加した．ピラミッド型は，2時点とも「中」が少なく「下」が多い．均等分布型は，2時点ともほとんど全体分布と差がない．2極分化型は1985年では「中の上」が4ポイントほど多いが，2015年では逆に4ポイント減少している．逆ピラミッド型は1985年では「中の上」が多くそれ以外のカテゴリが少なかったが，2015年では対極の「下の下」が多くなっている．

　一般に，学歴が低いほど階層帰属意識も低くなる．それゆえ，低学歴層の多い2極分化型と逆ピラミッド型において，1985年の「中の上」比率がかなり高かったという結果は興味深い．この2つのグループでは，客観的な社会経済的地位と主観的なそれとが乖離していたことを意味するからだ．しかし，この客観と主観の乖離は2015年では消失し，この2つのグループとも，帰属階層の回答が現実的なものになっている．

　これらの結果は，表1-3にみられる「自分の帰属階層が多い階層イメージが回答されている」という全般的な傾向も含め，「準拠集団と現実のブレンド」仮説を支持するものと言えるだろう．

　ところで，表1-2で階層イメージの分布に男女差があり，女性の方が下層％の多い類型を回答しない傾向があることを指摘した．日本では，女性は男性に比べて帰属階層を「下」と回答しない傾向があることが指摘されている

（たとえば神林 2006）．このことから，階層イメージの分布の男女差は，階層帰属意識の分布の男女差に由来すると考えることができるだろう．

4.4　5つの意識からみた各階層イメージの特徴

　以上のように，階層イメージと意識変数の関連に注目すると，客観的な社会経済的地位との関連のみからはわからなかった特徴や変化がみえてきた．本節では，この路線をさらに進めて，多様な意識項目との関連から階層イメージの特徴を探ってみよう．ただし，1985 年 SSM 調査データはさまざまな意識変数が 3 種類の調査票に分散して配置されており，すべての調査票に共通する（階層帰属意識と階層イメージ以外の）意識項目が少ない．そして「男性票（A 票または B 票）にはあるが，女性票にはない」「男性票にはないが，女性票にはある」という質問の場合，性別の効果をコントロールできないため，結果の解釈にやや困難を抱えることになる．このため以降の分析は，2015 年調査データに限定して行った．

　2015 年 SSP 調査には数多くの意識項目が含まれている．そこで，種々の意識変数（文化活動や消費などの行為変数も含む）を従属変数，階層イメージを独立変数，さらに階層イメージの規定因で用いた諸変数（性別，年齢，婚姻関係，学歴，職業，従業上の地位，世帯収入）をコントロール変数とする一般線形モデルを用いた分析を行った．その結果，63 変数中 36 変数に対して階層イメージが 5% 水準で統計的に有意な主効果を持つことが確認された．

　これらの結果を列挙することは煩雑かつ紙幅の都合上困難なので，ここでは各階層イメージの特徴をうまく示すことができると考えられる意識をいくつか取り上げ，階層イメージとの関連を示す．その意識とは，①生活全般に満足しているかどうかを示す「生活満足感」，②格差をどう評価するかの意識をまとめた「反格差意識」，③他者との競争に敗れたり，現在の地位を失ってしまうのではないかという不安を示す「地位不安」，④国民の意見が政治に影響を与えることができるかどうかの認識を示す「政治的有効性感覚」，⑤近隣の人びととのつながりの程度を示す意識で，いわゆる社会関係資本の一種である「集合的効力感」，の 5 つである [10]．

　これらの意識は範囲，平均，標準偏差が異なるため，そのまま結果を示して

16　第Ⅰ部　階層意識とライフスタイル

も傾向を把握しにくい．そこで，それぞれの意識を偏差値化，すなわち各意識を標準得点に換算し，それを 10 倍して 50 を足す処理を行った．これによって，全変数の平均は 50，標準偏差は 10 となる．その上で階層イメージ別の各意識の平均値をまとめたのが表 1-4 である．詳しい結果は省略するが，先述の一般線形モデルを用いると，5 種類の意識に対する階層イメージの主効果は 5% 水準ですべて有意であった．

表1-4　階層イメージ別意識偏差値

階層イメージ	生活満足感 平均	生活満足感 S.D.	反格差意識 平均	反格差意識 S.D.	地位不安 平均	地位不安 S.D.	政治的有効性感覚 平均	政治的有効性感覚 S.D.	集合的効力感 平均	集合的効力感 S.D.	N
中間集中型	51.0	9.1	48.4	10.1	49.6	9.5	51.1	9.7	50.3	9.7	1,534
ピラミッド型	47.8	10.8	51.2	10.1	50.4	10.5	49.6	10.3	48.4	10.4	672
均等分布型	50.7	10.1	51.9	8.7	49.5	9.7	48.3	10.0	52.8	9.4	237
2極分化型	49.0	10.9	52.9	9.5	52.2	10.9	46.2	9.7	49.4	10.5	232
逆ピラミッド型	50.0	10.7	54.1	9.1	48.9	10.7	48.4	11.7	52.4	11.1	75

注：すべての意識に対し，階層イメージの主効果は 5% 水準で有意（一般線形モデル）．

　全体的な特徴として，階層イメージ別の平均値の差がそれほど大きくないことを指摘できる．各グループ間の平均値の差は最大でも 5 ポイント程度で，10 ポイント以上，すなわち標準偏差 1 個分以上の差を示す部分はない．つまり，階層イメージによって意識のあり方が極端に異なることはない．以下で階層イメージ別の特徴を記述するが，それはあくまでも小さな違いの記述であることに留意されたい．

①中間集中型

　客観的にも主観的にも社会経済的地位が高いグループである（表 1-2 および表 1-3）．ゼロ次相関レベルでは高収入層が多く，相対的貧困率は 8.9% と全グループ中最も低い（標本全体の相対的貧困率は 12.1%）．そのためか生活満足度の平均は全グループのなかで最も高い．反格差意識が最小で 50 を下回っているが，これはこのグループが格差を容認する傾向があることを示す．さらに政治的有効性感覚は全グループのなかで最も高い．地位不安と集合的効力感は平均的である．総合的にみて，最もエリート的な意識のグループと言える．

第 1 章 「社会の形」から考える格差社会　17

　「一億総中流」や「総中流社会」が幻想にすぎないという議論は，1970 年代から行われていた（神林 2012a）．中間集中型が「総中流社会」に最も近い社会像であることをふまえれば，総中流社会とは，主に高学歴・高階層の人びとの幻想だったと言えるかもしれない．意地悪な見方をすれば，格差が重大な社会問題・政治問題となって久しい 2010 年代にあってなお中間集中型の階層イメージを持つことは，格差問題に対する高学歴層の自己正当化と関係しているのかもしれない．「格差とか貧困とかよく言われているけど，日本は自分たちのような中くらいの人の多い社会なんだから，そんなにたいした問題じゃないよね．ごく一部の人たちの問題だよね」と．

②ピラミッド型
　高卒層がやや多く（表 1-2），帰属階層は「下」の割合が高いグループ（表 1-3）である．相対的貧困率は 14.9％ で，全体平均よりやや高い．生活満足感と集合的効力感が全グループ中最低なのが最大の特徴だろう．その他の意識は平均レベルである．生活に不満があり，かつ近隣とのつながりが弱いという，やや殺伐とした生活世界が示唆される．

③均等分布型
　学歴および階層帰属意識の偏りがほとんどない，最も平均的なグループである（表 1-2 および表 1-3）．経済的にはそれほど豊かではなく，相対的貧困率はピラミッド型と同水準の 14.8％ であった．多くの意識が平均値付近だが，集合的効力感が最も高いのが興味深い．社会経済的には必ずしも豊かではないものの，社会関係資本の面で豊かという特徴は，ポストモダン社会階層論のなかで論じられた「脱階層群」（原 1994）や「地位的関係指向」（今田 2000）を想起させる．

④２極分化型
　高学歴層が少なく高卒と中卒が多いが（表 1-2），階層帰属意識はそれほど低くない（表 1-3）．しかし客観的には貧しい人が多く，相対的貧困率は 17.9％である．地位不安が最も高い一方で，政治的有効性感覚が最も低いという特徴

を持つ．地位不安が高いにもかかわらず，それを政治的に解決できない（と思っている）という意味において，絶望感あるいは諦念が強い層といえるかもしれない．

⑤逆ピラミッド型

　中卒者の割合が最も高く（表1-2），階層帰属意識も「下の下」の割合が多い（表1-3）．相対的貧困率は25.3％で，全グループ中最も貧困率が高く，経済的には最も苦しいグループと言える．このためか，反格差意識の平均値は全グループ中最も高い．その一方で生活満足感は平均レベルであり，集合的効力感も均等分布型に次いで強く，地位不安も低めである．つまり，経済的には苦しいものの，意識レベルではそれほど困難な状態に陥っているわけではない．ある意味ではたくましい人びとといえる．

　表1-3の結果を説明する際に触れたように，1985年では逆ピラミッド型の階層帰属意識は「中の上」が多かったのに対し，2015年では「下の下」が多かった．あらためて考えると，これは驚くべき変化である．なぜなら，逆ピラミッド型の社会において自分の帰属階層を「中の上」とすることは，自分が社会の多数派に属すると認識していることを意味するのに対し，帰属階層を「下の下」とすることは，自分は社会のなかで最も恵まれない少数派だと認めることに等しいからだ．このグループに属する人は2015年ではかなり少ないが，1980年代から2010年代への意識の変化を考える上で，最も興味深い存在である．

　以上のように，階層イメージはさまざまな意識と関連しあいながら，それぞれのグループの社会観とでも言うべきものを示している．この意味で，階層イメージは現在の日本社会の特徴を考える上で興味深い材料を提供してくれる．

　しかし，改めて指摘しておきたいのだが，上述の階層イメージと意識の関係は基本的に弱いものにすぎない．近年，社会経済的地位の格差が大きいことは，しばしば社会の「分断」「断絶」と形容される．しかし，ここで示した階層イメージのグループ別の特徴は「分断」「断絶」を断定できるほど明確ではない．

　また，階層イメージと有意な関連がなかった意識がかなり多いことにも留意

されたい．本節で素描した各グループの特徴は，有意な関連がみられた意識を
もとに筆者が半ば強引に解釈した結果である．別の研究者が分析すれば，これ
とは異なる階層イメージの特徴が描かれることになるかもしれない．

5 階層イメージからみた格差社会

　以上のように，人びとが考える「社会の形」すなわち階層イメージは画一的
なものではなく，いくつかのタイプに分かれることが明らかになった．そして，
それぞれの階層イメージは，時代，人びとの社会経済的地位や意識と緩やかに
関連しながら人びとの「社会観」を形成している．

　前節で触れたように，近年では社会経済的地位あるいは意識面での「分断」
「断絶」を強調する言説が増えつつある．本章で行った階層イメージを手がか
りにした分析から判断する限りでは，人びとの社会意識のレベルでの「分断」
「断絶」は明確には生じていない．しかし，将来的に社会意識レベルでの分断
が生じる可能性も否定できない．実際，アメリカでは，社会経済的な格差の拡
大がライフスタイルや居住地の断絶だけでなく，意識レベルでの断絶をも引き
起こしているとする主張もある（Murray 2012＝2013）．

　日本社会も同じ道をたどるのかどうか，現時点では明確に回答することはで
きない．しかし，階層イメージは意識レベルの断絶を調べる上で興味深いヒン
トを与えてくれるだろう．日本における階層イメージ研究は，1985 年 SSM 調
査の結果が宮野・高坂（1990）としてまとめられた後，新たな研究がなかなか
現れない状態が続いていた．しかし，階層イメージについては，本章で十分に
論じられなかった課題も含めて分析の可能性が多くあるように思う．今後，階
層イメージについての研究が活発化することを期待したい．

［付記］
(1) 本研究は JSPS 科研費 16H02045 の助成を受けて，SSP プロジェクト（http://
　ssp.hus.osakau.ac.jp/）の一環として行われたものである．SSP2015 データの使
　用にあたっては SSP プロジェクトの許可を得た．
(2) 1985 年 SSM 調査データの利用にあたっては，2015 年 SSM 調査管理委員会の
　許可を得た．

20 第 I 部 階層意識とライフスタイル

(3) 高坂・宮野（1990）の階層イメージを作成する SPSS シンタックスの作成には，前田豊氏（立教大学）の協力を得た．記して感謝する．

注

1) 『朝日ジャーナル』1989 年 4 月 7 日号．記事の著者は直井優（直井 1989），イラストは橋本勝．
2) 1985 年 SSM 調査データは，東京大学社会科学研究所附属社会調査・データアーカイブ研究センターにて公開されており，調査票もウェブサイト（http://csrda.iss.u-tokyo.ac.jp/）から確認できる．
3) 上層 % と下層 % から 5 つの類型を分類するアルゴリズムについては，高坂・宮野（1990）の注 2 を参照．
4) これは準拠集団論というよりは，利用可能性ヒューリティクス（Availability Heuristics, Tversky and Kahneman. 1982）や偽の合意効果（False Consensus Effect, Fields and Schuman 1976; Ross and House 1977）に近いメカニズムだと考えられる．Evans et al.（1992）および Evans and Kelley（2016）は準拠集団論と利用可能性ヒューリティクスとの関連には言及しているが，これらの要素の理論的な関係は必ずしも明確でない．
5) 数土（2015）も，エヴァンズらの研究とは独立に，これと類似したメカニズムを提唱している．
6) 男女別の基礎統計量は以下のようになる．1985 年では，上層 % の平均値は，男性（N＝2,044）が 18.0（標準偏差 14.2），女性（N＝1,097）が 21.7（標準偏差 15.7）．下層 % の平均は，男性が 29.1（標準偏差 19.4），女性が 25.2（標準偏差 15.6）．2015 年では，男性（N＝1,612）が 16.1（標準偏差 14.0），女性（N＝1,890）が 19.7（標準偏差 14.3）．下層 % の平均は，男性が 33.7（標準偏差 20.1），女性が 31.2（標準偏差 17.4）であった．
7) 階層イメージを分類する際，上層比率と下層比率の合計が 100% をこえるなど，不適切な回答があると分類不能になる場合がある．分類不能になるケースの割合は，1985 年が 16.1%，2015 年が 3.2% であった．2015 年の分類不能比率が大幅に低下しているのは，調査でタブレット端末を用いたことから，不適切な回答がなされた場合はその場で修正指示が入ったためと考えられる．
8) 各調査時点における性別と階層イメージの関連は統計的に有意である．カイ 2 乗検定の結果は，1985 年が 49.447（p＜0.000），2015 年が 40.865（p＜0.000）であった．
9) 従属変数は階層イメージ．基準カテゴリは均等分布型．性別は女性ダミー．年齢は，40 代を基準とするダミー変数．婚姻関係は既婚ダミー．学歴は，中卒・高卒・短大以上卒の 3 カテゴリ（基準カテゴリは高卒）．職業は，上層ノンマニュアル，下層ノンマニュアル，上層マニュアル，下層マニュアルの 4 カテゴリ（基準カテゴリは下層ノンマニュアル）．従業上の地位は，正規雇用，

非正規雇用, 自営, 無職の4カテゴリ (基準カテゴリは正規雇用). 世帯収入は無回答が多いため, 有効標本数を確保するために無回答を基準カテゴリとし, 等サイズの4グループのダミー変数として処理した.

10) 変数の詳細は以下の通り. ①生活満足感:質問文は「あなたはつぎのようなことがらについて, どの程度満足していますか. a) 生活全般」. 5件法. 数値が大きいほど満足感が高いことを示す. ②反格差意識:質問文は「競争の自由をまもるよりも, 格差をなくしていくことの方が大切だ」, 「今の日本では資産の格差が大きすぎる」, 「チャンスが平等にあたえられるなら, 競争で貧富の差がついてもしかたがない」「今後, 日本で格差が広がってもかまわない」の4項目の合計. 5件法. 前二者は肯定的な回答ほど数値が大きくなるようコードし, 後二者は肯定的な回答ほど数値が小さくなるようコードした. したがって数値が大きいほど, 格差に反対であることを示す. クロンバックの $\alpha = 0.666$. ③地位不安:「まごまごしていると, 他人に追い越されそうな不安を感じる」「うかうかしていると, 自分がこれまで獲得したものを失ってしまいそうな不安を感じる」の2項目の合計. 5件法. 数値が大きいほど地位不安が高いことを示す. $\alpha = 0.835$. ④政治的有効性感覚:「政治のことは難しすぎて自分にはとても理解できない」「政治のことはやりたい人にまかせておけばよい」「国民の意見や希望は, 国の政治にはほとんど反映されていない」の3項目の数値を逆転したうえで合計. 5件法. 数値が大きいほど有効性感覚が高いことを示す. $\alpha = 0.458$. ⑤集合的効力感:質問文は「困っているとき, 近所の人たちは手助けをしてくれる」と「近所の人たちは強いきずなで結ばれている」の2項目の合計. 5件法. 数値が大きいほど効力感が大きいことを示す. $\alpha = 0.844$.

第 2 章

働き方と幸福感の連関構造

橋爪裕人

1 働き方の格差と幸福

1.1 非正規雇用の拡大と働き方の格差

1990 年代のバブル経済崩壊以降，非正規雇用の拡大が進んできた．企業において既存の雇用を維持するために新規採用が抑制されたことと，そのような企業の雇用調整への動きに歩調を合わせるかのような，非正規雇用に関する法的な規制緩和が進んだ[1]．これらが両輪となって，非正規雇用の拡大が進んできた．特に 1990 年代後半には，長びく経済状況の停滞によって，非正規雇用の拡大は加速的に進んだ（太田 2006）．象徴的な規制緩和の 1 つとして労働者派遣法の制定と，その後の度重なる改正が挙げられる．1986 年の制定当時，労働者の派遣が可能な業種は，通訳や秘書，ソフトウェア開発など 13 業種に限定されていた．しかし，1996 年には派遣可能な業種が 26 業種に増加し，1999 年には製造，建設，港湾運送，医療，警備以外の業種は労働者の派遣が可能になった．労働者を派遣できる業種が示される形から，派遣できない業種が示される形へというこの変化は，労働市場における規制緩和の進行を端的に示している例といえるだろう．

総務省の行っている労働力調査の結果を確認すると，実際に雇用者全体に占める非正規雇用者の割合が，1990 年代に比べて上昇している．1990 年代前半には 20% 程度であった非正規雇用者の占める割合は年を追うごとに上昇し，

2011 年以降は 35% を越える水準で推移している．2017 年 8 月現在は 37.5% となっている（総務省）．この非正規雇用の拡大は特に若年層と高齢層で著しい．15〜24 歳においては，1990 年代初頭には全体と大差のない 20% 強が非正規雇用者であったのだが，2010 年代に入ると 45〜50% あたりを推移している．実に 25 ポイントもの上昇が確認できるのである．55〜64 歳の層について確認すると，こちらも同様に 1990 年代前半には 20% 台後半だったものが，2010 年代には 40% 台後半になり，約 20 ポイントの上昇がみられた．データから示されるように，若年層が非正規になりやすいことは太郎丸博（2009）の研究でも指摘されている．

　このような非正規雇用の拡大は，男女どちらかにのみ偏って生じているわけではない．男性全体では 1995 年当時 8.9% だったものが 2015 年には 22.0% へと 13.1 ポイント上昇しているのに対して，女性は 1995 年の 39.1% から 57.0% へと 17.9 ポイントの上昇が確認される．そもそも特に 20 代後半以降において女性のほうが，圧倒的に非正規雇用率が高いので，パーセントの値自体には依然として大きな男女差があるが，非正規雇用の拡大具合としては男性も非常に大きいのである．いわゆる主婦パートがあまり含まれないと考えられる若年層においては，男女差は相対的に小さい．15〜24 歳の男性は 1995 年当時 23.7% が非正規雇用であったが，同じ年の女性はというと 28.3% と 5 ポイントほどしか差がなかったのである．その後 20 年の間に男女とも比率は上昇し，2015 年には男性の 47.2%，女性の 53.6% が非正規雇用で働いていた．それぞれ 20 ポイント以上も非正規雇用の比率が上昇しており，20 代後半以降の年齢層に比べると非正規雇用率の伸び具合は非常に大きいものとなっている（たとえば 35〜44 歳の男性では 7.3 ポイント上昇，女性では 6.3 ポイントの上昇）．

　ここまで確認してきたように，現代の日本社会は男性の 2 割以上，女性の過半数が非正規雇用で働く労働者であるわけだが，この非正規雇用に関してさまざまな問題が取りざたされている．正規雇用と比べると非正規雇用の仕事では得られる所得が少ないこと（太田 2006）や，正規雇用に比べて福利厚生が不十分であることに加え，近年では派遣切りなどに象徴される，非正規雇用者の地位の不安定さがクローズアップされている．

　また，日本ではオンザジョブトレーニング（OJT）を中心とした企業内教育

24 第Ⅰ部 階層意識とライフスタイル

訓練が人的資本を獲得する主な方法であり，非正規雇用の仕事に就く労働者は
そうした機会を得られず，人的資本が蓄積されにくいことが知られている（小
杉 2004）．さらに日本では，新規学卒一括採用の慣行があり，労働市場が二重
構造になっていることも加わって，初職が非正規であると，非正規雇用を継続
しやすいことが指摘されている（太郎丸編 2006）．まさに，格差社会といわれ
る現代日本社会において，格差が明確に露呈している領域の1つが仕事，特に
正規や非正規といった従業上の地位にあることがわかる．

1.2 格差と幸福

　正規や非正規といった従業上の地位による格差や，非正規雇用にまつわる問
題は，上述のような実際上の問題にとどまるものではない．幸福感などの心理
的な領域にも広がっているのである．

　近代という時代の成立以降，豊かさにおいて重要なのは金銭的，経済的豊か
さであるとされ，個人のレベルでは収入や資産，国家のレベルでは GDP（国
内総生産）などの指標で測定されてきた．しかし，1972 年にブータン国王のジ
グミ・ワンチュクが，GDP に代わる豊かさの指標として提言した GNH（国民
総幸福量）は経済的な面だけではなく幸福や文化といった生活の質的な側面に
まで及ぶ指標となっている（枝廣ほか 2011）．これをきっかけとしてフランス
や韓国など，多くの国や機関において，GDP だけではない幸福などの心理的
側面を含む新たな指標が作成・検討されるようになっている（Stiglitz et al.
2010＝2012）．

　たとえば OECD では，住宅，収入，雇用，共同体，教育，環境，ガバナン
ス，医療，生活の満足度，安全，ワークライフバランスという 11 の領域につ
いての指標からなる Better Life Index が作成されている（OECD 2015＝2016）．
経済的な指標のみならず生活の質的な側面，特にこの 11 領域の中に生活の満
足度が含まれていることは注目に値する．政策目標として，幸福の重要性が改
めて認識されるようになっているのである．

　このような幸福を含む豊かさの在り方は，より大きな概念でウェル・ビーイ
ング（Well-Being）とも呼ばれている [2]．ウェル・ビーイングとは，英語を直
訳すると，「よりよいあり方」になるが，人生や生活に関する望ましさのよう

な意味で用いられている．このウェル・ビーイングの主観的な側面については，特に主観的ウェル・ビーイング（Subjective Well-Being）と呼ばれ，質問紙調査では幸福感や満足度という形で測定されている．この主観的ウェル・ビーイングについては経済学や社会学，心理学といった学術分野においても関心を集めている．

　学術分野において主観的ウェル・ビーイングが関心を集め始めたきっかけもまた，経済的な豊かさとのかかわりにおいてであった．イースタリン（Easterlin R. A.）は，一定の経済水準以上においては国ごとの平均的な幸福度とGDP の相関がみられないという，イースタリン・パラドックスと呼ばれる現象を発見した（Easterlin 1974）．この結果は大きなインパクトを持って受け止められ，その後多くの研究者によって追検証が行われた．さらには，国レベルの豊かさのみならず個人の所得と幸福感の関係についての研究も多くなされてきた（Easterlin 2001）．

　そして所得に関しては，絶対的な所得の多寡のみならず，他人と比べた所得の多寡が重要であるとされている．これは相対所得仮説と呼ばれるものである．自身と似たグループに属する他者と比べた時の所得の多寡が幸福感や満足度に影響することが指摘されている（Ferrer-i-Carbonell 2005；浦川・松浦 2007；小塩・浦川 2012）．つまり身近な所得の格差が幸福に影響を与えることが指摘されているのである．これは身近な他者との所得格差（に対する認知）が主観的ウェル・ビーイングに影響するということを意味している．

　また，所得格差自体も主観的ウェル・ビーイングと関連があるとされている．都道府県別のジニ係数と幸福感の間に負の関係があり，格差の大きい地域では主観的ウェル・ビーイングが低いことが指摘されているのである（Oshio and Kobayashi 2010）．

　幸福感との関係において，所得と並んで重視されてきたのが仕事であった．特に失業に関しては，多くの研究が行われている．まず，失業者は働いている人に比べて主観的ウェル・ビーイングが低いことが指摘されている（Clark and Oswald 1994；Frey and Stutzer 2002＝2005；大竹ほか 2010）．しかも失業者の主観的ウェル・ビーイングが低い理由は，失業によって収入を失うことだけではないのだ．収入の減少を考慮しても，失業と主観的ウェル・ビーイング

の 負 の 関連 は 残る の で あ る（Winkelmann and Winkelmann 1998; Hurd, Rohwedder and Tassot 2014）. 所得の減少は失業者のウェル・ビーイングが低いことの大きな理由にはなっていないので，たとえ再就職を果たしたとしても，失業を経験したことによる負の影響はなお残るのである（Clark et al. 2001; Young 2012）. ヘリウェル（Helliwell, J.F.）は失業と幸福感の関連を分析し，経済的に豊かな国において，貧しい国よりも失業による幸福感への負の効果が強いことを明らかにしているが，この理由について，自尊心や生きがいを失うことにあるのではないかと推測している（Helliwell 2003）.

　ここまでに示したように，仕事と主観的ウェル・ビーイングの関係についての研究でよく議論の俎上に乗るのは失業である．しかし失業の他に，非正規雇用の主観的ウェル・ビーイングについて言及したものもある．筆者もパネルデータを用いて，従業上の地位が非正規へと変わることで主観的ウェル・ビーイングが低下することを明らかにしている（橋爪 2016）. また，クロスセクショナルデータの分析から，非正規雇用が正規雇用よりも幸福感が低くなることや（浦川 2011），パート労働者の幸福感が低いことも指摘されている（佐野・大竹 2010）

　ここまでに挙げてきた先行研究をまとめると，格差が大きいことは主観的ウェル・ビーイングを損ね，非正規雇用者の主観的ウェル・ビーイングもまた低いことが複数の研究において指摘されている．このことを踏まえると，非正規雇用の仕事に就く人の割合が拡大し，その非正規雇用の増加に関する問題がメディアや政治においても取りざたされ，雇用格差が顕在化している現代日本社会においては，かつてよりも非正規雇用で働く人たちが不幸を感じ，正規と非正規の間に幸福格差が生じるようになっているのではないかと考えられる．しかし，従業上の地位を限定せず，主観的ウェル・ビーイングの時代差や世代差について言及した研究はあるものの（古市 2011; 小林 2016），正規・非正規間の格差拡大との関係性から，一部の働き方に注目して主観的ウェル・ビーイングの変化を論じた研究は管見の限り存在しない．そこで以下では正規や非正規といった従業上の地位ごとに幸福に変化が生じたかを検討する．これによって，非正規雇用の拡大や，その問題の顕在化と人びとの幸福（主観的ウェル・ビーイング）の間にどのような関係性があったのか明らかにすることができると考

えている.

2 非正規は不幸になったのか

2.1 データ

ここで分析に用いるデータを示す. 用いるデータは 2015 年に行われた第 1
回 SSP 調査と 1995 年の SSM 調査である. 1995 年の SSM 調査には A 票と B
票があるが, 本章では基本的に A 票と B 票の両方を用いる. 1 つだけ A 票で
のみ用いられた質問項目を用いた分析を行うため, 当該分析においてのみ
1995 年のデータは A 票のみとなる. 詳細は当該分析パートにおいて後述する.

主観的ウェル・ビーイングの指標として本章では生活満足度を用いる. 2015
年 SSP 調査および 1995 年 SSM 調査では「生活全般」についての満足度がた
ずねられ,「満足である」「どちらかといえば満足である」「どちらともいえな
い」「どちらかといえば不満である」「不満である」の 5 段階の選択肢が用意さ
れている. 本章における分析では,「満足している」を 5,「不満である」を 1
とする 1〜5 の整数値をとるように得点化して用いる. 1995 年 SSM 調査には
幸福感の項目が含まれていないため, 時点間比較の観点から今回は生活満足度
のみを用いることとした.

もう 1 つの重要な変数である正規や非正規といった働き方については, 従業
上の地位を 4 カテゴリの変数にリコードして用いる. すなわち, 経営者・役員
と常時雇用されている一般従業者を正規に, 臨時雇用・パート・アルバイト,
派遣社員, 契約社員・嘱託を非正規とし, 自営業主・自由業者, 家族従業者,
内職を自営業, 仕事をしていない人を無職にカテゴライズし, 学生は分析から
除いている. 2015 年 SSP 調査においては仕事をしていない人について, 仕事
を探しているか否かによって区別しているが, 1995 年 SSM 調査のデータにそ
のような区別がないため, 本章では一括して無職として扱う.

また, 以下では男女別の分析を行うが, その理由としては本分析における主
たる関心である非正規雇用の内実が男女で大きく異なるためである. 男女とも
非正規雇用の比率は上昇しているものの, 現在でも女性のほうが非正規雇用の
比率は一貫して高い. その理由は結婚や出産, 育児によって一時労働市場から

28　第Ｉ部　階層意識とライフスタイル

退出していた人たちが労働市場に戻る際，いわゆるＭ字カーブの後半に当たるライフステージでは被雇用者の多くが非正規雇用のパートやアルバイトとして働くからである．非正規雇用の比率が増えたといっても，女性においては依然として，その多くが主婦パートと一般に呼称されるような人びとであることから，必ずしも不安定で立場の不利な労働者といった見方は当てはまらない．そのような状況を鑑みれば，非正規の不満足化や正規・非正規のウェル・ビーイング格差の拡大は男性でしか生じないか，女性では生じていたとしても男性に比べると小さな変化であることが予測される．

　ここから，1995 年に比べて 2015 年では男性において非正規雇用の生活満足度が低下し，正規・非正規間の主観的ウェル・ビーイング格差が拡大しているという仮説が導かれる．一方女性においては，男性ほど非正規雇用者の生活満足度は低下せず，したがって正規・非正規間の主観的ウェル・ビーイング格差も拡大しないという仮説もあわせて導かれる．

2.2　満足度の平均値は 20 年で変化したか

　では，さっそく分析を行い，先ほど導き出された仮説を検証しよう．まず，4 カテゴリの従業上の地位別に 20 年の間に生活満足度が変化したのか，平均値の比較によって確認する．正規や非正規といった従業上の地位ごとに，生活満足度の平均値が 1995 年と 2015 年で異なっているのか検討した．その結果，20 年間で生活満足度が有意に低下している働き方は確認できなかった．むしろ，男性の正規と自営，女性の正規，非正規，自営では 1995 年に比べて 2015 年のほうが有意に生活満足度の平均値が上昇している．特に注目したいのは男女とも正規雇用の生活満足度が大きく上昇していることである．男性では 1995 年時点で 3.558 であったものが，2015 年には 3.908 に，女性では 1995 年時点で 3.668 であったものが，2015 年には 4.037 とそれぞれ 0.4 程度上昇していた．男性の自営業が 20 年間で 0.3 ほど上昇していることを除けば，男女とも非正規などのパターンはすべて 0.1〜0.2 の変化でしかないことを考えると，男女とも正規雇用の生活満足度上昇は非常に特徴的である．

　この変化は，日本社会の 20 年間の変化を念頭に置くとかなり意外な結果である．冒頭に述べたような非正規雇用の拡大，格差拡大論争の広がり，そして

第 2 章　働き方と幸福感の連関構造　29

非正規雇用にまつわる雇用の不安定さや立場の不利さなど，さまざまな議論を鑑みれば，非正規雇用者の満足度が低下することによって，正規雇用と非正規雇用の間のウェル・ビーイングの格差が拡大するものと予想された．しかし実際に起きていたことは，正規のウェル・ビーイングが向上するという事態であった．ただしこの結果は年齢や収入などの生活満足度との関連が指摘されているほかの諸変数の影響を考慮したものではなかった．そこで次にそれらの影響を統制したうえでも，同じような結果が得られるのか，もう少し厳密に確認してみることにする．

2.3　重回帰分析を用いた詳細な検討

①変数の操作化

　分析方法としてはシンプルな OLS 重回帰分析を採用し，従属変数を生活満足度とする．生活満足度は平均値を比較した時と同様に 1〜5 の値をとるように得点化している．独立変数は，先述の従業上の地位をもとに作成した，非正規ダミー，自営ダミー，無職ダミー（それぞれ変数名の示すカテゴリに分類される回答者に 1，それ以外に 0 を割り振った 2 値変数）を用いる．正規雇用については基準カテゴリとして，分析には投入しない．さらに 2015 年データの回答者に 1，1995 年データの回答者に 0 を与える，2015 年ダミーも用いる．これらの交互作用項（非正規ダミー×2015 年ダミー，自営ダミー×2015 年ダミー，無職ダミー×2015 年ダミー）の効果を検討することによって，従業上の地位ごとに 20 年間での生活満足度の変化を確認できる．たとえば，1995 年の非正規雇用で働いていた人はデータ上，非正規雇用ダミーの値が 1 となる．一方，2015年に非正規雇用で働いていた人はデータ上，2015 年ダミー，非正規ダミー，非正規ダミー×2015 ダミーの 3 つの変数の値が 1 となる．そのため，1995 年と 2015 年の非正規雇用の生活満足度の差は 2015 年ダミーと非正規×2015 年ダミーの係数の和であらわされることになる．同様に，自営業の 20 年の差は2015 年ダミーと自営ダミー×2015 年ダミーの係数の和で，無職の場合は 2015年ダミーと無職×2015 年ダミーの和で表現されることになる．そして，正規の場合は 2015 年ダミーの係数のみで表現される．OLS 重回帰分析によって推定したそれぞれの係数をもとに年度ごと従業上の地位ごとの予測値を算出し，

30 第Ⅰ部 階層意識とライフスタイル

95％信頼区間から，20年間の生活満足度の増減について検討する．

統制変数には年齢，年齢の2乗，教育年数，職業威信スコア，個人収入，所有財の数，既婚ダミー，持ち家ダミーを用いる．各統制変数の操作化についても簡単に述べておく．

年齢は調査時点での満年齢を用い，年齢の2乗も合わせて投入する．年齢の2乗を投入する理由は，年齢と主観的ウェル・ビーイングの関係性について，U字型を描くことがよく知られているからである．すなわち，若い時の主観的ウェル・ビーイングは高いが，加齢に伴って低下し，40代にもっとも低い時期を迎えた後は，高齢期に向かって再び上昇するのである（Blanchflower and Oswald 2008）．教育年数は，最終学歴をもとに算出している．中学校卒を9，高校卒を12，大学卒（学部教育）を16，大学院修了ならば18というように，標準就学年数をもとに算出しているが，1995年データには一部旧学制のもとで学校を卒業したケースが存在している．その場合も，たとえば旧制尋常小学校卒なら6，旧制中学校や高等女学校卒なら11というように，標準就学年数によって算出している[3]．

職業威信スコアは1995年版を用いている．2015年と1995年では職業のたずね方が異なっているために，SSM職業小分類は同じ手続きで割り振ることができておらず，厳密には同等の変数とは言い切れない部分がある．そのため，SSM職業小分類から作成された職業威信スコアも厳密には同等でないが，本章における主たる関心は正規や非正規といった従業上の地位にあり，職業威信スコアは従業上の地位の効果をより厳密に測定するための統制変数であることから，本章ではそのまま用いることにする．なお，無職者は職業威信スコアが欠損となるが，後述の重回帰分析においては無職者を分析に含めるために，無職者には職業威信スコアの平均値を割り当てている．これによって，無職者が職業威信スコアの係数に影響を与えることなく，分析に含まれることになる．

個人の収入は回答カテゴリの中央値を代表値として実数化したものに1を加えて対数化している．所有財の数は自宅に所有しているものの中で1995年と2015年の調査に共通して含まれていた，4品目（自家用車，ピアノ，食器洗い機，美術品・骨董品）についてそれぞれ所有している場合を1，所有していない場合は0としたときの合計（0〜4の値をとる）を用いる．また，現在の婚姻状況

から，配偶者がいる場合を 1, いない場合（未婚だけでなく，離死別を含めて）を 0 とするダミー変数を作成し，既婚ダミーとする．同様に，現在の自宅について，戸建てか集合住宅かにかかわらず，持ち家である場合に 1, 賃貸物件に住んでいる場合に 0 をとるダミー変数を作成し，持ち家ダミーとした．

②重回帰分析の結果

使用する変数すべてについて有効回答があった男性の 3,267 サンプル，女性の 3,900 サンプルについて重回帰分析を行った．

表 2-1　男女別重回帰分析の結果

	男性			女性		
	B	S.E.	sig.	B	S.E.	sig.
年齢	−0.073	0.012	**	−0.051	0.010	**
年齢 2 乗	0.001	0.000	**	0.001	0.000	**
教育年数	0.002	0.008		0.021	0.009	*
正規		ref.			ref.	
非正規	−0.004	0.140		−0.009	0.059	
自営	−0.103	0.060		0.104	0.065	
無職	−0.005	0.104		0.135	0.068	*
2015	0.356	0.043	**	0.319	0.061	**
2015×非正規	−0.221	0.166		−0.214	0.083	**
2015×自営	−0.035	0.111		−0.201	0.115	
2015×無職	−0.488	0.148	**	−0.295	0.083	**
職業威信スコア	0.006	0.002	**	0.005	0.003	
個人収入 (対数)	0.081	0.020	**	−0.006	0.010	
所有財数	0.085	0.022	**	0.115	0.019	**
既婚	0.410	0.048	**	0.270	0.043	**
持ち家	0.190	0.044	**	0.054	0.039	
切片	3.680	0.272	**	3.826	0.258	**
調整済み R^2	0.094			0.049		
N	3267			3900		

注：表中の ** は 1%, * は 5% 水準でそれぞれ有意であることを示す．

分析の結果（表 2-1），男性は標準化済みの決定係数が 0.094，女性は 0.049 であり，社会階層及び 1995 年と 2015 年という調査時点の違いによって説明できる生活満足度の分散は男性のほうがより大きいことが分かった．生活満足度と社会階層の関連，特に本章で注目する従業上の地位による 20 年での生活満

32　第Ⅰ部　階層意識とライフスタイル

足度の変化について従属変数の効果を確認する．男女とも 2015 年ダミーが正
の有意な効果（係数は男性が 0.356，女性が 0.319 でともに 1% 水準で有意）を持
っていることが確認できた．従業上の地位に関するダミー変数は正規雇用を基
準カテゴリとしており，またそれぞれ 2015 年ダミーとの交互作用も投入して
いる．このことから，1995 年の正規と 2015 年の正規の差は，2015 年ダミーの
係数としてあらわれることになる．

　従業上の地位についての各ダミー変数では女性の無職ダミーが 0.135 と 5%
水準で有意な正の効果を持っていた．そして，従業上の地位の各ダミー変数と
2015 年ダミーの交互作用項は，男性の無職（係数は−0.488），女性の非正規と
無職（係数はそれぞれ−0.214 と−0.295）でのみ有意になっていたとおり，係数
はすべて負であることが確認できた．この分析について年度と従業上の地位別
に予測値を算出し，それぞれの 95% 信頼区間をつけた図が図 2-1（男性）と図
2-2（女性）である．それぞれの従業上の地位について 1995 年の信頼区間と
2015 年の信頼区間を比べた時に，重なる部分がなければ 20 年間の生活満足度
の変化が有意であることを示す．この基準でグラフを確認すると，20 年間で
生活満足度に変化があったと認められるのは，男性の正規と自営，そして女性
の正規であり，そのどれもが 1995 年に比べて 2015 年では生活満足度が上昇し
ていることを示している．

　また，正規・非正規間の生活満足度の格差拡大についても，係数の組み合わ
せによって推定できる．1995 年における正規と非正規の生活満足度の差は非
正規ダミーの係数であらわされる．一方 2015 年における正規と非正規の差は
非正規ダミーと非正規ダミー×2015 年ダミーの係数の和によってあらわされ
る．これによって 1995 年には正規と非正規に差がなかったにもかかわらず，
2015 年にはその差が生じていれば格差が拡大したといえるだろう．図 2-1 と
図 2-2 で確認すると，男性においては 1995 年に比べると正規・非正規の格差
は拡大したようにもみえるが，2015 年の正規と非正規の間では信頼区間にわ
ずかな重なりがあり，統計的に有意なほどには格差が拡大しているとは言えな
かった．一方女性においては，1995 年では正規と非正規の間の差は有意とは
いえなかったが，2015 年では有意に大きな差となっており，格差の拡大が確
認できる．やはり，この 20 年間に起きていたのは，非正規雇用者の満足度低

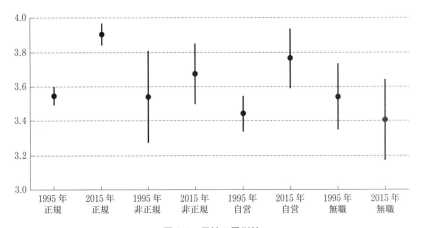

図 2-1　男性の予測値

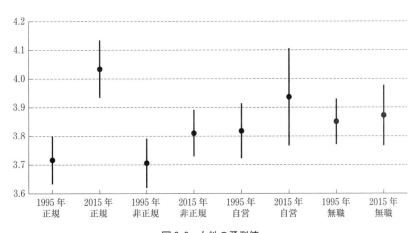

図 2-2　女性の予測値

下ではなく，正規の満足度上昇であり，特に女性においては 1995 年には確認できなかった正規・非正規間の生活満足度の格差が 2015 年には顕著にあらわれるほど，正規の満足度は上昇していた．

ここで，統制変数の効果についても簡単に確認しておこう．まずは男性についての分析から確認しておく．年齢が負の有意な効果を持っており，年齢の 2 乗，職業威信スコア，個人収入，所有財の数，既婚ダミー，持ち家ダミーがそれぞれ正の有意な効果を持っていることが確認できた．続いて女性の結果であ

34　第Ⅰ部　階層意識とライフスタイル

るが，年齢と年齢の 2 乗，所有財の数，既婚ダミーの効果は有意性と係数の正負の点で男性と同様であった．しかし女性においては教育年数の効果が有意な正の値であり，職業威信スコア，個人収入，持ち家ダミーの効果はどれも有意でないところに男性との違いがみられる．ここで確認された統制変数の効果は数多くの主観的ウェル・ビーイングに関する先行研究において指摘されてきたこととおおむね一致している（Frey and Stutzer 2002＝2005; Frey 2008＝2012; 大竹ほか 2010）．女性において所得の効果が有意になっていないが，これは個人収入を用いたことが原因であると考えられる．女性のデータには多くの無職を含んでいるが，その大部分は専業主婦と考えられる．彼女らは自分の収入はないが，夫の収入によって生活費を得ているため，彼女らの経済的な豊かさを正確に確認したいのであれば世帯収入を用いたほうが良い．実際，個人収入ではなく世帯収入を投入すると，女性においても所得の効果が正であることは確認されている（小塩・浦川 2012）．しかし，本章における主たる関心は従業上の地位と主観的ウェル・ビーイングの関係にある．個人収入を用いている理由も，従業上の地位の効果をより正確に測定するためであり，世帯収入よりも密接に従業上の地位と関連するからである．

3　正規はなぜ満足化したか

3.1　正規満足化の 2 つの仮説
①正規の満足度上昇という不思議な事態
　第 2 節の分析の結果，非正規雇用の不満足化，およびそれに伴う正規・非正規間の主観的ウェル・ビーイング格差の拡大という仮説は否定された．分析から明らかになったのは，正規雇用の生活満足度上昇と，非正規雇用の生活満足度の不変，特に女性における正規・非正規間の主観的ウェル・ビーイング格差の拡大であった．第 1 節において述べたような非正規雇用の拡大と，その不安定さやキャリア形成の難しさからすると，不思議な結果といえるだろう．ではなぜ，このような結果が得られたのだろうか．改めてリサーチクエスチョンを再設定しよう．つまり，1995 年から 2015 年の 20 年間で，正規雇用の生活満足度はなぜ上昇したのかを考えるのである．その理由について以下では 2 つの

仮説を提示する．

②職場権限変動仮説

　第1節において確認したように，雇用者全体に占める非正規雇用の割合は上昇していた．このことから，かつてに比べると職場において非正規の労働者が占める割合も高まっていると考えられる．女性の社会進出が進んだという側面もあるため，確かに労働力人口自体も増加しているが，男女ともに非正規雇用者が占める割合は上昇しているため，かつては正規雇用の従業員が担っていた仕事を，現在では非正規雇用の従業員が担っているという場面も多いと考えられる．このことは，労働者派遣法における派遣可能業種の拡大という点をあわせて考えると理解しやすいだろう．1990年代までは派遣労働者が働くことがなかった業種において，派遣労働者が参入するということはその職場における非正規雇用割合の増加を意味する．

　かつての正規雇用の労働者の割合が今よりも高い時代には，従業員の多くが正規雇用であり，正規雇用者のなかでの地位の差こそが重要であった．つまり，職場において目立つ地位の差は，役職やポジションの差であり，職場における権限の強弱であった．こうした状況において，正規雇用というだけでは地位が高いことの証にはならず，したがって正規と非正規の間の主観的ウェル・ビーイング格差もみられなかった．

　しかし，現在では非正規雇用の労働者が大幅に増加している．職場において非正規雇用の労働者が増えると，必然的にその存在は目立つようになる．また，女性のみならず男性においても非正規雇用者が増加している昨今の事情を考慮しても，非正規雇用は必ずしも家計補助的な働き方とは言えなくなっている．こうなってくると，正規雇用の仕事についているということが，地位としての意味を持つようになると考えられる．正規の仕事についているということ自体が，職場における地位の高さを示すようになると考えられるのである．こうして，正規か非正規かという従業上の地位の差が，自らの生活や人生について評価する際の判断材料になり，正規と非正規の間に主観的ウェル・ビーイングの格差が生じる．

　さらに，職場における労働者が正規雇用から非正規雇用に置き換えられると

36　第Ⅰ部　階層意識とライフスタイル

きに，当然組織の意思決定にかかわるような権限の強い労働者が非正規雇用と
して外部化されることはない．非正規雇用の労働者が従事するのは組織の意思
決定などにはかかわらない，比較的権限の小さな職域である場合が多い．その
ため，全体において割合を減らした正規雇用の労働者はかつての正規雇用に比
べると平均して意思決定の権限を持っている可能性が高い．なお，先行研究に
おいても，満足度の高い仕事について，「仕事に対する裁量性が高い」ことが
その特徴の1つであることが示されている（Warr 1999）．

　このことから1つの仮説が導ける．それは職場権限変動仮説といえるもので
ある．つまり，正規雇用の生活満足度上昇は，労働者の構成比率の変化によっ
て，正規雇用の平均的な権限がかつてよりも強くなったことが原因であると考
えられるのである．つまり，正規の満足度が上昇しているようにみえるのは，
2015年の正規は職場における権限が強く，職場における権限が強いほど生活
満足度が高いからというメカニズムが想定されることになる．この場合，労働
者の構成比率全体の変化がその根底にあり，非正規雇用者の占める割合の増加
は男女両方で起きているため，男女に関係なく全体にこのような効果がみられ
ることが予想される．この仮説が正しければ，労働者の職場における権限の強
さをコントロールすると，正規の満足度の上昇はみられなくなることが予想さ
れる．

③正規の獲得的地位化仮説

　もう1つ仮説を提示する．それは正規の獲得的地位化仮説とでも呼ぶべきも
のである．いわゆる失われた10年とも20年とも呼ばれる1990年代の不景気
や，その後の非正規雇用に関する規制緩和による労働市場の流動化・不安定化
によって，正規雇用の仕事はその希少性を増した．男性においてはこれまで自
明視されていた正規雇用の仕事に就くということが，現在では努力して手に入
れなければならない希少財になっている．女性においても，社会進出が盛んに
喧伝されるなかで，正規で働く（働き続ける）ことが，理想的ライフコースの
ように語られるようになっている．その一方で女性が正規で働く（働き続ける）
ことにはまだ障壁があり，正規雇用はある種の理想として機能する．このよう
に正規雇用の仕事が，自らの力で手に入れた地位として認識されるようになっ

たと考えられるのである．このことが正規の生活満足度上昇を引き起こしたと予想される．

また，この仮説が成り立つならば，一定の年齢より上の女性を対象とした分析においては，正規の生活満足度上昇は起きないと考えられる．女性のキャリアにおける非常に大きな分岐点は，明らかに結婚と出産である．こうした重要なライフイベントの前に，正規雇用の獲得的地位化が起きると，正規雇用の仕事を結婚・出産後も（多少の中断期間はあったとしても）続けることを理想とする価値観が内面化されやすい．

しかし，正規雇用の獲得的地位化が起きた時にはすでに結婚や出産によって労働市場から退出していた人にとっては，自分には関係のないこととして，こうした価値観は内面化されにくい．こうした人びとにとっては正規であることに満足し，非正規であることに不満を感じるとする考え方はなじみにくいと考えられる．

つまり，まとめると次のようになる．男性は労働市場の流動化により正規雇用は獲得的地位として認識されるようになった．そして，1995 年時点で若年層だった女性は労働市場の流動化と女性の社会進出によって，2015 年時点では非正規雇用の仕事を正規雇用の仕事よりも下位の仕事とみなすようになり，正規雇用の仕事は獲得的地位となった．しかし，2015 年における中高年女性は，女性の社会進出が推し進められたころにはすでに一定のライフステージに到達しており，女性の社会進出や雇用の流動化によって正規の価値が上昇したとは感じにくいのであった．そのため非正規は正規の劣位ではなく，別のベクトルを持った働き方のままであり，この層においては正規雇用の生活満足度は上昇しないと予想される．次項からこの 2 つの仮説，職場権限変動仮説と正規の獲得的地位化仮説の検証を行う．

3.2 職場権限変動仮説の検証

1995 年当時は正規雇用者が担当していた職務の一部が，2015 年には非正規雇用者が担当できるようになった．しかし，当然ながら管理職などの組織全体の意思決定にかかわる職務は変わらず正規雇用者が担うため，1995 年に比べて 2015 年では正規雇用者の，平均的な職場での権限が強くなっていると考え

られる．そこで，職場全体のやり方に自分の意見を反映させられるか（以下で
は自分の意見得点と記載する）を尋ねた質問項目への回答を 1995 年と 2015 年で
比較する [4]．この質問に対する回答は，2015 年の調査では「そう思う」から
「そう思わない」，1995 年の調査では「あてはまる」から「あてはまらない」
というそれぞれ 4 つの選択肢が設けられており，分析では「そう思う」や「あ
てはまる」を 4，「そう思わない」と「あてはまらない」を 1 として，1〜4 の
整数値をとるように得点化している．職場全体に対する自分の意見の反映の程
度は，有職者にしか尋ねていない項目であるので，この分析において無職は除
外される．また，冒頭にデータについて述べた部分でも記載したが，ここで用
いる「職場全体のやり方に自分の意見を反映させられるのか」という質問は，
1995 年データにおいては A 票のみに用いられている．そのためデータのない
B 票を用いることはできず，したがって 2015 年の全データおよび，1995 年の
A 票をここでは用いる．

　単純に平均値で比較すると，男女とも 1995 年に比べて 2015 年は自分の意見
得点が有意に高くなっていた（男性の 1995 年正規は平均 2.645，2015 年では 2.963，
女性の 1995 年正規は 2.304 で，2015 年は 2.892）．また，非正規の自分の意見得点
も上昇していた（男性の 1995 年非正規は平均 1.679，2015 年では 2.568，女性の
1995 年非正規は 1.861 で，2015 年は 2.629）．これは，かつて正規が担っていた仕
事の一部を現在では非正規が担当するようになっていることが原因と考えられ
る．つまり，非正規が担当する仕事の範囲が拡大し，かつての非正規雇用は担
当しえなかった業務でも，現在の非正規は担当する場合があるため，過去に比
べると非正規の平均的な権限が上昇したものと考えられるのである．正規雇用
の自分の意見得点の平均値が上昇したことと，非正規雇用の得点が上昇したこ
とは，実はどちらも正規と非正規という従業上の地位の構成比率が変わったこ
とに起因していると考えられるのである．男性は自営も有意な差があるが，他
に比べると小さな差であり，従業上の地位ごとではなく男性全体で平均値の比
較を行ったうえで，多重比較を行うと有意な差はみられないことから，それほ
ど大きな差ではないと考えられる．

　ではこの職場における自分の権限に関する変数を重回帰分析にも投入して検
討してみよう．この変数を投入した結果，正規の時点間の差つまり 2015 年ダ

第 2 章 働き方と幸福感の連関構造 39

表 2-2 職場での権限を含む重回帰分析

	男性			女性		
	B	S.E.	sig.	B	S.E.	sig.
年齢	−0.054	0.014	**	−0.077	0.014	**
年齢 2 乗	0.001	0.000	**	0.001	0.000	**
教育年数	0.011	0.009		0.002	0.013	
正規	ref.			ref.		
非正規	0.426	0.186	*	0.104	0.083	
自営	−0.245	0.084	**	−0.015	0.097	
2015	0.280	0.049	**	0.254	0.071	**
2015×非正規	−0.572	0.203	**	−0.267	0.097	**
2015×自営	0.042	0.118		−0.079	0.130	
職業威信スコア	0.006	0.002	*	0.005	0.003	
個人収入 (対数)	0.079	0.030	**	0.033	0.020	
所有財数	0.073	0.026	**	0.077	0.026	**
既婚	0.398	0.055	**	0.287	0.056	**
持ち家	0.177	0.053	**	0.004	0.057	
自分の意見	0.134	0.024	**	0.134	0.024	**
切片	2.962	0.323	**	4.208	0.345	**
R^2	0.111			0.072		
N	2132			1814		

注：表中の**は 1%，*は 5% 水準でそれぞれ有意であることを示す．

ミーが有意でなくなっていると，仮説が正しいことになる．

表 2-2 から，まずは男性について確認する．無職及び 1995 年の B 票分のデータが含まれないため，分析に用いたケース数は 2,132 であり，調整済み決定係数は 0.111 と，自分の意見得点を含まない分析よりも，やや説明力は増していた．職場における自分の権限を投入しても，2015 年ダミーの係数は 0.280 と，正の効果が十分に残り，職場権限変動仮説では正規の生活満足度上昇を説明できないことが明らかになった．また，自分の意見得点は係数が 0.134 と正の有意な効果が確認された．つまり，職場における自身の権限の強さを統制しても，1995 年に比べて 2015 年のほうが正規雇用者の生活満足度が高いことが明らかになったのである．

その他の変数の効果についても一通り確認しておく．統制変数の効果については係数の値の違いはあるものの，係数の正負や有意性の水準について，自分の意見得点を投入しなかったモデル（表 2-1）と同様の一貫した効果が確認で

きた．従業上の地位や交互作用項については少し異なっており，非正規ダミーが正（0.426），自営は負（−0.245）の有意な効果が確認された．非正規ダミーと2015年ダミーの交互作用項は負（−0.572）の有意な効果があり，自営ダミーと2015年ダミーの交互作用項は有意でなかった．図示はしないが，予測値を算出しても，20年間での変化について，自分の意見得点を投入しないモデルと差がみられなかった．

　続いて女性についても確認しておく．男性同様に分析に用いたケース数は減少し，1,814であった．女性は特に専業主婦層がいるために無職者が多く，減少幅は男性に比べても大きなものとなった．また，調整済みの決定係数は0.072と，こちらも自分の意見得点を含めないモデルよりも説明力は上昇していた．職場における自分の権限を示す，自分の意見得点を投入しても，2015年ダミーは係数が0.254と正の有意な効果が残っていた．やはり，職場権限変動仮説は成り立たないことが示された．なお，自分の意見得点の係数は0.134と正の有意な効果が確認されている．女性も男性同様に，職場における自分の権限の強さを統制しても，1995年に比べて2015年のほうが正規雇用者の生活満足度が高いことが明らかになった．

　統制変数についても教育年数の効果が有意でないものの，年齢や所有財の数などの，教育年数以外の部分は自分の意見得点を投入しないモデルと違いはなかった．従業上の地位に関するダミー変数との交互作用項については，非正規ダミーと2015年ダミーの交互作用項のみ負の有意な効果が確認されている．こちらも図示はしないが，予測値から判断するとやはり変わらず正規のみに生活満足度上昇が確認された．次に，正規の獲得的地位化仮説の検討に移る．

3.3　正規の獲得的地位化仮説の検証

　ここでもまずは，平均値の比較から行う．この仮説では女性のうち年齢が高い層においては1995年と2015年で正規の満足度に差がないと考えられるため，20代，30代，40代，50代，60代の各カテゴリ別，男女別に正規雇用に限定して生活満足度が20年間で上昇しているかを確認する．

　平均値の差を確認すると，男性の各年代と女性の40代以下では1995年に比べて2015年のほうが正規雇用者の生活満足度が有意に高かった．しかし，女

性の 50 代以上においては正規雇用の生活満足度上昇が確認できなかった.
2015 年における 50 代ということは 1995 年における 30 代であり, 1995 年の平均初婚年齢が 26.3 歳であることを考えると, 仮説の通り 1995 年時点ですでに, 結婚や出産によって退職している人が増えている層は正規の獲得的地位化が起きていないようである.

表 2-3　年齢別の重回帰分析

| | 男性 | | | | | | 女性 | | | | | |
| | 40 代以下 | | | 50 代以上 | | | 40 代以下 | | | 50 代以上 | | |
	B	S.E.	sig.	B	S.E.	sig.	B	S.E.	sig.	B	S.E.	sig.
年齢	−0.041	0.028		−0.084	0.192		−0.059	0.025	*	−0.166	0.179	
年齢2乗	0.000	0.000		0.001	0.002		0.001	0.000	*	0.002	0.002	
教育年数	0.016	0.010	*	−0.013	0.012		0.026	0.011	*	0.023	0.014	
正規	ref.			ref.			ref.			ref.		
非正規	0.030	0.220		−0.051	0.182		0.010	0.070		−0.078	0.114	
自営	−0.149	0.081		−0.091	0.090		0.095	0.084		0.024	0.110	
無職	−0.407	0.224		0.032	0.121		0.143	0.091		0.065	0.116	
2015	0.406	0.052	**	0.223	0.076	**	0.432	0.071	**	0.023	0.120	
2015×非正規	−0.143	0.261		−0.203	0.217		−0.296	0.100	**	0.008	0.154	
2015×自営	0.221	0.166		−0.154	0.153		−0.138	0.166		−0.055	0.174	
2015×無職	−0.131	0.274		−0.488	0.182	**	−0.355	0.105	**	−0.079	0.144	
職業威信スコア	0.004	0.003		0.010	0.003		0.006	0.003		0.001	0.005	
個人収入(対数)	0.069	0.033	*	0.078	0.027	**	−0.009	0.015		−0.001	0.015	
所有財数	0.081	0.029	**	0.101	0.034	**	0.110	0.025	**	0.123	0.030	**
既婚	0.414	0.058	**	0.322	0.094	**	0.258	0.055	**	0.309	0.072	**
持ち家	0.166	0.052	**	0.300	0.086	**	0.014	0.045		0.168	0.079	*
切片	3.107	0.516	**	3.867	5.443		3.839	0.445	**	7.295	5.117	
R^2	0.100			0.087			0.051			0.045		
N	2009			1258			2449			1451		

注:表中の**は 1%, *は 5% 水準でそれぞれ有意であることを示す.

それではこのような結果は, その他の変数の影響をコントロールしても同様にみられるのか, 重回帰分析を用いて明らかにする. 平均値の比較の結果を参考に, 男女別に 40 代以下と 50 代以上に分けてそれぞれ分析する. 注目すべきはやはり 2015 年ダミーの効果が残るのかという点である.

重回帰分析の結果を順に記述してゆく (表2-3). まず 40 代以下の男性について, 分析に用いたのは 2,009 ケース, 調整済みの決定係数は 0.100 と全体で

の分析よりわずかに高い．2015 年ダミーの効果は有意で，係数は 0.406 と正方向であることが確認された．よって，40 代以下の男性に限定した場合にも，1995 年時点に比べて 2015 年時点での正規雇用者の生活満足度が有意に高いことを示している．統制変数は，教育年数 (0.016)，個人収入 (0.069)，所有財の数 (0.081)，既婚ダミー (0.414)，持ち家ダミー (0.166) がそれぞれ正の有意な効果を持っていた．

　続いて 50 代以上の男性について確認する．年齢の幅が小さいため，分析に用いたケース数は 1,258 とやや少なく，調整済み決定係数は 0.087 と全体での分析や 40 代以下の分析に比べるとやや説明力は弱いといえる．そうはいっても，こちらも 2015 年ダミーの係数が 0.223 と正の有意な効果を持っており，無職ダミーと 2015 年ダミーの交互作用項 (−0.488) も有意な負の効果が確認された．統制変数については，個人収入 (0.078)，所有財の数 (0.101)，既婚ダミー (0.322)，持ち家ダミー (0.300) がそれぞれ正の有意な効果を持っていた．予測値を算出しても（図は省略），やはりこれまでと同様であり，50 代以上の男性に限定しても 1995 年に比べて 2015 年のほうが正規雇用者の生活満足度が高いことが確認できた．

　続いてここからは，女性についての分析結果である．男性と同じく，先に 40 代以下の女性についての分析結果から記述する．ケース数は 2,449 で，調整済み決定係数は 0.051 と全体の分析よりもわずかに説明力は高い．40 代以下に限定しても，2015 年ダミーの係数は 0.432 と，正の有意な効果が確認された．また，交互作用項について非正規ダミー×2015 年ダミー (−0.296)，そして無職ダミー×2015 年ダミー (−0.355) は，ともに負の有意な効果を持っていた．統制変数についても確認しておく．年齢が負 (−0.059)，年齢の 2 乗 (0.001)，教育年数 (0.026)，所有財の数 (0.110)，既婚ダミー (0.258) がそれぞれ正の有意な効果を持っていることが確認されている．予測値を算出すると（図は省略），正規のみ 1995 年時点の 40 代以下女性と 2015 年時点の 40 代以下女性で生活満足度に有意な差があり，2015 年のほうが高いことが確認できた．

　最後に 50 代以上の女性を対象とした分析について記述する．ケース数は 1,451 で，調整済みの決定係数が 0.045 と全体の分析と説明力にほとんど差はない．独立変数の効果について確認すると，この分析においてのみ 2015 年ダ

ミーが有意でなかった．予測値を算出してもやはり同様のことが確認され（図は省略），1995 年時点の 50 代以上の女性正規雇用者と 2015 年時点の 50 代以上の女性正規雇用者では，生活満足度に差がないことが明らかになった．統制変数で有意な効果が確認されたのは，所有財の数（0.123）と既婚ダミー（0.309），持ち家ダミー（0.168）のみであり，ともに係数の符号は正であった．

このことからやはり，2015 年において 50 代以上の女性では，正規の獲得的地位化が起きておらず，1995 年当時の 50 代以上と比べても，正規の生活満足度は上昇していないことが明らかになった．

以上の分析から，1995 年に比べて 2015 年では正規雇用者の生活満足度が上昇するという，一見不思議な現象に対する説明として，職場権限変動仮説よりも，正規の獲得的地位化仮説のほうが適切であることが示唆された．

4 正規という働き方は自分が手に入れた地位になった

昨今，雇用者全体に占める非正規雇用者の割合が増加し，非正規雇用に関して不安定な身分や正規への移行の難しさ，所得の低さなどさまざまな問題が提示されている．そのことを踏まえると，非正規雇用の拡大や規制緩和が始まる頃にあたる 1990 年代半ばと現代（2015 年）を比べた時に，非正規雇用の生活満足度が低下したことで正規・非正規間の主観的ウェル・ビーイング格差が生じているのではないかと思われた．しかし，実際に起きていたのは正規の生活満足度上昇という全く異なる現象であった．

これほどまでに非正規雇用に関する問題が呈されているなかで，この正規の満足化という現象は，なぜ生じたのか．これを新たなリサーチクエスチョンとして，2 つの仮説を検証した．1 つ目は職場権限変動仮説である．規制緩和を伴う非正規雇用拡大によって，かつて正規の下層に相当し，それほど仕事上の権限が与えられない仕事が非正規へと変わった．このことが，正規雇用として残っている人びとの仕事上の権限を相対的に高め，権限の強さによる疑似相関によって，正規の生活満足度が上昇したようにみえる仮説であった．しかし，職場において自分の意見を反映させられるかどうかをコントロールしても，正規の時点間の差は十分な大きさで残っていたことからこの仮説は棄却された．

44　第Ⅰ部　階層意識とライフスタイル

　2つ目の仮説は，正規の獲得的地位化仮説であった．雇用の流動化と非正規雇用の拡大によって，正規雇用の仕事はかつてよりも希少性を増した．そして，非正規雇用に関するネガティブな情報が多く顕在化することによって，希少化した正規雇用の仕事はその価値を高めることになった．希少で価値のあるものとして，序列上位に位置づけられる正規が獲得的地位として認識されるようになり，正規雇用者の生活満足度が上昇したと考えられるのである．ただしこの仮説は，男性と女性の社会進出促進の影響を強く受ける若年女性に限った現象であり，この仮説が正しければ，女性の社会進出や非正規の拡大が始まる頃に，既に結婚や出産によって労働市場から退出していた女性では，正規と非正規の序列化はあまり起きず，したがって正規が獲得的地位とは認識されないことが予想された．

　分析の結果はこの正規の獲得的地位化仮説が正しいことを示唆していた．総務省の行っている労働力調査によると，共働き世帯数が専業主婦世帯を超えたのが1997年（総務省）である．やはり2015年時点での40代以下の人びとはちょうど女性の社会進出の促進と正規雇用の希少化が同時並行的に発生し，より古いコーホートに比べると正規雇用の獲得的地位化が進んできたようである．

　非正規雇用者の不利な立場が広く知られているにもかかわらず，なぜ非正規雇用者の満足度は低下しないのか，なぜむしろ正規雇用者において満足度の上昇がみられるのか，本章ではこの点について，1995年と2015年のデータを比較することで検討してきた．分析から導き出されたのは，雇用の流動化と女性の社会進出によって，正規雇用であることが希少な価値を持つようになり，男性にとっては当たり前には手に入らない，自らの力で手に入れる地位，女性にとっては社会進出が進んできている中で目標となる地位として，正規雇用が位置付けられるようになったという示唆であった．格差社会となり，正規と非正規という従業上の地位によって，所得やキャリアの安定性など多くの客観的格差の存在が指摘されてきた（小杉 2004; 小杉・原編 2011; 太郎丸 2009）．本章ではこうした正規，非正規という格差の存在や，非正規雇用の拡大が，主観的ウェル・ビーイングにまで影響していることを示唆することができた．格差社会は従業上の地位を通じて，人びとの幸福や満足の在り方にまで影響しているのである．

しかし，本章にはまだ多くの限界がある．本章で行った2時点のデータを用いた時点間比較だけでは，「なぜ」という理由の部分について厳密な因果推論はできていない．1995年と2015年という2つの時代を観察し，導き出した仮説をもって分析結果を解釈して述べているに過ぎず，本章で検討できていない様々な仮説や可能性があることと思われる．本章で用いたデータにはない変数や，異なるデータ（たとえばパネル調査など）を用いてさまざまな可能性を検討する中で，本章の結果についても省察していきたい．

［謝辞］
1995年SSM調査データの使用にあたり，2015年SSM調査データ管理委員会の許可を得た．ここに記して感謝いたします．

注
1) 既存の雇用も必ずしも守られていたわけではなく，1994年にはリストラが流行語大賞になるなど，失業も大きな問題になっていた．
2) 先行研究において，それぞれの立場や用いる変数によって，生活満足度，幸福感（度），そして主観的ウェル・ビーイングなどさまざまな表記方法が用いられる．それぞれの用語の概念，それらの等価性などについてはさまざまな議論が行われている．それらの議論を整理し，概念的な検討を行うことも重要ではあるが，ここでは紙幅の都合もあり，文献レビューにおける変数レベルでは幸福感，一般的には主観的ウェル・ビーイング，本章における分析レベルでは生活満足度と表記する．
3) 教育年数は旧制尋常小学校を6年，旧制高等小学校を8年，旧制中学校・高等女学校・実業学校を11年，師範学校を13年，旧制高校・専門学校・高等師範学校を14年，旧制大学を17年として操作化している．
4) 1995年と2015年の調査では質問文のワーディングが少し異なっている．1995年は「自分は，職場全体の仕事のやり方や編成を変えたり決めたりするのに発言権がある」という質問文で，回答選択肢は「あてはまる」〜「あてはまらない」であるのに対して，2015年は「職場全体の仕事のやり方に自分の意見を反映させることができる」という質問文で，回答選択肢が「そう思う」〜「そう思わない」であった．

第 3 章

若者の地位アイデンティティ
現在志向と宗教性の効果に注目して

狭間諒多朗

1 注目される若者の意識

1.1 若者論の動向

本章では，若者の地位アイデンティティのあり方を分析することで，現代日本社会における若者の姿を描き出す.

まずは，若者の意識にかんする1990年代後半以降の研究動向を概観し，現在の若者論では何が焦点となっているのかを確認しよう.

現代日本社会では，人びとのライフコースは個人化している（宮本 2011; 嶋﨑 2013）. それまでの日本社会では誰もが経験するとされた，就職，離家，結婚，親なりといったライフイベントが，あたりまえのものではなくなった. これらのライフイベントは，人生の前半，すなわち若年期に集中していたため，ライフコースの個人化はまず若者のライフコースの変化として観察された. そして，かつて標準的とされたライフコースを歩まない若者の増加は，「大人」に"なれない"若者の増加として捉えられることとなった.

その時に注目されたのが若者の意識である. 若者が「大人」になれない原因はかれらの意識にあるという議論が台頭し，その議論の中身は，道徳的に若者を非難するような「若者バッシング」の色合いが強かった（浅野 2016a）. たとえば，今の若者は「やりたいこと」にこだわっているからいつまでも就職できないのだ，「いい相手」を選りすぐっているからいつまでも結婚できないの

だ，といういい方が典型的であろう．

　他方，これらの言説に対抗する形で，若者を取り巻く社会構造の変化を分析する研究が積み重ねられていった．具体的には，就業構造の変化や若者に対する社会保障が貧弱であることなどが次々と指摘されていった．その結果，若者が「大人」になれない原因はかれらの意識にあるのではなく，社会構造の変化にあることが明らかとなった．こうして，若者にかんする研究では，かれらの意識から社会構造へと焦点が移り，社会構造にかんする具体的な知見が充実していった（藤岡 2009）．

　そして現在，社会構造の変化を前提として，再び若者の意識に焦点があてられている．そのきっかけとなったのは，若者における生活満足度の上昇の発見である．今の若者の置かれた状況は非常に困難であり，かれらは「社会的弱者」（宮本 2002），あるいは「貧困世代」（藤田 2016）であるといわれている．また，社会構造の変化にかんする知見が充実したことによって，若者自身に原因があるわけではないことも明らかになっている．にもかかわらず，かれらは不満を抱くどころか，今の生活に満足している．このパラドクスに注目が集まり，多くの論者がこのパラドクスの説明を試みる議論を行っている（豊泉 2010；大澤 2011；古市 2011 など）．

　さまざまな説明が試みられているなか，若者が現在の社会に適応するように意識を変えたために，満足度が高まっているとする説明が複数の論者によってなされている．そこでは，今の若者があまり多くのことを期待せず，身近にある小さな幸せを大事にすることで日々の生活に満足しているということがいわれている（豊泉 2010；古市 2011）．

　以上をまとめると，今，若者の意識をみる上で焦点となっているのは，若者が置かれた状況とかれら自身の自己評価とのズレ，およびそのズレをもたらす若者の適応であることがわかる．研究者による一方的な評価ではなく，若者自身の意識にも注目し，かれらがいかにして現在の困難な状況に適応しているのかを明らかにしていく必要がある．

1.2　社会的地位の築きにくさと地位アイデンティティ

今の若者がいかにして現在の困難な状況に適応しているのかを明らかにする

ために，本章では，若者の地位アイデンティティについて分析していく．地位アイデンティティとは，自分が社会の中のどこに位置づけられているのかを自ら評価する意識である．この「社会の中の位置づけ」というものが，今の若者の困難を語る上で重要なポイントであるといえる．

というのも，これまでの研究で明らかになっている若者の困難な状況とは，若者が社会的地位を築けない状況を意味しているからである．

今でも日本社会では，正規の職に就き，結婚するといった，かつて標準的とされたライフコースを歩むことで一人前の「大人」とみなされるようになっている（嶋﨑 2008）．いわば，かつて標準的とされたライフコースが「大人の階段」となっている．そして，「大人の階段」をどのくらい昇れているかを基準として，人びとは自らの地位を評価している．実際，先行研究によると，正規の職に就き，結婚することによって人びとの地位アイデンティティが高くなるということが明らかになっている（小林 2008a，2008b；数土 2012 など）．

ところが今の若者にとって，この「大人の階段」を昇ることは容易ではない．「大人の階段」を昇ることによって社会的地位を築いていくことができたかつての若者とは違い，今の若者が同じ方法で社会的地位を築いていくことは難しい．そのような状況で，かれらが自らの社会的地位を高く評価できるとは考えづらい．したがって，若者の地位アイデンティティは低くなっていると予想される．

他方，現在の若者論でいわれていることを考えるならば，社会的地位を築けない現状に，今の若者が適応している可能性もある．すなわち，「大人の階段」を昇ることによって社会的地位を築けないのならば，別の方法で自らの社会的地位を評価しているかもしれない．もしそうだとすれば，今の若者の地位アイデンティティが何によって支えられているのかを明らかにする必要がある．

自らの生活についてさまざまな側面から総合的な評価を行う生活満足度とは違い，地位アイデンティティは直接自らの社会的地位を評価する意識である．したがって，社会的地位を築くのが難しいという状況下における若者自身の地位アイデンティティを分析することで，今の若者がいかにして現在の困難な状況に適応しているのかをより直接的に明らかにすることができる．

しかしながら，若者の地位アイデンティティにかんする研究は多いとはいえ

ない．そこで本章では，近年の若者論の議論を参考にしながら，若者の地位ア
イデンティティの分析を行う．まず，若者の地位アイデンティティの変化を概
観する．その後，今の若者の地位アイデンティティが何によって支えられてい
るのかを明らかにするために今の若者における地位アイデンティティの規定要
因を分析する．

　なお地位アイデンティティの指標には，他の章と同じく階層帰属意識を使用
する．また本章では，便宜的に若者を 20〜34 歳の人びととして定義する[1]．

2　下流化する若者の地位アイデンティティ

　それでは若者の地位アイデンティティの変化をみてみよう．

　本章では，1995 年と現在の若者の階層帰属意識を比較することで，若者の
地位アイデンティティの変化を確認する．というのも，ライフコースの個人化
が進展し，若者が社会的地位を築きにくくなったのは 1990 年代の末からであ
るといわれている（山田 2004b；乾 2010；鈴木 2015 など）．そこで，若者の置
かれた状況が困難になる直前の 1995 年と現在とを比較することで，実態の変
化と意識の変化の対応関係を確認する．使用するデータは，1995 年 SSM 調査
データと 2015 年 SSP 調査データである[2]．

　図 3-1 は，1995 年と 2015 年それぞれの時点における若者の階層帰属意識の
分布を比較したものである．分布の形をみてみると，「中の下」を頂点とした
山型の分布を示している点では 1995 年と 2015 年で違いはない．しかしながら，
分布全体を見比べると，この 20 年で分布が全体的に右のほうへ動いているこ
とがわかる．具体的な数値を確認すると，「中の上」と答えた人の割合は，
1995 年では 28.9% であったのに対し，2015 年では 22.2% に減少している．一
方，「下の上」と答えた人の割合は 16.0% から 21.1% へ上昇しており，「下の
下」と答えた人の割合も 3.6% から 6.3% へ同じく上昇している．つまり，こ
の 20 年の間に，自らを「下」だと位置づける若者が増えたことがわかる．若
者の地位アイデンティティは下流化しているといえる．

　以上の結果から，地位アイデンティティにかんしては，若者が置かれた状況
とかれら自身の自己評価とのズレは生じておらず，予想した通りの変化が起き

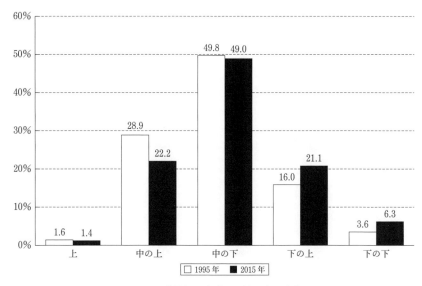

図 3-1 階層帰属意識の回答分布の変化

ているといえる．

3 変化する社会への意識の適応

次に，若者の地位アイデンティティが何に支えられているのかを明らかにしていきたい．

第1節第1項で述べたように，今の若者はかれらの意識を転換させることで困難な状況に適応しているといわれている．たとえば，豊泉周治は「他人に負けないようにがんばる」ことよりも「のんびりと自分の人生を楽しむ」ことを望ましい生き方とする中高生が増加しているというデータを提示し，このような価値観の転換を行うことで，今の若者が困難な時代に適応していると主張している（豊泉 2010）．また古市憲寿は，若者が「今，ここ」の身近な幸せを大事にする感性を身につけることで，困難な時代においても幸せを感じられるようになっているとの議論を展開している（古市 2011）．

両者の議論は次のようにまとめることができるだろう．

かつての日本社会では，大きな目標に向かって頑張り，より大きな幸せを求

めるべきという価値観が存在した．しかしながら今の若者がその価値観に沿っ
て行動したとしても，より大きな幸せを獲得できる可能性は低い．したがって，
下手にそのような価値観にしたがって自らを評価してしまうと，いつまでたっ
ても自らを高く評価することはできない．そこで，そのような価値観に最初か
らコミットせず，小さな幸せを大事にする意識を持つことで今の若者は自己評
価を下げないようにしている．

　この議論は，若者の地位アイデンティティについても当てはめることができ
る．すでに述べたように，かつて標準的とされたライフコースを歩むことが人
びとの階層帰属意識を高めることに結びついている．しかしながら，今の若者
はかつて標準的とされたライフコースを歩むことが難しい．したがって，かつ
て標準的とされたライフコースを歩むべきという価値観に沿って自らの地位を
評価してしまうと，いつまでたっても高い評価を下すことができない．だとす
れば，異なる価値観を重視することで地位アイデンティティを高くすることが
できるのではないだろうか．たとえていうなら，従来の人生ゲームに乗ってい
ると勝ち目のみえない今の若者は，従来の人生ゲームから降りることでゲーム
に負けないようにしているのではないだろうか．

　以上の議論から，本章では今の若者の地位アイデンティティが，意識の転換
によって支えらえているのかを検証する．その際，従来の人生ゲームから降り
ることをあらわす意識として，現在志向と宗教性に注目する．

　現在志向とは，将来のために努力するよりも今現在を楽しむことを重視する
態度のことである．現在の若者は，将来よりも今を大事にすることで幸福を感
じているということが議論されている（豊泉 2010; 古市 2011）．将来到達でき
るかもしれないより大きな目標ではなく，今現在を大事にすることは，自らに
対する期待水準の切り下げを意味する．したがって，よりよくなる将来がみえ
づらい現代社会において，現在志向を持つことが地位アイデンティティを高め
ることにつながっている可能性がある．そこでまずは，現在志向が若者の地位
アイデンティティに影響を与えているのかどうかを検証する．

　次に宗教性については，まず宗教が人びとに与える影響を検証した先行研究
に触れなければならない．それらの先行研究によると，宗教は人びとの幸福度
や自己肯定感にプラスの効果をもたらしているという（Ellison 1993; Stavrova

52 第Ⅰ部 階層意識とライフスタイル

et al. 2013 など）．そのメカニズムについては，複数存在すると考えられているが（Ellison and Levin 1998; George et al. 2002 など），その中の1つに，宗教が物質的な成功とは異なる人生の意味や目的を人びとに与えるため，というものがある（Lechner and Leopold 2015）．物質的な成功とは異なる人生の意味や目的を持つことによって，失業や離婚といった辛い状況にあっても自己評価を下げずに済み，結果的に幸福度や自己肯定感にプラスの効果をもたらすといわれている．

このメカニズムは，まさに本章で検証したい若者の困難な状況への適応と合致する．すなわち，かつて標準的とされたライフコースを歩むことによって社会的地位を築けない若者が宗教によってそれとは別の意味や目的を人生に見出し，地位アイデンティティを高めている可能性がある．

しかしながら，日本において宗教を信仰している人びとはわずかである．また本章で注目したいのは宗教そのものよりも，従来の人生ゲームから降りることを示す心のあり方である．そこで本章では，宗教を実際に信仰しているか否かではなく，「宗教的な心」を大事にしているかどうかという宗教性に注目し，地位アイデンティティとの関連を分析する[3]．

4 現在志向と宗教性が地位アイデンティティに与える影響

4.1 変数の説明

ここからは，2015年SSP調査データを使って，階層帰属意識を従属変数，現在志向と宗教性を独立変数とした重回帰分析を行う．

階層帰属意識については，5段階階層帰属意識を使用する．この項目は，現在の日本社会を「上／中の上／中の下／下の上／下の下」の5つに分けた時に，自身がどれに入るかを尋ねたものである．「上」=5〜「下の下」=1となるように値を与え，数値が大きいほど階層帰属意識が高くなるようにしている．

現在志向については，「将来のために節約・努力するよりも，今の人生を楽しむようにしている」かどうかを尋ねた項目を使用する．回答選択肢は「よくあてはまる／ややあてはまる／どちらともいえない／あまりあてはまらない／まったくあてはまらない」の5つである．「よくあてはまる」=5〜「まったく

あてはまらない」＝1となるように数値を与え，数値が大きいほど現在志向が強いことを示すようにしている．

宗教性については，「『宗教的な心』というものは大切だと思う」かどうかを尋ねた質問を使用する．回答選択肢は「そう思う／ややそう思う／どちらともいえない／あまりそう思わない／そう思わない」の5つである．「そう思う」＝5〜「そう思わない」＝1となるように数値を与え，こちらも数値が大きいほど宗教性が強いことを示すようにしている[4]．

現在志向と宗教性に加えて，性別，年齢，学歴，就業状態，世帯収入，配偶状態といった属性変数についても独立変数として使用する．性別は男性＝0，女性＝1と値を与え，年齢はサンプリング時の満年齢，学歴は教育年数に変換して使用する．就業状態に関しては従業上の地位を「正規職／非正規職／無職／学生」の4カテゴリに分類し，それぞれダミー変数を作成した．参照カテゴリは「正規職」である[5]．収入には，対数変換を施した世帯収入を使用する．配偶状態は，現在配偶者がいない場合＝0，いる場合＝1と値を与えた「有配偶者ダミー」を使用する．

最後に，親しい人の数についても独立変数として使用する．宗教が人びとの幸福度や自己肯定感にプラスの影響を与えるメカニズムの中には，宗教を信仰することでネットワークが広がり，多くの人びとからソーシャルサポートを得られるためというものがある（Ellison and Levin 1998; George et al. 2002 など）．本章では，従来の人生ゲームから降りることをあらわす意識として宗教性に注目しているため，ソーシャルサポートの効果はコントロールする必要がある．そこで，親しい人の数を独立変数に投入する．なお，親しい人の数については，日頃頼りにし，親しくしている人の人数を尋ねた項目を用いる．

4.2 あらわれる "微妙な" 結果

それでは，階層帰属意識を従属変数とした重回帰分析の結果を確認しよう（表3-1）．

まず，調整済み決定係数 R^2 値は 0.164（1% 水準で有意）であった．属性変数の結果をみてみると，多くの変数に有意な結果がでていることがわかる．学歴が最も強い効果を持っており（$\beta = 0.243^{**}$），学歴が高いほど階層帰属意識

54　第Ⅰ部　階層意識とライフスタイル

が高くなっている．また，非正規職（$\beta = -0.113^{**}$）と有配偶者（$\beta = 0.104^{**}$）
にも有意な結果がでており，正規職と比べて非正規の職に就いている人ほど，
配偶者がいない人ほど階層帰属意識が低くなっている．この結果から，やはり
標準的なライフコースを歩んでいない人の地位アイデンティティが低いことが
わかる．その他には性別（$\beta = 0.177^{**}$），年齢（$\beta = 0.099^{*}$），学生（$\beta = 0.107^{**}$），
世帯収入（$\beta = 0.180^{**}$）に有意な結果がでている．

　続いて，現在志向と宗教性の効果についてみてみよう．

　現在志向については，有意な正の結果がでていることがわかる（$\beta = 0.083^{*}$）．
この結果から，現在志向が強いほど階層帰属意識が高いといえる．しかしなが
ら，標準化偏回帰係数 β の値をみると，その効果は決して大きいとはいえない．

表 3-1　階層帰属意識の規定要因

	B	SE	β
定数	-0.616	0.424	
性別（ref: 男性）	0.303^{**}	0.072	0.177
年齢	0.020^{*}	0.009	0.099
教育年数	0.093^{**}	0.016	0.243
正規職（ref）			
非正規職	-0.228^{**}	0.086	-0.113
無職	-0.152	0.109	-0.059
学生	0.317^{*}	0.134	0.107
世帯収入（対数変換）	0.176^{**}	0.039	0.180
有配偶者	0.179^{*}	0.077	0.104
親しい人の数	0.007	0.007	0.038
現在志向	0.069^{*}	0.033	0.083
宗教性	0.060	0.032	0.072
調整済み R^2		0.164^{**}	
N		593	

注1：B＝偏回帰係数　SE＝標準誤差　β＝標準化偏回
　　帰係数．
　2：$^{*}p < 0.05$, $^{**}p < 0.01$.

　さらに，宗教性にいたっては，そもそも有意な結果がでていない（$\beta = 0.072$n.
s）．この結果から，宗教性は階層帰属意識に影響を与えていないことがわか
る[6]．

　以上をまとめると，現在志向は若者の地位アイデンティティを高める効果を
持っているがそのインパクトは小さく，宗教性についてはそもそも地位アイデ

ンティティに影響を与えていないという"微妙な"結果が得られたといえる．

5 学歴別の分析

5.1 一括りにできない今の若者

現在志向と宗教性が若者の地位アイデンティティに与える影響は，このような"微妙な"ものなのであろうか．実はこれまでの議論では，ある視点を見落としている．そして，その見落としによって現在志向と宗教性の効果を過少に評価してしまっている．では，これまでの議論で見落としている視点とは何だろうか．

改めて本章の目的を確認してみると，かつて標準的とされたライフコースが歩めなくなった今の若者は，従来とは異なる価値観を持つことで，自らを高く評価しているのではないか，という問いを検証することであった．この問いの前半部分，「かつて標準的とされたライフコースが歩めなくなった今の若者は」という点について考え直してみると，実はこの問いと前節での分析方法にはズレが生じていることがわかる．

重要なのは，今の若者全員がかつて標準的とされたライフコースを歩めなくなったわけではないということである．確かに人びとのライフコースは個人化した（宮本 2011；嶋﨑 2013）．ところが，人びとの歩むライフコースには階層差が存在することが明らかとなっている（Furlong and Cartmel 2007＝2009）．そして，日本では本人の学歴が学校から仕事への移行の安定性に影響を与え，学歴が高いほど比較的安定した移行を果たしているということが明らかにされている（堀 2007；乾 2010）．本章で注目している若者の現在志向についても，学歴が低いほど現在志向が強いという学歴差が生じていることがわかっている．そして，その理由としてライフコースの安定性の違いが影響していると考えられている．すなわち，比較的安定したライフコースを歩める可能性が高い高学歴の若者は将来のために努力する．一方，安定したライフコースを歩む可能性が低い低学歴の若者は今を楽しんだほうが合理的な選択となり，かれらの現在志向が強くなっていると考察されている（狭間 2016，2017）．

以上の知見からは，今の若者を一括りにして扱うのは難しく，階層によって

わけて考える必要があることがわかる．しかしながら，前節の分析では若者全員をまとめて分析を行っていた．ここに本章の問いとのズレがある．

　実はこの問題は，近年の若者論で指摘されているものでもある．浅野智彦は，これまでの若者論は若者のなかの差異をあまり意識することなく，ある種の定数のようなものとして扱ってきたと指摘している．しかし，若者が階層によって異なるライフコースを歩むようになった今，階層の異なる若者を一括りにして扱うことが難しくなっているという（浅野 2016b）[7]．

　「かつて標準的とされたライフコースが歩めなくなった今の若者」は低学歴の若者に集中しており，現在志向と宗教性が地位アイデンティティに与える影響は低学歴の若者で強くみられる，という可能性がある．実際，現在志向と宗教性が人びとの自己評価に与える影響が階層によって異なるという先行研究も存在する．

　たとえば現在志向については，苅谷剛彦の議論が参考になる．苅谷は高校生を対象とした調査データから，かれらの学習意欲が社会階層によって異なっていること，なおかつその差が広がっていることを明らかにした．苅谷はこれを「意欲格差（インセンティブ・ディバイド）」と呼んでいる．それと同時に，苅谷は高校生の自己有能感を形成するメカニズムが階層によって異なることを明らかにしている．具体的には，現在志向が強いほど自分は優れていると考えているという関連が低階層の高校生だけにみられ，高階層の高校生にはみられないことが明らかにされている．苅谷は「豊かな社会」の出現によって学校的な成功の意味が薄れ，その結果，低階層の高校生の自己有能感が現在志向によって高まるようになったとしている（苅谷 2001）．

　また，宗教性についても，宗教が人びとに与える影響が人びとの属性によって異なることが指摘されている．たとえば，アメリカでは黒人と低階層の人びとにおいて宗教が与えるポジティブな効果が大きいといわれている（櫻井 2017）．日本においても，宗教が幸福感に与える影響が低階層の人びとだけにみられるという結果が得られている（金児 2004）．物質的な成功が難しい状態にある人びとが，宗教によってそれとは違う人生の意味や目的を与えられることで，自らを高く評価することができるようになるのだろう．

　これらの知見を本章の問題関心に活かせば，次にように考えることができる．

今の若者においては，学歴によるライフコースの分断が生じている．かつて標準的とされたライフコースを歩む可能性が高い高学歴の若者は，従来の人生ゲームに沿って，自己評価を下すことができる．一方で，かつて標準的とされたライフコースを歩む可能性が低い低学歴の若者は，従来の人生ゲームに乗っていると自己評価は下がる一方となる．そこで，人生ゲームから降りることで，地位アイデンティティを高めている可能性がある．この可能性について検証する必要があるだろう．

5.2 非大卒層の若者だけにみられる現在志向と宗教性の効果

そこで，ここからは若者を非大卒層と大卒層にわけ[8]，それぞれについて現在志向と宗教性が地位アイデンティティに与える影響を検証しよう．

分析の結果が表3-2である．

まず，非大卒層の結果を確認する（表3-2：左）．調整済み決定係数 R^2 値は0.114（1% 水準で有意）となっている．属性変数について注目すると，性別（$\beta = 0.149^*$），年齢（$\beta = 0.144^*$），非正規職（$\beta = -0.154^*$）に有意な結果がで

表 3-2　学歴別の階層帰属意識の規定要因

	非大卒層			大卒層		
	B	SE	β	B	SE	β
定数	0.412	0.570		0.733	0.548	
性別（ref: 男性）	0.252*	0.112	0.149	0.350**	0.092	0.215
年齢	0.029*	0.013	0.144	0.012	0.014	0.064
正規職（ref）						
非正規職	-0.279^*	0.122	-0.154	-0.154	0.128	-0.068
無職	0.037	0.166	0.015	-0.334^*	0.145	-0.132
学生	-0.266	0.288	-0.055	0.457**	0.162	0.201
世帯収入（対数変換）	0.090	0.058	0.092	0.276**	0.052	0.295
有配偶者	0.050	0.109	0.030	0.269*	0.106	0.160
親しい人の数	0.010	0.010	0.059	0.006	0.009	0.032
現在志向	0.136**	0.048	0.165	-0.002	0.043	-0.002
宗教性	0.133**	0.045	0.169	0.011	0.044	0.014
調整済み R^2	0.114**			0.198**		
N	295			297		

注1：B＝偏回帰係数　SE＝標準誤差　β＝標準化偏回帰係数．
　2：*p＜0.05, **p＜0.01.

ている．続いて現在志向と宗教性に注目すると，両者ともに 1% 水準で有意な結果となっており，現在志向が強いほど，宗教的な心を大切にするほど階層帰属意識が高くなっていることがわかる．標準化偏回帰係数 β の値をみると，宗教性（$\beta = 0.169^{**}$）がすべての独立変数の中で一番大きな値を示し，その次が現在志向（$\beta = 0.165^{**}$）となっている．このことから，非大卒層の若者においては，現在志向と宗教性が階層帰属意識を決める際の大きな要因となっていることがわかるだろう．

次に，大卒層の結果を確認する（表3-2：右）．調整済み決定係数 R^2 値は 0.198（1% 水準で有意）となっている．属性変数に注目すると，性別（$\beta = 0.215^{**}$），無職（$\beta = -0.132^{*}$），学生（$\beta = 0.201^{**}$），世帯収入（$\beta = 0.295^{**}$），有配偶者（$\beta = 0.160^{*}$）に有意な結果がでている．一方，現在志向と宗教性に注目すると，ともに有意な結果はでていない．したがって，大卒層の若者において，現在志向と宗教性は階層帰属意識に対して効果を持っていないということができる．

以上の結果から，現在志向と宗教性が地位アイデンティティに与える影響は，非大卒層の若者だけにみられることがわかった．非大卒層の地位アイデンティティは大卒層よりも低くなる傾向がある．しかし，そんな非大卒層の若者でも強い現在志向と宗教性を持つことによって，地位アイデンティティを高めている．

また，若者全体でみたときに，現在志向と宗教性の効果について"微妙な"結果がでたのは，非大卒層と大卒層の結果が相殺していたからだといえる．

6 現在の壮中年層，過去の若者との比較

非大卒層における現在志向と宗教性が地位アイデンティティに与える影響は，今の若者だけにみられるものなのだろうか．それとも，今の壮中年層やかつての若者にもみられるものなのだろうか．もしも，今の若者だけにみられるのだとすれば，それは，本章で得られた結果が今の若者に特徴的にみられるものであるということができる．そこで，現在の壮中年層，1995 年の若者でも同じ分析を行い，今の若者との比較を行ってみよう．

まず現在の壮中年層についての分析結果をみてみよう．本章では 20〜34 歳を若者と定義したので，35〜64 歳を壮中年層とした．若者と同様に非大卒層と大卒層にわけ，分析を行った[9]．非大卒層の結果をみると（表3-3：左），現在志向が階層帰属意識に与える影響は有意ではないことがわかる．宗教性については効果がみられるものの（$\beta = 0.065^*$），世帯収入（$\beta = 0.250^*$）や有配偶者（$\beta = 0.136^*$）といった要因と比べるとその影響力は小さい．大卒層にかんしては（表3-3：右），やはり現在志向と宗教性の効果はみられない．

次に，1995 年 SSM 調査 A 票のデータを使って 1995 年の若者を対象に同様の分析を行った（表3-4）[10]．ただし，この調査には宗教性を測定する項目が含まれていないため，宗教性の効果を検証することはできなかった[11]．そこで，現在志向に注目してみると，大卒層ではもちろんのこと，非大卒層においても有意な結果はでておらず，階層帰属意識に対する現在志向の効果はみられない．

以上の結果からは次のことがわかる．

現在志向が地位アイデンティティを高める効果は，今の非大卒層の若者だけにみられる．宗教性が地位アイデンティティに与える影響については，非大卒

表 3-3　学歴別の階層帰属意識の規定要因（壮中年層）

	非大卒層			大卒層		
	B	SE	β	B	SE	β
定数	0.393	0.217		0.236	0.244	
性別（ref: 男性）	0.141**	0.051	0.084	0.093	0.052	0.061
年齢	0.011**	0.003	0.114	0.004	0.003	0.050
正規職（ref）						
非正規職	-0.122^*	0.057	-0.068	-0.186^{**}	0.064	-0.098
無職	0.083	0.07	0.036	-0.008	0.072	-0.004
世帯収入（対数変換）	0.236**	0.027	0.250	0.385**	0.031	0.394
有配偶者	0.267**	0.054	0.136	0.213**	0.064	0.104
親しい人の数	0.005	0.004	0.033	0.021**	0.006	0.102
現在志向	0.032	0.022	0.039	0.012	0.024	0.015
宗教性	0.048*	0.02	0.065	0.011	0.022	0.015
調整済み R^2	0.138**			0.230**		
N	1,291			919		

注 1：B＝偏回帰係数　SE＝標準誤差　β＝標準化偏回帰係数．
　 2：*p＜0.05，**p＜0.01．

60　第Ⅰ部　階層意識とライフスタイル

表 3-4　学歴別の階層帰属意識の規定要因（1995 年の若者）

	非大卒層			大卒層		
	B	SE	β	B	SE	β
定数	−0.343	0.894		0.508	1.170	
性別（ref: 男性）	−0.003	0.162	−0.002	0.168	0.171	0.105
年齢	0.014	0.020	0.048	−0.010	0.024	−0.035
正規職（ref）						
非正規職（ref）	−0.174	0.218	−0.071	−0.247	0.334	−0.069
無職	0.255	0.175	0.156	−0.037	0.222	−0.018
学生				0.614	0.607	0.094
世帯収入（対数変換）	0.478**	0.120	0.283	0.446**	0.144	0.286
有配偶者	−0.161	0.142	−0.088	0.161	0.155	0.098
現在志向	−0.026	0.047	−0.039	−0.026	0.065	−0.035
調整済み R^2	0.078**			0.043n.s		
N	193			136		

注 1：B＝偏回帰係数　SE＝標準誤差　β＝標準化偏回帰係数.
　 2：**p＜0.01.

の壮中年層でもみられ，今の非大卒層の若者だけにみられるわけではない．しかし，壮中年層では宗教性以外の多くの変数が効果を持っており，宗教性が持つ効果はその中で強いとはいえない．現在志向と宗教性によって大きく地位アイデンティティが決まる今の非大卒層の若者とは，宗教性の持つ重みが違う．今の非大卒層の若者にとっては，それほど宗教性の持つ意味が大きいといえる．

7　地位アイデンティティからみる若者の格差

本章では若者の地位アイデンティティに注目し，分析を行ってきた．その結果を整理すると次のようになる．

(1) 若者の地位アイデンティティはこの 20 年の間に下流化している．
(2) 若者全体でみると，現在志向は地位アイデンティティに影響を与えているものの，その影響は小さい．宗教性については，地位アイデンティティへの影響はみられない．
(3) 若者を学歴によってわけると，非大卒層の若者でのみ現在志向と宗教性

が地位アイデンティティを高めている.

これらの結果を踏まえて, 現代日本社会における若者の格差について考察したい.

数多くの先行研究によって, 若者が社会的地位を築きにくくなっていることが明らかになっている. 若者の地位アイデンティティが下流化していることから, かれら自身もそのように評価していることがわかる.

しかし, より注目すべきなのは, 地位アイデンティティの規定要因が学歴によって異なるようになったことである.

大卒層では, 世帯収入や配偶者の有無といった, 従来いわれてきた要因によって地位アイデンティティが決まっている. 一方, 非大卒層では, 将来よりも今を大事にする「気持ち」や宗教的な心を大切にする「気持ち」を持つことによって地位アイデンティティが高められている. つまり, かれらの地位アイデンティティは, 心のあり方によって支えられているといえる[12]. 本章では, 将来よりも今を大事にする意識や宗教的な心を大切にする意識が従来の人生ゲームから降りることをあらわす意識であると考えた. であるならば, 非大卒層の若者は, 従来の人生ゲームから降りることによって自らの地位を高く評価しているといえる.

そして, これはかれらの現代日本社会に対する適応であると考えられる. 低学歴の若者は安定したライフコースを歩むことが難しく, 従来の人生ゲームに乗っている限り自らの評価を高くすることも難しい. 加えて, 学歴が低いこと自体がかれらの地位アイデンティティを低くしている. そのような状況で, かれらが地位アイデンティティを保とうとするならば, 従来の人生ゲームから降りる他にない. そのような状況が, 現在志向と宗教性を強く持つことによって地位アイデンティティが高まるという現象を引き起こしているのだろう. この現象は今の非大卒層の若者において顕著にみられるものであり, それだけかれらの置かれた状況が困難であるといえる.

以上の議論は, 今の若者のなかにある格差が非常に根深いものであることを示唆している.

これまでの研究では, 低学歴層のほうが困難な状況に置かれているという格

差が語られてきた（宮本 2012 など）．学歴が低いほど非正規職に就きやすく，結婚できず，収入も少ない，だから低学歴層のほうが不利な状況にある，という指摘がなされている．

ところがこのいい方には，暗黙のうちに，ある前提条件が置かれている．それは，若者全員が同じ人生ゲームの上に乗っているというものである．従来の意味での「大人」を目指してコマを進めるというゲームに全員が乗っているのならば，確かに低学歴の若者は不利な状況にある．すなわち，ゲームを進める上で有利か不利かという「格差」があるといえるだろう．

しかし，本章の分析からわかったのは，低学歴の若者が従来の人生ゲームからおりることによって自らの地位を評価しているということである．

これは，今の若者のなかに生じている格差が，単なる条件の有利／不利というレベルではなく，そもそも従来の人生ゲームに乗るか乗らないかというレベルで生じていることを意味している．

このような若者の格差の根深さは，かれらの意識に注目することで明らかにすることができたものである．若者を取り巻く環境がなかなか改善されないなか，若者のなかにある格差はどのように変化していくのか．客観的な指標だけではなく，かれらの意識にも注目しながら，今後も注視していく必要がある．

注

1）何歳までを若者とするかについては，明確な決まりがあるわけではないが，近年では若者の年齢上限が上昇していることが指摘されている．T. Toivonen は日本社会では 2000 年代以降に 34 歳までが若者であると定義されるようになったとしている（Toivonen 2011＝2013）．本章でもその定義に従い 34 歳までを若者とした．また，2015 年の SSP 調査では 20 歳以上の人びとを対象に調査が行われているため，下限は 20 歳に設定している．

2）2005 年 SSM 調査データを用いれば 3 時点の比較が可能となるが，2005 年の SSM 調査は 1995 年の SSM 調査，2015 年の SSP 調査と調査法が異なるため厳密な比較ができない．調査法の違いによる階層帰属意識の分布の違いについては小林大祐の議論を参照されたい（小林 2015a）．

3）横井桃子と川端亮は，宗教的な心を大切にしていることがさまざまな意識や行動に影響を与えていることを明らかにしている．そしてその影響の仕方が，所属宗教や教会出席によって測定される欧米の宗教性と同等であることから，宗教的な心を大切にしているかどうかが，操作的に欧米と同じ宗教性を測っ

ているとしている（横井・川端 2013）.

4) なお，現在志向と宗教性の相関係数は 0.079 であった（p<0.05）. この結果から，現在志向が強いほど宗教性が強いという相関関係があることがわかるが，その関係は強いものではない.

　また，現在志向と宗教性が何によって規定されているのかについても確認するため，それぞれを従属変数とし，性別，年齢，学歴，就業状態，世帯収入，配偶状態を独立変数とした重回帰分析を行った.

　まず，現在志向についてみてみると（表3-5），調整済み決定係数 R^2 値は 0.053（1% 水準で有意）であった. 性別（$\beta = -0.140^{**}$），教育年数（$\beta = -0.155^{**}$），有配偶者（$\beta = -0.128^{**}$）に有意な結果がでており，男性であるほど，学歴が低いほど，配偶者のいない人ほど現在志向が強いことがわかる.

　次に，宗教性については，有意な効果を持つ独立変数は1つもなく，モデル全体が有意にならなかった（図表省略）. すなわち，誰の宗教性が強いのかということはこのモデルからはわからない.

表 3-5　現在志向 の規定要因

	B	SE	β
定数	4.501^{**}	0.494	
性別（ref: 男性）	-0.288^{**}	0.090	-0.140
年齢	0.010	0.012	0.041
教育年数	-0.071^{**}	0.020	-0.155
正規職（ref）			
非正規職	-0.079	0.110	-0.033
無職	-0.188	0.139	-0.061
学生	0.249	0.170	0.070
世帯収入（対数変換）	-0.054	0.049	-0.046
有配偶者	-0.264^{**}	0.097	-0.128
調整済み R^2		0.053^{**}	
N		594	

注1：B＝偏回帰係数　SE＝標準誤差　β＝標準化偏回帰係数.
　2：**p<0.01.

5)「正規職」には「経営・管理」「正規雇用」「自営業」が含まれる. 若者の中では，「経営・管理」「自営業」の人数が少なかったため1つのカテゴリに集約した.

6) 10% 水準でみれば結果は有意となり，宗教性も地位アイデンティティに影響を与えているといえるようになる. ただ，いずれにせよその効果は大きいとはいえない.

7) このような若者内の差異の広がりと，注1）でも触れた若者の年齢上限の上昇によって，「若者」が社会を読み解く際の枠組みとして機能しづらくなって

64 第 I 部 階層意識とライフスタイル

いる．浅野は，このような状況を「若者」の溶解と表現している（浅野 2016b）．

8) 中学校，高等学校，専門学校卒の人びとを非大卒層，短期大学，高等専門学校，大学，大学院卒の人びとを大卒層と分類した．

9) ただし，壮中年層では学生が含まれていなかったため，分析から学生を除いている．

10) 1995 年の SSM 調査では，現在志向にかんする項目が A 票にのみ含まれているため，A 票のみで分析を行った．なお，非大卒層には学生が含まれていなかったため，分析から学生を除いている．

11) 同様に，親しい人の数も調査項目に含まれていないため，分析に使用していない．

12) ただし，性別や年齢，非正規職にも有意な効果がみられるため，心のあり方だけに支えられているわけではない．

第 4 章

人びとのつながりと自由
地域に埋め込まれたサポート関係がもたらす「資源」と「しがらみ」

内 藤 　 準

1　問題の所在

1.1　人びとのつながりと自由

　本章の目的は，人びとをサポートする「つながり」すなわち社会関係と，彼／彼女らの「自由」との経験的な関係を明らかにすることである．社会学では，人びとをとりまく他者との関係（社会関係）は 2 つの側面をもつと考えられてきた．1 つは，人びとの自由を制約する「しがらみ」としての側面であり [1]，もう 1 つは，人びとに自由をもたらす「資源」としての側面である．まずこれらの側面について概観しておきたい．

1.2　しがらみとしての側面──近代化・都市化・個人化による個人の解放

　人びとをとりまく社会関係は，彼／彼女らの暮らしの基盤となる一方で，彼／彼女らの自由に対する制約にもなりうる．このような考え方は社会学でなじみ深いものである．近代以前の伝統的な社会では，人びとは地域の共同体的な暮らしに緊密に埋め込まれていた．地域コミュニティのメンバーとしてのアイデンティティを共有する他者と，共有された規範に基づく慣習的な生活をおくる地域社会は，人びとの暮らしを安定的に支える基盤となった．その一方で，相互監視と規範による統制下での生活は，人びとがそこから自由に何かをなすことを困難にするものでもあった．やがて伝統的社会から近代産業社会へ，そ

して都市化という変化により，人びとの生活の基盤となる基本単位も核家族や職業集団などへと変わる．この変化は強固な共同体的生活基盤の喪失であるとともに，より個人的かつ選択的な暮らしへの解放でもあった（第1の近代化）．ここからさらに近代化が徹底されると，家族や階級，職業集団，近隣集団はいずれも，人びとの社会生活と制度の基本単位ではなくなっていく．この第2の近代化の徹底による「個人化」は，もはや個人がそうした中間集団を生活とアイデンティティの確実な基盤とはできなくする一方，そうした所属集団による自由への制約から徹底して個人を解放するものでもある．

　このような「近代化による個人の解放とその危険」というストーリーは，社会学においてつねに基本的な重要性を持ち，近年でも盛んに論じられている（Giddens 1991＝2005; Beck 1986＝1998; Bauman 2000＝2001）．また，都市化や情報通信技術の進展が人びとの地域生活と社会関係にもたらす効果をめぐって，都市社会学における「コミュニティ問題」のように関連した議論がなされてきた（Wellman 1979＝2006; Fischer 1982＝2002; 赤枝 2011）．これらの議論において，人びとが持つ社会関係は両義的な意味を持っている．一方でそれは，人びとの暮らしを支える基礎となるものである．だがそれはもう一方で，暮らしにさまざまな制約（伝統的規範，逸脱に対する負のサンクションなど）をもたらし，その意味で「個人の自由を縛る」ものだと考えられてきた．

1.3　資源としての側面——社会関係的資源の分配と自由

　このように，自由という主題に照らしてみた場合，社会関係は人びとの自由を縛る「しがらみ」としての意味を付与されてきた．だがもちろん，人びとの暮らしを支える基盤としての側面にも，自由にかかわる意味を見出すことができる．この側面については，社会関係をサポート資源として捉える議論で強調されてきた．

　社会階層研究では，経済的資源や人的資源など多様なものが「社会的資源」として扱われるが，それらが共通に資源と呼ばれるのは，人びとにさまざまなライフチャンス（Dahrendorf 1992＝2001），すなわち行為や生き方を選択する自由を与えるからだとされる．そして他者とのつながりも「社会関係的資源」として研究されている（竹ノ下 2013：13）．

社会的ネットワークやソーシャルキャピタルの研究では，他者との社会関係が行為者にとって資源となることが明らかにされてきた（Lin 2001＝2008; Granovetter 1973）．行為者は他者との関係を用いて，さまざまなサポートや有益な情報を得る．このとき，他者との社会関係は，行為者に利用可能な選択肢を与える資源だと考えることができる．そこで社会階層研究では，人びとが他者と取り結ぶ援助的な社会関係（以下，サポートネットワーク）の分配やそこからの孤立と，社会経済的地位（以下，SES）との関連が経験的に明らかにされてきた（菅野 2001; Fischer 1982＝2002; 金澤 2014; 内藤 2017）．

1.4 選択の自由と資源としてのネットワーク

しかしここで気をつけねばならないのは，人びとの社会関係が「資源」として利用可能になるための条件である．社会階層研究では，さまざまなものが人びとにとって利用可能な行為選択の幅を拡げる資源になると広範に仮定されてきた．だがこうした仮定は経験的に確かめられるべきものでもある．たとえば，多くの研究では，世帯を消費の基本単位として想定し，世帯収入をおもな経済的資源の指標としている．しかし「個人にとって自由に利用可能な資源」としてみた場合，本人自らの収入（本人収入）と，同じ世帯の他人の収入（自分以外の世帯収入）とでは意味が異なることがあり（内藤 2012），それは経験的に確かめなければわからないことである．そして，この資源としての利用可能性について，サポートネットワークは特に慎重な検討を要するものとなる．なぜなら，ある行為者がネットワークから提供されるサポートを利用できるかどうかは，その行為者単独で決めることができず，他者の協力に依存するからである．

そこで本章では，社会的つながりが人びとの自由にとって持つ意味に，「主観的自由」（perceived freedom, subjective freedom）を用いてアプローチする（Naito 2007; 内藤 2012, 2017）．とくに，地域の文脈に埋め込まれたサポートの指標としての「社会的凝集性」と，文脈から離れた一般的なサポートネットワークの指標としての「サポートネットワーク人数」を用いる．はたして人びとが強い地域的サポートに囲まれていることは，彼／彼女らに自由をもたらすのか．それとも，しがらみによる制約をもたらすのか．あるいはその両方か．また，一般的にサポートネットワークは，彼／彼女らにとって自由に利用可能

な選択肢をもたらすのだろうか．これが明らかにしたい問いである．

1.5 本章の構成

第2節では，人びとの自由と社会的資源との関連について，主観的自由を用いて分析する方法と考え方を示す．次いで，先行研究について概観し，地域的サポート（社会的凝集性）が人びとの自由に与える効果に関して仮説を設定する．サポートネットワーク人数が人びとに自由といえる状況をもたらす効果とその社会経済的条件については，すでに内藤（2016, 2017）が一定の知見をもたらしている．その知見を簡潔に紹介する．

内藤（2016, 2017）で検討されたサポートネットワーク人数は，そのサポートが埋め込まれた社会関係の文脈を問わない，サポート一般の指標である．そのため，サポートと引き替えに制約をもたらす地域生活の縛りのような要素が反映されない可能性がある．そこで本章ではあらたに，地域生活におけるサポートの指標として「社会的凝集性」を用いる．この指標を用いることで，地域生活に埋め込まれたサポートに自由への制約としての側面が見出されるか否かを検討する．また社会的凝集性をコントロールした上でも，内藤（2016, 2017）の分析結果が維持されるかどうかが確認される．

第3節では分析に使用するデータと変数を示し，第4節では結果を示す．結果を先取りすれば，①地域的なサポートと連帯からなる社会的凝集性には，個人レベルで，生き方を自由に選べると認識できるような状況をもたらす（主観的自由を高める）効果がある．②ただし，社会的凝集性が主観的自由に及ぼす効果はU字型の曲線を描く．このことは，「そこそこの社会的凝集性」をもたらすような近隣関係を持つ人びとは，近隣関係にまったく縛られない人びとや，徹底して地域社会に埋め込まれた人びとに比べ，主観的に自由だと報告しにくいような状況におかれることを示唆している．③一般的なサポートネットワーク人数の効果については内藤（2017）の知見が確認される．すなわち，サポートネットワークを多く持つことは主観的自由を高める効果を持つが，その効果は本人収入が少ない場合には著しく減少する．これは今日の社会において人びとのサポートは利他的贈与ではなく「相互的交換」とされており，そもそも資源を持たない人にとって，他者のサポートの利用は有効な選択肢となりづらい

ことを示唆していると考えられる.

第5節では,分析の結果をまとめ,そこから得られる実践的含意と,研究の展望を述べる.

2 方法と仮説

2.1 社会的資源と自由に関する問われざる仮定

先述のように社会階層研究では,さまざまなものが人びとのライフチャンスを拡大する社会的資源だと仮定されてきた.だがそれらは本来,経験的に確かめられるべき仮定である.というのも,ある人がある資源を持っていても,実際にそれを有効に利用でき,選択肢や機会が実質的に拡大されるかどうかは,その人をとりまく状況,社会規範や社会的地位,他者との関係などによるからだ(Sen 1985, 1992).

このことは「人びとのつながり」に関してとくに妥当する.収入や資産,能力や学歴など,「権利」(Coleman 1990)が行為者個人に帰属されうる資源ならば,その利用に関する決定も基本的には行為者が単独でおこなえる.しかし,人びとが他者とのネットワークからサポートを得られるか否かは,行為者が単独では決定できず,他者の側の「協力」にかかっている.それゆえ,社会的資源としての社会関係の分析では,それが有効になるための条件とメカニズムを明らかにすることが重要な課題になる.

このように「権利の構造」を考えてみると(Coleman 1993),社会的資源としてのサポートネットワークには,協力の可否を決める権利はあくまで他者の側にあるという重要な特徴がある.それゆえ,「サポートネットワークは人びとの選択の自由を拡大する社会的資源である」という仮定は,他の社会的資源以上に自明視が許されず,その成立条件を経験的に確かめる必要がある.

2.2 主観的自由を用いた分析の意義

人びとは他者との社会的ネットワークのなかに埋め込まれ,さまざまな社会的資源や地位を持ち,社会制度や規範の枠組みのなかで,行為を選択し社会生活をおくっている.これらの要因は人びとをとりまく状況を構成し,彼/彼女

70　第Ⅰ部　階層意識とライフスタイル

らが生き方や行為を自由に選択できる程度を規定する．そこで本章では，人び
とのもつ社会的なつながりが，彼／彼女らの自由を拡大するか否かを，データ
分析を通じて検討する．そのツールとなるのが「主観的自由」である．具体的
には以下の調査項目で測定されたものを分析に用いる．

　　質問文：あなたにとってつぎのような気持ちや考え，生き方はどの程度あて
　　　　　　はまりますか
　　　　　　「私の生き方は，おもに自分の考えで自由に決められる」

「よくあてあまる」を 5（18.5％），「ややあてはまる」を 4（43.2％），「どちらと
もいえない」を 3（24.1％），「あまりあてはまらない」を 2（12.9％），「まった
くあてはまらない」を 1（1.3％）とコードし，5 段階の尺度として使用する．
値が大きいほど，その回答者が自分のおかれた状況について「生き方を自由に
決められる」と認識し，回答していることを示す．この主観的自由を被説明変
数とし，行為者の状況を構成する社会的サポート変数（社会的凝集性，サポー
トネットワーク人数）を説明変数とした分析をおこなう．さまざまな要因（SES
など）を統制したうえで，それらの社会的サポート変数が主観的自由を高める
／低める効果があるか確かめる．
　ところで，主観的自由を指標として行為者の自由を考察する手法には，問題
はないのだろうか．従来の社会階層研究では，いわゆる主観的変数（意識，認
識，信念など）は客観的とされる階層変数に比べて不確かな指標とされてきた
からだ．
　しかし実のところ，「自由」という概念を扱うには主観的自由を考慮に入れ
るべき強い理由がある．そもそも「自由の程度」という概念自体に，人びとの
選好や共有された価値観などの主観的要素が含まれており，自由の程度を純粋
に客観的に測定するのは困難だと考えられるからだ．この問題は，自由の測定
をめぐる規範理論において論じられてきた．ここで要点だけ述べると [2]，第 1
に，さまざまな選択肢が人びとに与える自由の程度は，人びとが主観的に持つ
選好と関係しうる．人びとが選好する（高い価値を与える）選択肢ほど，その
有無が自由の程度を左右する程度も大きいと考えられる（Sen 1990; cf. Patta-

naik and Xu 1990). 第2に，そもそも何らかのものや行為や状態が「選択肢」としてあらわれること自体が，われわれの主観的な認知や評価に支えられている（Sugden 1998). 人びとの主観的な認識や選好は，何が自由にとってレリヴァントな選択肢であるか，何がその指標となるかを規定する枠組みを構成しており，むしろ「自由の程度」を考える際に不可欠な前提を与えるものだと考えられる．第3に，社会的資源の客観的な保有は，必ずしもそれを使用する自由を意味しない．たとえば，女性の自転車運転を禁ずる規範がある社会では，自転車の保有は彼女の自由を拡大しない．Coleman（1990, 1993）が「行為の権利」として論じていたように，あるものが実際に利用可能な資源として「実質的自由」を拡大するか否かは，人びとの地位や周囲の他者，規範などを条件として決まる（Sen 1985, 1992). このことを考慮すれば，従来研究者が仮定してきた「客観的指標」が，実際に人びとの自由（選択肢や機会）を実質的に拡大する資源を捉えているかどうか，人びと自身の報告を通じて経験的に確かめられて良い．この意味で，主観的自由の指標を用いた分析の試みは，客観的指標を社会的資源の指標としうる経験的な条件を確かめるために，論理的に先行するものだと考えられる．

　以上のように，「主観的自由」を分析に用いる理由には，自由の客観的測定の困難さがある（Pattanaik and Xu 1990; Sen 1990; Sugden 2003). 客観的資源とされるものが実質的に自由に資するか否かは，行為者が主観的にそれを選択肢とし，主体的に使用できるかに依存する．このことを無視すれば，ある客観的資源が実際に自由に使える資源となる社会的条件を見逃しかねない．そこで本章では，人びと自身が報告する選択の自由の程度である主観的自由とSESとの関連を調べるという手法をとる．この手法によって，行為者の実質的自由に資する資源やその実効化条件を，研究者の独断によらず明らかにできる．

2.3　先行研究と仮説

①先行研究——自由と社会的資源・社会関係的資源

　社会学では主観的自由を規定する要因の研究はさほど多くない．社会心理学や政治心理学における「主観的コントロール（perceived control）」や「自己効

72　第Ⅰ部　階層意識とライフスタイル

力感（self-efficacy）」の研究も含めれば数多くの先行研究があり，それらの意識変数と SES との正の関連が報告されてきた（Gurin et al. 1978；Campbell 1981；Lachman and Weaver 1998）．ただし，主観的コントロールや自己効力感は，その概念化および理論において，人びとが学習したパーソナリティ要因として扱われることが多い．それに対して社会的な要因を探る本章にとって重要なのは，資源や状況が与える選択の自由度である．そのため，本章では主観的自由について，人びとが自らの状況について，生き方の選択の自由という基準で自己評定したものだと捉える（Naito 2007；内藤 2012）3）．そのうえで，主観的自由の指標を用いて，何がどのような条件下で人びとに選択の自由を与える社会的資源となるのかや，そうした自由の認知がさらなる主体的行為選択にどのように影響するのかを明らかにすることに，関心の焦点がある．

　これまでにも主観的自由を用いた研究により，現代の日本社会における SES と自由との関連についていくつかのことが明らかになってきた（内藤 2012, 2017；Naito 2007）．①個人収入，教育，健康（主観的健康）などの個人的資源は，人びとの主観的自由を高める．つまり，これらの資源は人びとが自らを自由だと回答しうる状況をもたらす効果を持つ．②他方，世帯収入には主観的自由を高める効果は確認されない．つまり，暮らし向きを共有する同世帯員でも，他人の収入は，自由に使える資源として主観的自由を必ずしも高めない．世帯の暮らし向きを反映する階層帰属意識や生活満足度とは異なり，主観的自由にはこうした「自由」の個人主義的性質があらわれており，個人的資源の不平等に対応した男女差も見出されている 4）．

　他方，「社会関係的資源」すなわち他者との「つながり」であるサポートネットワークと自由との関連についても，いくつかの知見が報告されている．内藤（2016, 2017）は一般的なサポートネットワーク人数を独立変数とする分析で，以下のことを見出した．第 1 に，サポートネットワーク人数は，人びとの主観的自由を高める効果がある．このことは，他者からサポートを得られる社会関係が，生き方を自由に選べると報告できるような状況をもたらすことを示唆する．第 2 に，このサポートネットワークが主観的自由を高める効果には本人収入との交互作用があり，本人収入が少ない人びとにおいては，サポートネットワークの正の効果が著しく低下する．このことは，他者とのサポートネッ

トワークが有効な資源となるためには，一定の収入があることを条件としていることを意味している．内藤（2017）はこの交互作用効果の生じる理由を理論的に検討し，サポートネットワークにおける協力行動が，「利他的な贈与」というより「相互的な交換」として意味づけられているからだと説明している．

　先述したように，他者とのつながりを通じてサポートを利用するには，他者の側の協力を必要とするが，この協力には何らかのコストがともなうと考えられる（Ishiguro and Okamoto 2013; House et al. 1988）．たとえば何らかの経済的援助をするには，金銭的コストがかかる．この時，サポートネットワークの行為者と他者の間には，受領しつつ提供しないのがもっとも得になるという囚人のジレンマ的な状況があると考えることができ，サポート提供（協力）をもたらすメカニズムが重要になる（Simpson and Willer 2015）．いま，この協力が「コストを顧みず相手の利益のためになされる利他的なものだ」と一般的に期待できる状況ならば，行為者は自分から相手へのお返しを気にすることなく，自由に他者に協力を依頼できる．したがってその場合には，収入との交互作用は生じないだろう．他方，この協力が「相互的な交換としてなされるものだ」という一般的な期待がある場合には，行為者が他者にサポートを依頼するにあたって，逆に他者から協力を依頼された時，自分もサポート提供できるか否かが問われる．自分も相手をサポートできるだけの資源を持っていないなら，逆に相手からサポートを頼まれた時に交換が成立しない．また相手の側でもお返しが期待できない行為者に対するサポートは差し控えると考えられる．このことから，十分な個人的資源を持たない行為者は，サポートを自由に依頼しづらくなる．すなわち，一定の個人的資源を持つことがサポートネットワークを利用する条件となる交互作用が生じ，資源を持たない行為者にとって，サポートネットワークは自由に利用可能な資源にはならなくなるのだと考えられる．

②自由を制約する社会的なつながりの側面

　以上の知見は，他者からのサポートが，一定の個人的資源を条件とするものの，行為者が自由に生き方を選べると認識できる状況をもたらす資源として作用するというものである．しかし社会学において，他者との社会関係は「しがらみ」として個人の自由を制約する側面があることが強調されてきた．この

74　第Ⅰ部　階層意識とライフスタイル

「しがらみ」の側面はデータで確認されないのだろうか.

　このことを考えるうえで,「サポートネットワーク人数」の変数が,特定の文脈を離れた一般的なサポート関係に関する指標となっている点に注意したい.「サポートネットワーク人数」の変数は,具体的には,「あなたが日頃から何かと頼りにし,親しくしている方は何人くらいでしょうか」という質問文に対して,被調査者が挙げた人数として測定されたものである.「日頃から頼りにする」ことはわかるものの,どのような関係の相手を,何について頼りにしているのかといった,相手との関係の社会的文脈がここには含まれていないことがわかる.

　これに対して,社会学で「しがらみ」として論じられてきた他者との関係は,例えば「地域」「家族」「職業」など特定の社会生活の文脈に埋め込まれたものである.そこで本章では,地域関係に埋め込まれたサポート関係の指標として,「社会的凝集性」(原田 2017; Sampson et al. 1997)を用いた分析を試みる.

③社会的凝集性の地域レベルと個人レベル

　社会的凝集性(social cohesion)は,Sampson et al.(1997)が用いる「集合的効力感(collective efficacy)」の一部であり,近隣の相互サポートや相互信頼,結束などによって測定される.本章で使用するSSP2015データでは,以下の2項目が採用されている.

　　質問文　あなたは以下のことについてそう思いますか,それともそうは思い
　　　　　　ませんか.あてはまるものをお答えください.
　　　　　a) 困っているとき,近所の人たちは手助けをしてくれる
　　　　　b) 近所の人たちは強いきずなで結ばれている

　選択肢は「とてもそう思う,そう思う,どちらともいえない,そう思わない,全くそう思わない」の5件法であり,上から4から0の得点を与えて加算した尺度を用いる(Cronbach の α =0.842).値が大きいほど,被調査者が近所とみなす人びとからのサポートがあり,結びつきが強いと回答されていることを示す.

この社会的凝集性は，行為や集団参加などによって測定される構造的ソーシャルキャピタルとは区別された認知的ソーシャルキャピタル（Harpham 2008＝2008: 82）とされるものである．ただしこのあとの階層線型モデルによる分析では，社会的凝集性を地点（町丁目）で平均した「地域レベル」の変数の他，個人の社会的凝集性の得点を「個人レベル」の変数として使用する．地点平均の変数を用いることで社会的凝集性を地域の特性として分析することができる（Kawachi et al. 2008＝2008：12-13）．他方，個人ごとの得点については，その個人が近隣生活でそれぞれ持つサポート資源の認知として分析することができる．

　この2つのレベルの変数を用いて分析する必要があるのは，地域生活における社会関係の効果が，ある地域を単位としてその住民全員に及ぶ効果なのか，個人に認識可能な範囲のより個別化された近隣関係の効果なのかを，区別して検討するためである．これはとりわけ，個人化が進み地域が社会生活の基本単位としての重要性を減じているとされる現代社会では，重要な区別となる．そこで本章では，個人レベルの社会的凝集性として地域平均で中心化した変数を用い，地域レベルの社会的凝集性（地点平均）は全体平均で中心化した変数を用いる．そうすることで，個人レベルの社会的凝集性の地域内での効果と，地域間の社会的凝集性の水準の違いによる地域レベルでの効果とを分けて検討することができる．こうした社会的凝集性の2つのレベルの効果として，例えば原田（2017：ch.6）は，人びとの居住満足度に対して，個人レベルと地域レベルの両方で正の効果があることを明らかにしている．

2.4　仮説

　本章では，この社会的凝集性の変数を用いて，地域生活という文脈に埋め込まれたサポートが，人びとに自由を与える資源となる側面と，自由を制約する側面について検討する．

　まず，他者からのサポートが行為者の自由を拡大するメカニズムが考えられる．第1に，「他人に支援を依頼する」という選択肢が新たに利用可能になることで，主観的自由が高まることが考えられる．第2に，支援を依頼できる他者がいることは，ある選択が失敗した時に困難に陥るリスクを低下させるバッ

76　第Ⅰ部　階層意識とライフスタイル

ファとして機能しうる．そのため，失敗を恐れずに選べる選択肢の幅が広がり，主観的自由が高まることが考えられる．

　　仮説1：社会的凝集性（個人レベル）と主観的自由には正の関連がある．

　さらにこの社会的凝集性の正の効果は，Sampson（2011）が強調する地域レベルの「近隣効果（neighborhood effect）」として，地域レベル変数に見出される可能性もある．たとえば，社会的凝集性の認知が平均して高くなるような，住民同士の関係が緊密な地域に暮らすことで，その住民全員に効果が及ぶというメカニズムが考えられる．

　　仮説2：社会的凝集性の地点平均（地域レベル）と主観的自由には正の関連
　　　　　がある．

　以上2つの仮説は，内藤（2017）が見出したサポートネットワーク一般の正の効果を，近隣のサポートを含む社会的凝集性に敷衍したものである．
　本章ではさらに，地域生活での強い凝集性がもたらす「しがらみ」としての側面についても検討したい．とはいえ，地域生活から得られるサポートは基本的には正の効果をもつと考えられる．そこでここでは「しがらみ」の側面について，「高すぎる社会的凝集性は自由を制約する」という形で現れるメカニズムを考える．

　　仮説3：社会的凝集性（個人レベル）の2乗項と主観的自由には負の関連が
　　　　　ある．

　仮説3が意味するのは，個人レベルの社会的凝集性と主観的自由との関連が，逆U字型の曲線を描くということである．社会的凝集性が低い人びとはそもそもサポートが得られない一方で，過度に社会的凝集性が高くなるような地域生活は，その緊密な人間関係（相互監視や相互依存）が自由に対する制約となる可能性が考えられる．そのためこの仮説では「ほどほどの高さ」の社会的凝

集性が自由を最も高めるとする[5].

　他方，こうした「しがらみ」の負の効果は，地域レベルの特性としてあらわれる可能性も考えられる．つまり，社会的凝集性が平均して高くなるような地域では，住民同士の関係が緊密な地域の特性として，住民全体の自由を制約する可能性がある．これを仮説4とする．

　仮説4：社会的凝集性の地点平均（地域レベル）と主観的自由には負の関連
　　　　がある．

　次節以降では，これらの仮説の検討を通じて，地域生活の文脈に埋め込まれたサポートが，人びとの自由を高める資源となる側面と，自由の制約となる側面について考察する．

3　データと変数

　本章では「2015年階層と社会意識全国調査（第1回SSP調査）」のデータを使用する（以下，SSP2015）．この調査は，SSP調査プロジェクトによって2015年に行われた無作為抽出標本調査である．調査対象は2014年12月末時点で日本国籍を持つ全国の男女9,000名（20歳から64歳）であり，調査はタブレット端末を用いた個別聴取面接法によって行われた．最終的な有効計画標本サイズは8,328，有効回収数は3,575（42.9%）であった．分析には，使用する全変数について欠損のないサンプルを用いた（$N=2,796$）．以下に，使用する変数を示す（表4-1）．

推定に用いるモデル：地点をグループとする階層線型モデル（ランダム切片モ
　　　　　　　　　　デル）[6]
被説明変数：主観的自由
説明変数：個人レベル　社会的凝集性，社会的凝集性2乗項
　　　　　　地域レベル　社会的凝集性（地点平均）

78　第Ⅰ部　階層意識とライフスタイル

表4-1　使用した変数の基本統計量

レベル2：地域レベル変数		N	平均	標準偏差	最小	最大
社会的凝集性（地点平均）		443	4.280	0.976	0	7.333
都市規模	区部（政令指定都市，ref.）	443	0.296	0.457	0	1
	人口 20 万人以上の市部	443	0.251	0.434	0	1
	人口 10 万人以上の市部	443	0.167	0.373	0	1
	人口 10 万人未満の市部	443	0.205	0.404	0	1
	郡部	443	0.081	0.274	0	1

レベル1：個人レベル変数		N	平均	標準偏差	最小	最大
主観的自由		2,796	3.648	0.967	1	5
社会的凝集性		2,796	4.363	1.793	0	8
サポートネットワーク人数		2,796	4.925	3.827	0	30
本人収入	低収入	2,796	0.193	0.395	0	1
	中低収入	2,796	0.237	0.425	0	1
	中高収入	2,796	0.256	0.436	0	1
	高収入（ref.）	2,796	0.315	0.464	0	1
世帯収入（本人以外）		2,796	3.408	4.799	0	91.250
女性ダミー（ref. 男性）		2,796	0.531	0.499	0	1
年齢	20〜29 歳（ref.）	2,796	0.119	0.324	0	1
	30〜39 歳	2,796	0.204	0.403	0	1
	40〜49 歳	2,796	0.263	0.440	0	1
	50〜59 歳	2,796	0.256	0.437	0	1
	60〜64 歳	2,796	0.157	0.364	0	1
学歴	義務教育（ref.）	2,796	0.054	0.226	0	1
	高校相当	2,796	0.509	0.500	0	1
	短大・高専	2,796	0.146	0.353	0	1
	大学以上	2,796	0.291	0.454	0	1
主観的健康		2,796	3.727	1.002	1	5

統制変数：サポートネットワーク人数（主効果），サポートネットワーク人数
　　　　×本人収入（交互作用），本人収入（ダミー変数），世帯収入（本人以
　　　　外．単位は 100 万円），年齢（ダミー変数），性別（女性のダミー変数），
　　　　教育（ダミー変数），主観的健康（5 段階．高いほど健康），都市規模
　　　　（ダミー変数）

　本章が照準する説明変数は「社会的凝集性」である（詳細は第 2 節第 3 項③）．
個人レベルの社会的凝集性の他（仮説 1，仮説 3），地域レベルの変数として社
会的凝集性の地点平均を用いる（仮説 2，仮説 4）．SSP 調査データでは，サン

プリング時の地点情報（町丁目）が利用可能である．そこで，地点ごとの社会的凝集性の平均値を計算し，マルチレベル分析におけるグループレベル（レベル2）の説明変数として投入する．

サポートネットワーク人数は，「あなたが日頃から何かと頼りにし，親しくしている方は何人くらいでしょうか」という質問文に対して，被調査者が挙げた人数である．今回の分析では「30人」までのサンプルを用い，「40人」「50人」「80人」のケースは外れ値として除外した．

本人収入は4つの収入層のダミー変数である．具体的には，「低収入」が75万円未満，「中低収入」が75〜200万円未満，「中高収入」が200〜400万円未満，「高収入」が400万円以上となっている[7]．世帯収入（本人以外）は，世帯収入から本人収入を引いたものである（単位は100万円）．教育は「義務教育／高校・専門学校／短大・高専／大学以上」のダミー変数である．主観的健康は5段階の尺度として用いる．値が大きいほど健康と答えていることを意味する．都市規模は「区部（政令指定都市）／人口20万人以上の市部／人口10万人以上の市部／人口10万人未満の市部／郡部」のダミー変数である．今回の分析では地域レベルの効果も検討するので，社会的凝集性と負の関連がある都市規模を統制変数として投入する．

推定には，個人をレベル1，地点をレベル2とする階層線型モデルを用いた．社会的凝集性の個人レベル変数はグループ平均（地点平均）で中心化した．社会的凝集性の地域レベル変数は全体平均による中心化を行った．

4 結果

4.1 平均の比較

回帰分析の前に，社会的凝集性と主観的自由の2変数での関連を確認しておく．5分位でわけた社会的凝集性のカテゴリーごとに主観的自由の平均値を比較したのが図4-1である．強い関連ではないが，社会的凝集性が最大のカテゴリーにおいてもっとも主観的自由が高くなるという，基本的に正の関連がみられる．だがその増加は単調ではなく，いったん減少するU字型の曲線を描くことが分かる．

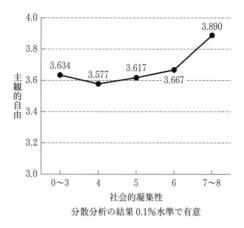

分散分析の結果 0.1％水準で有意

図 4-1　主観的自由の平均の比較

　これは仮説1や仮説2には適合する結果だと考えられる．仮説4については，仮説2が正しければ矛盾するが仮説1とは矛盾しないため，ただちに明らかにはならない．他方，「ほどほどの社会的凝集性がもっとも個人の自由を高める」という仮説3とは矛盾する結果であり，そのメカニズムを理論的に検討する必要がある．

4.2　階層線型モデルによる推定結果

　平均の比較では，仮説1ないし仮説2に適合的である一方，仮説3とは矛盾する結果が得られた．次に，これらの仮説を他の要因をコントロールして確認する．

　表4-2は，主観的自由を被説明変数とし，地点をグループとする階層線型モデル（ランダム切片モデル）で推定された回帰係数である．推定には最尤法を用いた．まず，個人レベルの説明変数に注目すると，社会的凝集性は正の効果を持ち，統計的に有意であった．これは仮説1を支持する．また，社会的凝集性の2乗項も有意な正の効果をみせた．社会的凝集性は地点平均に中心化されている．したがって，主観的自由を増加させる社会的凝集性2乗の効果は地点平均で0となり，U字型の曲線を描く．図4-2は，地点平均＝全体平均と仮定して，ある個人の社会的凝集性変数を変化させたときの主観的自由の増減の

表 4-2　主観的自由を被説明変数とする係数の推定結果

固定効果		係数		標準誤差
説明変数【個人レベル】				
社会的凝集性		0.039	***	0.012
社会的凝集性 2 乗		0.013	*	0.005
説明変数【地域レベル】				
社会的凝集性（地点平均）		−0.001		0.024
統制変数【個人レベル】				
サポートネットワーク人数		0.017	*	0.008
サポートネットワーク人数×本人収入				
	低収入	−0.034	*	0.013
	中低収入	−0.002		0.012
	中高収入	−0.004		0.013
	高収入（ref.）			
本人収入	低収入	0.117		0.092
	中低収入	−0.031		0.084
	中高収入	0.044		0.079
	高収入（ref.）			
世帯収入（本人以外）		−0.005		0.004
女性ダミー		−0.095	*	0.044
年齢	20〜29 歳（ref.）			
	30〜39 歳	−0.121	+	0.066
	40〜49 歳	−0.203	**	0.066
	50〜59 歳	−0.019		0.066
	60〜64 歳	0.111		0.072
教育	義務教育（ref.）			
	高校相当	0.111		0.083
	短大・高専	0.183	*	0.093
	大学以上	0.263	**	0.088
主観的健康		0.104	***	0.019
統制変数【地域レベル】				
都市規模	区部（政令指定都市）（ref.）			
	人口 20 万人以上の市部	−0.116	*	0.053
	人口 10 万人以上の市部	−0.147	*	0.060
	人口 10 万人未満の市部	−0.136	*	0.057
	郡部	−0.073		0.080
切片		3.227	***	0.141
ランダム効果				
地域レベル切片		0.018	*	0.010
	N	2796		
	逸脱度（−2LL）	7592		

注：+p<0.1, *p<0.05, **p<0.01, ***p<0.001.

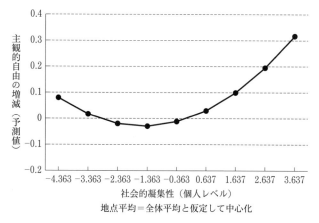

図 4-2　社会的凝集性による主観的自由の増減の予測値

予測値である．これは仮説 3 の予測とはむしろ真逆の結果である．この 2 乗項の効果が生ずるメカニズムについては，のちほど解釈と説明を試みる．

　他方，地域レベルの説明変数として投入した社会的凝集性（地点平均）をみると，係数は極めて小さく統計的にも有意ではなかった．したがって，社会的凝集性が高い地域の効果に関する仮説 2 および仮説 4 は否定された．

　人びとのつながりに関する変数として，サポートネットワーク人数の効果も確認しておこう．まずサポートネットワーク人数の主効果をみると，正の効果が確認された．次いでサポートネットワーク人数と本人収入の交互作用をみると，低収入層において負の交互作用効果が確かめられた．すなわち，一般的なサポートネットワークの量が主観的自由を高める効果は，低収入層の人びとにおいて弱くなる．この結果は内藤（2017）と同じであり，社会的凝集性に含まれる地域的サポートをコントロールしても結果が維持されることが分かった．

　地域レベルの社会的凝集性を投入するのに伴ってコントロールした都市規模は有意な効果を持った．区部（政令指定都市）において最も主観的自由が高くなり，ケース数は少ないものの郡部が 2 番目の高さとなった．人口 20 万人以上～10 万人未満の市部は主観的自由が低くなっている[8]．

　その他の統制変数の効果も先行研究の結果を踏襲するものであった（内藤 2012, 2017）．すなわち，教育や健康には有意な正の効果がみられた．本人収

入はサポートネットワーク人数との交互作用で有意であったが，世帯収入（本人以外）には有意な効果はなかった．性別は女性に負の効果がみられるが，これは子どもや配偶者の有無をコントロールすると消えることがわかっており，家族責任による自由の制約が女性に偏っていることを示唆していると考えられる．

4.3　なぜ「ほどほどの社会的凝集性」が自由への制約になるのか

　以上，本節の分析では，個人の主観的自由に対する社会的凝集性の効果を確認した．地域生活の文脈に埋め込まれたサポートである社会的凝集性には，個人が生き方を自由だといえる状況をもたらす効果があることが見出された（仮説1）．これはサポートが自由をもたらす側面である．他方，地域の特性として全員の自由が促進される効果は認められなかった（仮説2）．社会関係が「しがらみ」として自由を制約する側面についても2つの可能性を考えた．地域の特性（たとえば相互監視など）として全員が制約をうける地域レベルの効果はみられなかった（仮説4）．また，個人のもつ援助的な近隣関係が「ほどほど」のときに最大の自由をもたらす可能性を検討した（仮説3）．だが結果はむしろ逆であり，「ほどほどの社会的凝集性」は，「まったくない」場合や「強く凝集的」な場合よりもむしろ主観的自由の制約になることが明らかになった[9]．

　では，サポートをもたらす地域的な社会関係と個人の自由とのこのような関係は，なぜ生じるのだろうか．この問いに説明を与えるうえで鍵になると考えられるのは，まさに，このサポート関係が「近隣生活」という社会的文脈に埋め込まれていることである．

　極端な例から考えてみよう．まず，社会的凝集性の値がきわめて低くなるような生活の形として，地域での人間関係にほぼ関与せず，また関与を求めも求められもしない暮らしが考えられる．このような，暮らしの拠点をまったく地域におかない人の場合，近所の人びとの助けがないとか，強いきずながないといったことは，あまり問題にならない．むしろ，地域での人間関係や義務が自分のメイン領域での暮らしを束縛しないため，自由に生きていけると答えやすい状況がもたらされうる．他方，社会的凝集性の値がきわめて高くなるような生活の形としては，近隣関係に没入し地域生活に最も強くコミットした暮らし

が考えられる．このように自らの重要な生活領域が近隣で完結するような場合には，近隣のサポートがもたらす選択肢と安心とを享受しつつ，密な近隣関係はあまり制約とならない可能性がある．近隣の密な社会関係や，そこで義務として求められる作業のために自分にとって重要な他の領域での暮らしを犠牲にすることがあまりないからである．

このように考えると「ほどほどの社会的凝集性」がむしろ自由への制約としてあらわれる理由が説明できる．このような人びとの場合には，地域外でのさまざまな暮らしが重要でありつつ，地域の近隣関係とも無関係ではいられない．典型的には自治会や町内会，地域での行事や役職，近所づきあいのような，果たすべき義務や時に密接なつきあいも求められる地域生活が，その人の暮らしの重要な一側面だからだ．しかしそこだけに完結するわけではなく，地域生活以外の暮らし，仕事や趣味その他の領域での活動と社会関係にも十分な時間と労力を割かねばならず，本人もそれを希望している．このような場合に生じる地域生活に埋め込まれた「ほどほどの社会的凝集性」は，利用可能な選択肢と安心を与える効果を持つ一方で，「ほどほど」であるがゆえに，その束縛が他の重要な暮らしや生き方と両立しがたく，自由への制約として働くことになるのだと考えることができる．

5 結論

5.1 分析のまとめ

本章では，人びとの社会的なつながり，サポートを与える社会関係が，彼／彼女らの生き方の選択の自由を拡大させる社会関係的資源となるための条件を，全国調査データを用いて検討してきた．従来から社会階層論では，さまざまなものが，個人に利用可能な選択肢を与え，生き方や暮らし方の自由を拡大する社会経済的資源だとされてきた．しかし資源の保有が人びとの自由を実際に拡大するかどうかは，人びとの状況を構成する規範や制度，他者との関係，主観的な認知等に規定される．

そこで本章では，援助的な社会関係が，実際に生き方を自由に選べる状況をもたらす資源となる条件について，「主観的自由」を用いた分析により検討し

た．埋め込まれた文脈を特定しない一般的なサポートネットワークについては，すでに一定の知見が報告されている（内藤 2017）．そこで，本章では特に，近隣関係という文脈に埋め込まれた社会関係的資源について，近所のサポートと連帯からなる「社会的凝集性」を指標として用いることにより検討した．

ところで従来から社会学的な思考においては，伝統的な社会の基盤であった地域社会の密接な社会関係に，個人の自由への制約となる側面があることが強調されてきた．そこで本章でも，近隣関係に埋め込まれた社会的凝集性には個人の自由を制約する側面が見出される可能性を念頭に分析を行った．

SSP2015 データを用いた分析の結果，以下のことが明らかになった．①社会的凝集性は個人レベルで，主観的自由を高める正の効果を持つ．この効果は，近隣関係に埋め込まれたサポートが，利用可能な選択肢として，または選択に失敗するリスクを吸収するバッファとして，人びとの状況における生き方の自由度を改善することを示唆している．②ただし個人レベルの社会的凝集性には2乗項にも正の効果があることがわかった．この効果は，「ほどほどの社会的凝集性」であることが自由への制約として働きうることを示唆している．③他方，地域レベルでは，社会的凝集性には主観的自由との関連はみられなかった．

上記②のように「ほどほど」が最も自由を制約するという，社会的凝集性と主観的自由とのU字型の関連は，次のように説明できる．近隣住民とのかかわりが無く地域が暮らしの場としてまったく重要でない人びとの場合，社会的凝集性が低いことは，地域生活の制約から解放され，より重要な領域での暮らしについて自由であることのみを意味しうる．逆に，地域社会に最も強く埋め込まれている人びとの場合，社会的凝集性が極めて高いことも制約にならない．なぜなら，他者からのサポートを資源として利用できる一方で，緊密な地域生活によって制約を受ける地域以外の領域での活動が少ないと考えられるからである．

それに対して，「ほどほどの社会的凝集性」を示す人びととは，完全に地域社会から離れて暮らせるわけではない一方で，地域での暮らしと人間関係がもっとも重要なわけでもない．それゆえ，地域で近隣関係から得るサポートが重要である一方で，会合への参加，見回りや掃除など義務や，密な近所づきあいなどの要求が，その人にとって重要なその他の活動への制約となり，自由とはい

いにくい状況を構成するのだと考えることができる.

　先行研究で報告された, 文脈を特定しない一般的なサポートネットワーク人数の正の効果と, 本人収入との交互作用については, 今回もそのまま確認された. すなわち, 一般的なサポートネットワーク人数は主観的自由に対する正の効果を持つが, その効果は低収入層において著しく減少する. このことは, 現代日本社会におけるサポート提供が利他的な贈与のみでなく, 相互的な交換としてなされており, お返しできる資源がない場合にはネットワークを通じたサポートの依頼が難しいため, それが生き方の自由を支える資源として有効にならない可能性を示唆している.

5.2　実践的な含意と今後の課題

　最後に本章の議論の実践的含意と, 今後の研究の課題を述べたい. 近代社会は, 行為者が自らの責任で生き方を自由に選択するという意味で, 自由主義的な規範を理想としている. その一方で, 貧困や排除にさらされた人は生き方を選択する機会がなかったり, 他者の干渉や強制にさらされるなどの形で自由を失う. 従来から, そうした貧困や排除への対策となる機能が, 社会関係を通じたサポートに対して期待されてきた. だが, サポートネットワークが社会的資源となるためには条件があることもわかってきた. 1つは, そもそも社会経済的資源が少ないとサポートネットワークも少なくなりやすいこと (菅野 2001; Fischer 1982). もう1つは, 本来支援が望まれる低階層の人にとって, むしろ援助を受けるという選択肢が選びにくく, サポートネットワークがライフチャンスを拡げる資源として有効になりにくい可能性があるということである (内藤 2017).

　さらに本章では, 地域生活という文脈に埋め込まれた援助的な社会関係が「ほどほど」の時に自由への制約となりやすいことが見出された. この制約を取り除くのは容易ではない. 一方で, 私たちが地域社会で近隣の人びととのかかわりなしに暮らすことは, とりわけ育児や介護のサポートが必要な場合などかなり困難である. 他方で, 地域社会へのコミットメントをどこまでも強くしていくことも, 問題の解決にはならない. たしかに, 地域社会へのコミットメントを強く選好する人びとにとっては, それは多くの選択肢をもたらす一方で制

約にはならないだろう．だがその他の多くの人びとにとっては，近代化論において個人の自由に対する束縛とされてきた旧来の社会と同じ束縛になりかねない．近代化に関する社会学の思考において，地域や家族や職場といった領域は，しばしば個人の自由への制約として見出されてきた．だがおそらく，このように「特定の暮らしの文脈に埋め込まれた社会関係」が制約として概念化されることそれ自体が，その領域への没入を許さず他の暮らしの領域との同時所属を促進していく，近代化のプロセスの一部なのだと考えることができるだろう．

　だとすれば，社会的凝集性の両極端に位置することのできない人びとにとっては，地域の社会的凝集性がもたらす選択肢や支えを享受しつつ，それが自由への制約とはならないような地域参加の仕組みと方法を丁寧に検討していく他ない．こうした問題は近年，自治会・町内会の組織率の低下や，行政からの委託による作業負担の増加，フリーライダー問題などとして論じられてきた．そこで実際に試みられていることとしては，たとえば，金銭的負担と役職負担の割り振りを柔軟にして誰もが無理なく関与しやすくしたり，役職への金銭的報酬や作業者の雇用により住民の無理な負担を減らしたり，地域住民が真に担うべきもの以外の作業を行政に返還することなどがある．さまざまなサポートネットワークは，それぞれの社会関係の文脈に埋め込まれたものであり，つねにその他のさまざまな領域との両立が問われることになる．地域社会や近隣関係をはじめ，ある関係から得るサポートが他の領域での活動への制約となることなく，両立可能となるような社会的な仕組みを検討していくことが，「ほどほど」の関与が自由への制約となってしまう状況を変えるために求められる．

　以上，本章の分析結果の実践的な含意を敷衍した．だがまだ課題も多く残されている．まず第1に，今回の分析結果のうち，社会的凝集性が「しがらみ」として自由を制約する側面は，新たに見出された結果である．そのため，あらゆる種類のサポートにみられるものなのか，今回のサンプルではたまたまそうだったのかなど，今後さらに丁寧に調べていく必要があるだろう．第2に，文脈に埋め込まれたサポートの指標のうち，自由への制約として働くものとそうでないものがあるならば，それらの文脈に特徴的な「協力」のメカニズムを明らかにすることで，サポートと社会関係の間の両立可能性を模索する必要があるだろう．これらは今後の研究の課題としたい．

［付記］

　本研究は JSPS 科研費 JP26780276 の助成をうけた研究成果の一部である．また，本研究は JSPS 科研費 16H02045 の助成を受けて，SSP プロジェクト（http://ssp.hus.osaka-u.ac.jp/）の一環として行われたものである．SSP2015 データの使用にあたっては SSP プロジェクトの許可を得た．

　本章の執筆にあたり，金澤悠介氏（立命館大学），高橋康二氏（JILPT）ならびに成蹊大学社会調査士課程室メンバーの渡邉大輔氏，川端健嗣氏より有益なコメントをいただいた．記して感謝申し上げたい．

注

1) 本稿では，個人にまとわりつき制約となる社会関係として「しがらみ」という言葉を用いている．一般にしがらみとされる関係は長期間かけて形成されたものが多いが，上の意味でのしがらみにとって必要なのは，その先の将来にわたる制約を予期しうることであり，それまでに長期間かけて形成されたものであることは必要ではない．

2) より詳しくは内藤（2017）などを参照．

3) Naito（2007）はこうした主観的自由と主観的コントロールの考え方の異同を整理したうえで，主観的自由の調査項目をシティズンシップに含まれる諸権利との対応関係から構成している．本章で使用する SSP2015 データの主観的自由は，Naito（2007）が用いた調査項目のうち自律的選択の自由の項目に対応する．

4) ただし主観的自由は，広範な主観的福祉や政治意識と関連している．高い主観的自由を報告する人が，貧困や失業などの自己責任論に与しやすく，格差是正政策に反対しやすいことは「社会的な分断」の文脈で言及されている（井手・古市・宮﨑 2016）．また，「自由である」ことが人間のウェル・ビーイングにとって不可欠だと考えるなら（Sen 1985; 鈴村 2002），主観的自由はそれ自体，主観的福祉の一種として解釈できる（Diener et al. 1999）．自由と他の主観的福祉（たとえば幸福感）との関連については，たとえば Veenhoven（2000）が国際比較で明らかにしている．

5) 育児ネットワークの密度に関する議論だが，「中庸なネットワークの強さ」を見出したものとして松田（2008）がある．

6) 主観的自由の「まったくあてはまらない」は度数が少ない．そのため「まったくあてはまらない」を「あまりあてはまらない」と統合した 4 段階の変数を作成し，マルチレベル順序ロジスティック回帰モデルを用いた分析をおこなったところ，有意な関連を示した変数と，係数の符合はまったく変わらなかった．本章では平均の比較等も行うことから 5 段階の主観的自由を用い，

係数が比較的解釈しやすい階層線型モデルの結果を示した.

7) このカテゴライズは内藤（2017）を踏襲するものであり，下位20%弱が「低収入」カテゴリーに含まれる.

8) 個人レベルの社会的凝集性を全体平均で中心化したモデルで推定したところ，地域レベルの社会的凝集性（地点平均）は負の有意な効果を示した. だが都市規模をコントロールすると，この地域レベルの社会的凝集性の負の効果は弱まり，有意でもなくなった. このことから，地域レベルの社会的凝集性の一見したところ負の効果は，社会的凝集性そのものの効果というより，都市規模にともなう他の状況の変化（選択肢の有無など）によるものだと考えられる.

9) 社会的凝集性に合成されている2つの項目のうち，「サポート」が解放を，「連帯」が制約をもたらす可能性も考えられる. そこで，社会的凝集性を構成する2つの項目をそれぞれ別個に用いた予備的分析をおこなった. その結果，どちらの項目でも個人レベルと2乗項の正の効果がみられた.

第 II 部

地位アイデンティティ

第 5 章

働き方と地位アイデンティティ
正規への移動障壁が非正規の地位アイデンティティを低めるのか？

小林大祐

1 はじめに

　非正規雇用の問題が社会問題化して久しい．非正規雇用の量的な拡大は依然
続いており，労働力調査によると「役員を除く雇用者」に占める非正規（男女
計）の割合は，2005 年の 32.6％ から 2015 年には 37.5％ まで増大した．雇用
は依然として「流動化」し続けているのである．しかし，その一方で，2000
年代には深刻な社会問題として盛んに取り上げられた非正規雇用の問題は，少
なくともメディアにおいては「フリーター」や「ニート」といった流行語とと
もに，すっかり影が薄くなってしまったようにもみえる．

　このパラドックスの背後に，近年の労働市場の状況があることは間違いない
であろう．ここ数年労働市場は人手不足ともいえる活況を呈している．有効求
人倍率は，2016 年 6 月時点で全都道府県において 1 を超え，大都市圏では人
手不足が顕著となっている．また正社員の有効求人倍率も 2017 年 6 月に 2004
年の統計開始以来はじめて 1 倍を超えて，正社員への移動の壁も低くなりつつ
ある．新卒労働市場においても高卒，大卒とも近年まれにみる売り手市場とな
っており，特に大卒就職は「バブル期並み」と評せられるほどである．

　ただし，正規と非正規の移動障壁を考える上で重要なのは，それが属性間で
均一とは限らないということである．図 5-1 は，労働力調査における非正規雇
用の割合の推移を年齢階級別，男女別に示したものである[1]．一貫して男性よ

94　第II部　地位アイデンティティ

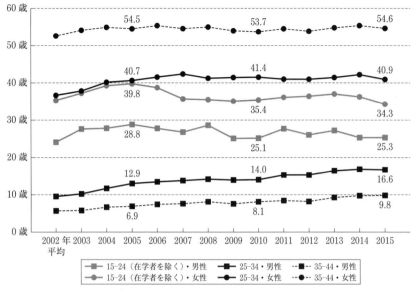

出典：労働力調査　詳細集計

図 5-1　年齢階級別・男女別　非正規の職員・従業員割合の推移

り女性で非正規の割合が高く，しかも男女差は高年齢層になるほど拡大しており，性別と年齢が非正規という働き方と密接に関連していることがわかるだろう．時系列の傾向にもその違いはあらわれている．いずれのグループにおいても 2005 年ごろまでは増加の一途にあったが，それ以降の趨勢はやや異なっている．「15〜24 歳（学生アルバイトを除く）」層においては，男女とも横ばいもしくは減少傾向を示しており，若年世代においては，非正規雇用となるリスクは深刻化していない．しかし，これに対し，「25〜34 歳」層では男性において増加傾向がみられ，僅かではあるが同様の傾向を「35〜44 歳」層の男性においてもみることができるのである．

　このように性別や年齢層によって，時系列の傾向に差があるということから示唆されるのはコーホートの効果であろう．すなわち，多くの企業が採用を抑制する厳しい雇用情勢のなかでは，学卒後すぐ正規雇用に就くことができなかったり，できたとしても条件の悪い仕事だったりするなかで離職や転職に至ってしまう結果，意に反して非正規雇用に取り残されてしまっているという可能

性である．このような過去の労働市場の状況がその後の雇用形態にも影響を及ぼすことについては，労働経済学において多くの知見があり，概ね就職時の労働市場の情勢が大きく影響するとの結論が得られている（Kondo 2007；Genda, Kondo and Ohta 2010）．

　このように，近年の労働力不足という状況下において，その恩恵を受ける若年非正規雇用層と，それとは無縁な高年齢非正規層とは，異なった立場にあると考えられる．そこで本章では，地位アイデンティティ項目を用いることで，この差異にアプローチする．地位アイデンティティは，階層帰属意識とも呼ばれ，全体社会のなかでの自身の階層的な位置についての主観的な評価を，「上」「中」「下」や「1」から「10」までの数値などで聞いた質問項目である．

　人びとが地位アイデンティティを回答する際に用いるさまざまな判断材料のなかで，働き方の違い，特に正規か非正規かという違いが持つ意味合いは，その人の置かれた立場によって，そしてそれらの立場をとりまく社会状況によって異なってくるのではないであろうか．いまだリーマンショックの影響が色濃く残る時期に非正規であることと，人手不足が叫ばれはじめた時期において非正規であることの意味は異なるのか．そして，その意味は年齢や性別間でどのように異なり，変化してきたのだろうか．

　以下では，地位アイデンティティの規定構造の検討を通じて，人びとが自分の階層的地位を判断する際に，正規・非正規といった働き方の持つ影響が，時代状況や年齢性別によって異なるかどうかを，2010年と2015年の2時点のデータを用いて論じていく．

2　先行研究と仮説

2.1　地位アイデンティティ（階層帰属意識）研究における　　　従業上の地位の重要性

　社会階層論では，社会に存在する格差・不平等を捉えるために，階級や階層といった概念を導入する．階級や階層は，カースト制や身分制のように社会制度として組み込まれたものではないため，誰がどの階級・階層に所属しているかは必ずしも明確ではない．このように存在することは明らかだがその境界線

が曖昧な階級・階層を定量的に把握するために階層研究者が用いてきたのが職業である．なかでも，個人が直接的に従事している仕事の内容を，専門職や管理職，事務職や販売職などというように職種で分類した職業分類やそれをベースに構成された階級分類を用いることで，社会階層を捉えようとしてきたのである[2]．

　しかし，バブル崩壊後，雇用の流動化が進む中で，職業内容のみで階級・階層を定義することの不十分さが強く意識されるようになってくる．従来の階級分類では，従業上の地位はせいぜい自営および経営者役員といった，雇用者か被雇用者かの違いが考慮されるのみで，急増する非正規雇用を適切に扱うことができなかったのである．この問題を早くから意識してきたのが階層帰属意識研究である．吉川（2006, 2008）は，時系列比較を行い職業威信スコアが持つ効果が弱まりつつあることを示した．また，小林（2011）は，SSM調査の1995年と2005年のデータを用いて，非正規雇用の職にあることが階層帰属意識に与える影響について分析を行った．その結果，職業威信や学歴などの社会経済的地位変数をコントロールしても，2005年において若年（20歳以上35歳未満）かつ「パート・アルバイト」であることが，階層帰属意識に有意にマイナスになるという傾向を，有職男性サンプルおよび有職未婚女性サンプルの分析において見いだしている．これは，若くしてパートやアルバイト職にあることが，1995年から2005年にかけての雇用の流動化の進行とともに，地位アイデンティティにマイナスの影響を与えるようになったと解釈することが可能である．

　これらの研究が2003年のSSM予備調査および2005年SSM調査の結果を踏まえたものであること．また，同じ時期に非正規雇用を社会階層として捉えようとする議論も見られるようになった（太郎丸 2009；橋本 2009など）ことからも，この時期に進行した雇用の流動化が非正規雇用をとりまく社会的文脈を大きく変えたことは疑いがない．もはや階級・階層を定義する上で正規と非正規の違いを無視することはできないのである．

2.2 非正規と地位アイデンティティ（階層帰属意識）の
媒介変数としての移動障壁

ただし，これらの議論は，なぜ他の社会経済的地位変数をコントロールしても，非正規雇用であることが地位アイデンティティにマイナスになるのか，というメカニズムへの疑問に答えるものではない．どのような社会的文脈の変化のなかで，非正規雇用が階層として認知されるようになるのであろうか．そもそも，人びとはどのような客観的状況を階層的な差異として認識するのだろうか．

この点を考えるために，太郎丸（2009）が示した，所与のグループを階層として分類できるかどうかを判断するための3つの基準が参考になる．彼は基準として①不平等の存在②当事者の意識③移動障壁の高さを挙げ，いずれの基準からも非正規雇用が正規雇用とは異なる階層に属するとする．3つの基準のうち，不平等の存在と移動障壁の高さが客観的な側面についての基準であるのに対し，当事者の意識は主観的側面についての基準であり，それを測定する質問が地位アイデンティティ項目になる．では，客観的な状況と地位アイデンティティとの間にはどのような関係性が成り立つのであろうか．

これら3つの基準のうち，当事者の意識が他の客観的基準とまったく独立に存在するとは考えにくい[3]．したがって，地位アイデンティティをあくまでもその人が置かれた客観的状況に対する認識であると前提すると，不平等の存在や移動障壁の高さがどのように，当事者の意識すなわち地位アイデンティティに関わるかという問題として考えることができる．

まず，グループ間に客観的な不平等が存在すれば，当該グループ間に階層意識の差異が生じると考えるのは，素朴だが蓋然性が高いと思われる．しかし，客観的な不平等が存在しても，それが階層意識に影響しない場合も考えられる．たとえば，ジェンダー間には大きな社会経済的不平等があることは自明だが，先行研究からは，女性の地位アイデンティティの水準は男性に比べむしろ高いことが示されている（数土 2003, 2009；神林 2008）．このように，客観的な不平等の存在があれば必ず地位アイデンティティの差異が生じるとまではいえない．したがって不平等の存在は地位アイデンティティの差をもたらすための十分条件ではないが，必要条件とみなすことはできるであろう．

98 第II部 地位アイデンティティ

　一方，グループ間に移動障壁があれば，グループ間に階層意識の差異が生じるとはいえるだろうか．これは，血液型のような不可逆的な属性間で，客観階層状況に大きな差が生じていないにもかかわらず階層意識に差が生じると考えるようなもので非現実的な想定である．移動障壁の高さはそれだけでは地位アイデンティティの差をもたらす必要条件とはいえない．

　しかし，不平等の存在は移動障壁の高さという条件が加わることでより強く地位アイデンティティを弁別する効果を持つという可能性はあるだろう．グループ間に客観的な不平等が存在し，その不平等を越える（移動する）ことができないと認識される時に，グループ間の階層意識の差異はより強まるのではないだろうか．このメカニズムからは，社会経済的地位変数を統制しても，非正規雇用であることが地位アイデンティティにマイナス効果を持つ傾向が，2005年データになって示されるようになったことは以下のように解釈できる．バブル崩壊後の雇用の流動化のなかで，柔軟な働き方を選択した結果として非正規職に就くのではなく，正社員になれなかった結果「やむを得ず」就かざるを得ないという層が増大した．これにより，以前から存在はしていた正社員との待遇面や雇用保障の面での格差が表面化し，階層帰属意識の規定構造の変化としてあらわれたと考えることが可能だろう．元々あった格差に加え，両者の間の障壁が高くなった結果，非正規雇用であることがマイナスになったと考えられるのである．

　この可能性を直接的に検証する方法としては，不本意にも非正規雇用の職に就いている人を区別して，その地位アイデンティティを分析することが考えられる．小林（2014）は，23歳から39歳までのデータに対する分析のなかで，非正規雇用を「本意型」と「不本意型」とに分類して階層帰属意識との関連を検討した．その結果，「不本意型」非正規は，「本意型」非正規より有意に階層帰属意識が低くなり，失業者に近い水準であること．また，「不本意型」のみ収入でコントロールしてもマイナスの効果が残ることを示した．しかし，本章で用いるデータセットには，非正規雇用に就いている理由を問うものは無く，この方法をとることはできない．

　ただし，時点比較を行うことでこの可能性を間接的なかたちで類推することは可能と思われる．先述のとおり労働市場の逼迫が認識され始めた2015年の

調査データと，いまだリーマンショック後の不況から脱出できていない 2010 年とを比べると，2015 年のデータにおいては，階層帰属意識に対する非正規雇用の効果は弱まっているかもしれない．なぜなら，正社員の有効求人倍率さえ 1 倍を超える地域がでてくるような状況下では，やむを得ず非正規の仕事に就かざるを得ない人の数は少なくなっていることが予想されるからである．そのような状況下では，地位アイデンティティに対する非正規のマイナスの効果も減少傾向もしくは消失している可能性が考えられるのである．

2.3　非正規から正規への移動障壁は誰に対しても低くなっているのか

　ただし，正社員への障壁は，誰に対しても等しく低くなっているわけではない．近年，非正規社員の一括正社員化や内部昇格制度の整備などの動きはみられるが，いまだ新規採用の中心を占める新卒一括採用制度のもとでは，中途からの正社員になる途は依然として険しい[4]．そして，移行は年齢とともに難しくなっていく（小杉 2010；独立行政法人労働政策研究・研修機構 2015；中澤 2017）．であれば，近年のデータでも，相対的に高年齢で非正規雇用に就いている人においては，非正規であることが地位アイデンティティに与える影響がより強いものになるのではないであろうか．したがって，非正規雇用であることの影響を年齢階級別に探っていくことが必要になる．

　また，正規と非正規を隔てる障壁の高さに注目した説明とは別に，「非正規」であることがある種のスティグマとして内面化され，自身の階層認知を低めるという可能性があり得るだろう．若年非正規雇用（の一部等）を指す言葉に「フリーター」があるが，このコトバが広まった 1980 年代当時は，そのイメージは決してマイナスなものではなかった．それはこのコトバの元になった「フリー・アルバイター」という響きが，ある種の自由で新しい働き方というイメージを内包していたためであろう．しかし，長きにわたる就職氷河期とともに，このコトバはマイナスのイメージとして語られることが多くなり，近年そのマイナスはステロタイプ的な水準にまで達しているように思われる．正規と非正規の区分がある種の「身分」として認識されるようになれば，他の社会経済的地位変数とは独立の負の効果となってあらわれることも考えられるだろう．いわば従業上の地位が威信として持つ効果である．

2.4 仮説

以上の議論を仮説としてまとめよう．まず，先行研究で示されたように，社会経済的地位変数をコントロールしてもなお非正規雇用であることが，階層帰属意識にマイナスの効果を持っているかどうかを確認する．

その上で，非正規雇用であることの効果は正規と非正規の間の障壁の高さから影響を受けているという可能性について，経済状況の異なる2時点間のデータにおける非正規の効果の違いから検証する．よって，仮説1は「2010年データに比べて2015年データにおいては，非正規雇用の地位アイデンティティに対する負の効果は弱まる」となる．

次に非正規雇用であることの効果が，移動障壁の高さによって異なっている可能性の更なる検証のために，年齢と性別の違いによって非正規雇用であることの効果に差があるかどうか検討する．近年の労働市場の逼迫化の恩恵を受けやすい若年層にくらべ，より高年齢層，特にいわゆる「就職氷河期世代」[5] では依然正社員へのハードルは高く，その移動障壁の高さが非正規雇用であることの効果の強さにもあらわれるのではないだろうか．したがって「壮年男性においては非正規雇用であることのマイナスがより大きい」が仮説2となる．

では仮説1，仮説2ともに支持されない場合は，どのような結論を導くべきであろうか．もし近年においても，非正規雇用であることの効果が年齢や性別にかかわらず，より強まっている傾向がみられたとしたら，それは正規と非正規の障壁の高さでは説明できない別のメカニズムが働いている可能性を示唆する．さまざまな可能性が考えられるが，その1つとして，雇用の流動化の進行とともに非正規雇用という働き方が孕むようになった，ある種の「負け組」イメージが，ステロタイプとして社会的に広く受容された結果として捉えられるという解釈もあり得るだろう．「非正規」がスティグマとなることで，他の社会経済的地位変数にかかわらず，自身の地位アイデンティティを低く評価するといった，「身分」としてのメカニズムが働いている可能性が疑われるのである．

3　データ，変数，分析モデル

　データは，SSP プロジェクトが 2010 年と 2015 年にそれぞれ実施した全国調査を用いる．2010 年データとして用いる SSP-I2010 は，全国の 25〜59 歳の男女を母集団としており，計画サンプルは 3,500，有効回収数（率）は 1,763（50.4%）である．調査モードは個別面接法である．

　2015 年データとして用いる SSP-2015 は，全国の 20〜64 歳の男女を母集団としており，計画サンプルは 9,000 で最終的な有効計画標本は 8,309．そして，有効回収数（率）は 3,575（43.0%）である．調査モードは，タブレット PC を用いて調査員が訪問面接を行う CAPI（Computer Assisted Personal Interviewing）である．ただし，分析に用いるのは SSP-I2010 の年齢層に合わせて，25歳から 60 歳に限定したサンプルになる（N＝4,641〈2010：1,763，2015：2,878〉）[6]．

　従属変数には，10 段階の地位アイデンティティ項目を逆転させて用いる．独立変数には，従業上の地位をダミー変数として用いる．「常時雇用されている一般従業者」を基準カテゴリとして，「経営者，役員」ダミー，「臨時雇用・パート・アルバイト」「派遣社員」「契約社員，嘱託」の 3 カテゴリを合併した「非正規」ダミー，「自営業主・自由業者」，「家族従業者」，「内職」の 3 カテゴリを合併した「自営業主・自由業者，家族従業者，内職」ダミー，「無職：仕事を探している」ダミー，「無職：仕事を探していない」ダミー，「学生」ダミーを投入する．また年齢は「25〜29 歳」「30〜34 歳」「35〜39 歳」「40〜44 歳」「45〜49 歳」「50 歳以上」の 6 つの年齢階級に分割し，「25〜29 歳」を基準カテゴリとしてダミー変数としてモデルに投入する．年齢をダミー変数にして投入するのは，年齢が階層帰属意識や生活満足度などの階層意識に与える効果が非線形だという知見があること．また，主に 5 歳刻みの年齢階級として扱うことで，2010 年から 2015 年にかけての，特定の出生コーホートにおける非正規の影響をみることができるためである．

　また社会経済的地位変数を統制変数として投入する．職業内容については，SSM8 分類にコーディングしたものをダミー変数化して，「専門管理」ダミー，

102　第II部　地位アイデンティティ

「事務販売」ダミーを投入する．教育達成については，最終学校を「教育年数」に変換して投入する．収入については，世帯収入を実額に直した値を，世帯人員の平方根で除した等価所得を対数変換した「対数等価所得」を用いる[7]．所有財については，所有している財の数を足し合わせて得点化した「所有財産得点」を投入するが，2010年調査と2015年調査とでたずねた項目数が異なるため[8]，それぞれの調査の平均で標準化した値を投入する．また，婚姻状態として「既婚」ダミーも投入する．

　分析は時点別に重回帰分析によって行う．また男女もわけて分析を行っていく．というのも先行研究でも触れたように，女性は男性より地位アイデンティティの水準が高い．社会経済的地位変数においては男性に比べて不利な立場であるにもかかわらず，このような矛盾する傾向が得られるということは，地位アイデンティティの規定構造が男女で同じでは無いことを示唆するためである．

　重回帰分析においては，まず社会経済的地位変数で統制しても，「非正規」ダミーにマイナスの効果がみられるかどうか確認する．その後，年齢階級と「非正規」を含めた従業上の地位のダミー変数の交互作用効果を投入して，特定の年齢階級によって非正規の効果に違いがあるかどうかを検証していく．

4　分析

4.1　基礎分析

　多変量解析を行う前に，地位アイデンティティの分布を男女別，時点別そして従業上の地位別に確認しておこう．まず男女別，時点別に地位アイデンティティ（10がもっとも高く，1がもっとも低い）の分布を折れ線グラフとして比較したものが図5-2および図5-3である．男性においては，分布のピークが2010年データでは6なのに対し，2015年データでは5となっており，やや下方へシフトをしているようにもみえるが有意な差ではなかった．女性においては，2015年データで7が増え6が減少しているがこれも有意な差ではない．地位アイデンティティの分布はこの5年間で特に変化していないのである．

　次に，従業上の地位のなかでも正規と非正規に注目し，両者の比較したのが図5-4と図5-5である．男性においては，分布に明確な違いがあることがわか

第5章 働き方と地位アイデンティティ 103

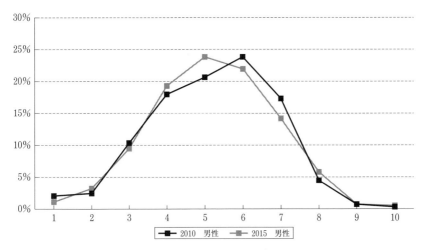

図5-2 時点別 男性の地位アイデンティティの分布（2010：n＝746，2015：n＝1322）

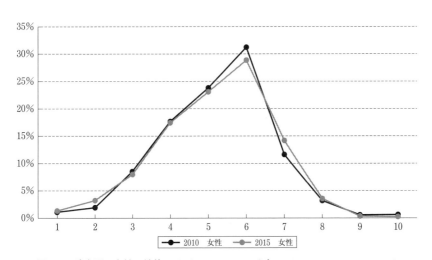

図5-3 時点別 女性の地位アイデンティティの分布（2010：n＝958，2015：n＝1543）

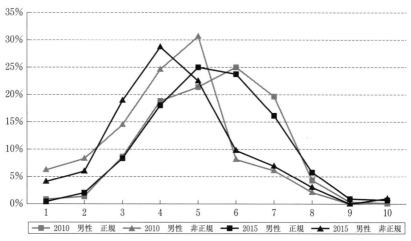

(2010 正規：n＝507，2010 非正規：n＝49，2015 正規：n＝956，2015 非正規：n＝102)

図 5-4　時点別，正規・非正規別　男性の地位アイデンティティの分布

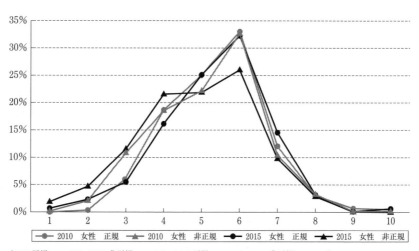

(2010 正規：n＝256，2010 非正規：n＝306，2015 正規：n＝443，2015 非正規：n＝623)

図 5-5　時点別，正規・非正規別　女性の地位アイデンティティの分布

る．10から6までの上半分の比率が2010年データにおいては「正規」で49.1％なのに対し，「非正規」で16.3％，2015年データは「正規」46.9％，「非正規」20.6％と大きな差があることがわかる．2時点間の非正規の分布に有意な差はみられないが，非正規の分布のピークは2010年から2015年にかけて5から4へとシフトしており，10から6までの割合が増加傾向にあったことと併せて考えると，この5年間で非正規雇用の地位アイデンティティは2極化傾向にあるとみることもできるだろう．

女性サンプルについては，更に興味深い傾向が示されている．すなわち，2010年データではほぼ重なっていた「正規」と「非正規」の間に2015年には分布の差がみられるようになったのである．そして，「正規」「非正規」のそれぞれの分布を2時点間で比較すると，「非正規」の地位アイデンティティはこの5年間で下方シフトする一方，「正規」の地位アイデンティティは上昇傾向を示しており，いずれも有意な差を示している．女性においては，この5年の間に階層意識の上での分断が進行したことがわかるのである．

このような「正規」と「非正規」との間の意識の上での明確な分断は，何によってもたらされているのであろうか．当然，正規と非正規の間の収入差や就いている職業内容の違いといった客観的な要因が背後にあることは想像に難くない．では，そのような客観的要因を考慮することで，正規と非正規の間の地位アイデンティティの水準の差は消失してしまうのであろうか．それとも，依然として差が残るのであろうか．もし後者であれば，何が正規と非正規の間の意識の分断を生んでいるのであろうか．この問いに答えるためには，客観的な社会経済的地位の影響を統制できる多変量解析が必要である．次の項では重回帰分析によって，この問いに答えていこう．

4.2 重回帰分析

重回帰分析は地位アイデンティティを従属変数として，男女別，時点別に行った．まず男性サンプルについてみていこう（表5-1）．従業上の地位のダミー変数，年齢階級のダミー変数，そして社会経済的地位変数，婚姻状況を投入した，2010年データのモデル1においては，「非正規」ダミーが有意なマイナスの効果を示した．2010年において非正規雇用の職にあることは，社会経済的

表 5-1　地位アイデンティティを従属変数とする重回帰分析 (男性)

男性	2010				2015			
	model1		model2		model1		model2	
	B	S.E.	B	S.E.	B	S.E.	B	S.E.
定数	1.406 **	0.520	1.518 **	0.548	1.140 **	0.399	1.173 **	0.405
年齢階層 (ref.25_29)								
30_34	0.050	0.261	−0.081	0.297	0.044	0.198	0.156	0.223
35_39	0.307	0.251	0.172	0.287	−0.064	0.186	−0.014	0.208
40_44	0.075	0.250	0.158	0.289	0.103	0.185	0.207	0.209
45_49	0.151	0.251	0.139	0.288	0.015	0.190	0.130	0.220
50以上	0.123	0.230	0.056	0.268	0.071	0.174	0.176	0.200
教育年数	0.136 ***	0.028	0.134 ***	0.029	0.085 ***	0.020	0.086 ***	0.020
職業内容 (ref. それ以外)								
専門管理	0.682 ***	0.164	0.686 ***	0.166	0.694 ***	0.116	0.714 ***	0.116
事務販売	0.492 ***	0.140	0.485 ***	0.143	0.429 ***	0.106	0.435 ***	0.107
従業上の地位 (ref. 正規)								
経営者・役員	0.481 *	0.206	0.559	0.828	0.089	0.175	0.464	1.368
自営自由家族従業内職	0.159	0.183	0.186	1.006	−0.422 **	0.157	−1.954 **	0.700
無職　仕事を探している	−0.435	0.305	−0.337	0.412	−0.464	0.321	−0.373	0.645
無職　仕事を探していない	0.343	0.338	0.361	0.423	0.105	0.351	0.204	0.362
学生	1.781 †	1.021	1.710 †	1.032	2.590 †	1.375	2.651	1.373
非正規	−0.547 *	0.228	−1.003	0.612	−0.408 *	0.167	0.543	0.429
対数等価所得	0.240 **	0.072	0.235 **	0.074	0.445 ***	0.058	0.420 ***	0.059
財産得点	0.145 *	0.058	0.153 **	0.059	0.249 ***	0.047	0.257 ***	0.048
既婚	0.509 ***	0.139	0.483 ***	0.143	0.465 ***	0.102	0.434 ***	0.103
30_34×経営者・役員			0.697	1.291			0.330	1.680
×自営自由家族従業内職			0.599	1.236			1.790 *	0.905
×無職　仕事を探している			−0.689	0.913			−0.010	1.020
×無職　仕事を探していない			1.697	1.445			−2.317	1.408
×学生								
×非正規			0.777	0.847			−1.473 *	0.659
35_39×経営者・役員			0.030	1.087			0.057	1.464
×自営自由家族従業内職			0.128	1.098			1.653 †	0.876
×無職　仕事を探している			−0.548	1.064			−0.769	1.498
×無職　仕事を探していない			1.016	1.071			—	—
×学生								
×非正規			1.712 †	0.930			−0.607	0.679
40_44×経営者・役員			−0.706	1.011			−0.451	1.423
×自営自由家族従業内職			−0.778	1.100			2.089 *	0.812
×無職　仕事を探している			0.353	0.813			−0.399	0.889
×無職　仕事を探していない			−0.857	1.076			—	—
×学生								
×非正規			0.098	0.879			−2.156 **	0.679
45_49×経営者・役員			0.076	1.013			−0.087	1.422
×自営自由家族従業内職			−0.239	1.166			0.914	0.805
×無職　仕事を探している			−0.312	0.814			−0.399	0.889
×無職　仕事を探していない			−1.239	1.074			—	—
×学生								
×非正規			0.479	1.012			−0.859	0.598
50以上×経営者・役員			−0.062	0.871			−0.644	1.390
×自営自由家族従業内職			0.120	1.038			1.611 *	0.732
×無職　仕事を探している							−0.048	0.783
×無職　仕事を探していない			—	—			—	—
×学生								
×非正規			0.325	0.694			−1.049 *	0.498
調整済み決定係数 (変化量の検定)	0.256		0.248		0.258		0.264 †	
n		674				1065		

注：*p<0.05, **p<0.01, ***p<0.001.

地位変数や婚姻状況を統制しても，なお地位アイデンティティを下げる効果を持つのである．ただし，年齢階級と従業上の地位のダミー変数の交互作用効果を投入したモデル2において，交互作用効果に有意な効果を示した変数はなかった．また，モデル2における「非正規」ダミーの主効果は，年齢階級ダミーにおける基準カテゴリである25〜29歳における非正規の効果を意味し，この効果も有意なものとはならなかった．調整済み決定係数もモデル1から減少していることからも，2010年時点の男性サンプルにおいては，非正規雇用の職にあることの効果が年齢階級によって異なるという傾向はみられないということになるだろう．ただし，有意な効果ではないにしても「非正規」ダミーの主効果の非標準化係数はマイナスを示し，その絶対値はモデル1より大きくなった．一方，非正規と各年齢階級との交互作用効果はいずれもプラスの係数を示している．これらを総合して考えると，2010年時点では非正規の職にあることのマイナスの影響は，比較的若年層である25歳から29歳層において強い傾向があるのではないかと推測できるだろう．

　一方，2015年データのモデル1では，やはり他の社会経済的地位変数をコントロールしても，「非正規」ダミーが有意なマイナスの効果を示した．ただし，「非正規」ダミーの非標準化係数の大きさは，2010年データが−0.547であるのに対し，2015年データにおいては，−0.408と減少傾向にあるようにみえる．これは，より雇用情勢が改善した2015年において，正規と非正規との間の移動障壁は低くなり，それが「非正規」ダミーの効果を幾分弱めていると解釈することもできるであろう．

　そして，注目すべきは，年齢階級と従業上の地位のダミー変数の交互作用効果を投入したモデル2において，「非正規」ダミーと年齢階級のダミー変数との交互作用項の中にマイナスの有意な効果を示すものがみられることである．一方「非正規」ダミーの主効果は有意になっていない．これは年齢階級の基準カテゴリである25〜29歳層においては非正規であることがマイナスにならないことを意味する．そして，調整済み決定係数の改善においても，交互作用効果を含めたモデル2の方が高くなるという10%水準の有意傾向が示されたことからも[9]，2015年になって男性の中に年齢階級別の違いがみられるようになったことが示唆される．なお，各年齢階級と非正規の交互作用項について，

表5-2　地位アイデンティティを従属変数とする重回帰分析（女性）

女性	2010 model1 B	S.E.	2010 model2 B	S.E.	2015 model1 B	S.E.	2015 model2 B	S.E.
定数	2.273 ***	0.494	2.376 ***	0.533	0.917 *	0.365	1.012 *	0.397
年齢階層（ref.25_29）								
30_34	0.015	0.220	−0.141	0.354	−0.187	0.171	0.092	0.277
35_39	−0.003	0.216	0.067	0.348	−0.371 *	0.167	−0.143	0.267
40_44	−0.001	0.216	0.160	0.348	−0.255	0.164	−0.239	0.274
45_49	0.014	0.223	−0.437	0.351	−0.143	0.160	−0.411	0.254
50以上	−0.109	0.205	−0.010	0.321	−0.153	0.150	−0.297	0.239
教育年数	0.101 ***	0.029	0.099 ***	0.029	0.137 ***	0.021	0.131 ***	0.022
職業内容（ref. それ以外）								
専門管理	0.237	0.170	0.187	0.171	0.004	0.119	0.007	0.121
事務販売	0.065	0.130	0.078	0.132	−0.170	0.104	−0.182 †	0.105
従業上の地位（ref. 正規）								
経営者・役員	−0.218	0.396	−0.719	0.531	0.227	0.270	0.372	0.403
自営自由家族従業内職	−0.288	0.182	0.095	1.344	−0.083	0.168	−0.382	0.689
無職　仕事を探している	−0.121	0.229	−0.873	0.809	−0.213	0.217	0.236	0.625
無職　仕事を探していない	0.178	0.172	−0.034	0.480	0.135	0.143	−0.094	0.416
学生	0.383	0.953	0.488	0.967	0.058	1.322	−0.244	1.335
非正規	0.039	0.132	0.223	0.441	−0.367 ***	0.097	−0.353	0.293
対数等価所得	0.255 ***	0.061	0.248 ***	0.063	0.471 ***	0.049	0.471 ***	0.050
財産得点	0.281 ***	0.052	0.291 ***	0.053	0.252 ***	0.041	0.255 ***	0.041
既婚	0.435 ***	0.124	0.438 ***	0.126	0.614 ***	0.096	0.634 ***	0.098
30_34×経営者・役員			1.439	1.443			—	—
×自営自由家族従業内職			−0.037	1.558			−0.168	0.929
×無職　仕事を探している			1.043	0.912			−0.800	0.926
×無職　仕事を探していない			0.222	0.568			−0.203	0.508
×学生			—				—	
×非正規			0.067	0.558			−0.475	0.394
35_39×経営者・役員			0.982	1.431			0.139	1.031
×自営自由家族従業内職			−0.165	1.408			0.406	0.891
×無職　仕事を探している			0.587	0.990			−1.034	0.816
×無職　仕事を探していない			0.205	0.563			−0.078	0.503
×学生			—				—	
×非正規			−0.586	0.534			−0.461	0.381
40_44×経営者・役員			−1.822	1.433			−0.195	0.701
×自営自由家族従業内職			−0.713	1.416			0.076	0.808
×無職　仕事を探している			0.139	0.915			−0.884	0.784
×無職　仕事を探していない			−0.167	0.575			0.170	0.504
×学生			—				—	
×非正規			−0.261	0.529			−0.001	0.378
45_49×経営者・役員			2.466 *	1.096			−0.105	0.692
×自営自由家族従業内職			−0.770	1.413			0.912	0.769
×無職　仕事を探している			2.129 *	1.022			−0.120	0.791
×無職　仕事を探していない			1.093 †	0.625			0.556	0.514
×学生			—				—	
×非正規			0.384	0.524			0.311	0.358
50以上×経営者・役員			—				—	
×自営自由家族従業内職			−0.412	1.367			0.254	0.738
×無職　仕事を探している			0.606	0.892			−0.157	0.714
×無職　仕事を探していない			0.061	0.519			0.422	0.451
×学生			—				—	
×非正規			−0.448	0.493			0.142	0.334
調整済み決定係数（変化量の検定）	0.134		0.141		0.242		0.238	
n		827				1220		

注：* $p < 0.05$, ** $p < 0.01$, *** $p < 0.001$.

係数の符号をみると，「非正規」ダミーの主効果であらわされる 25〜29 歳層の
みプラスで，後はすべてマイナスになっていることがわかる．非正規の職に就
いていることが地位アイデンティティに与える影響は 25〜29 歳層とそれ以上
の層とで明確に異なっているのである．一方，そのマイナスは 40〜44 歳層に
おいて特に強い．これは 1971 年から 1975 年生まれにあたり，バブル崩壊後の
就職氷河期に就職活動を行った世代と重なる．

　次に女性サンプルにおける結果をみていこう（表 5–2）．2010 年データのモ
デル 1 においては，男性と同様「教育年数」「対数等価所得」「財産得点」「既
婚」ダミーといった社会的経済的地位変数はそれぞれ有意なプラスの効果を示
した．しかし，「非正規」は有意なマイナスの効果を持たなかった．そしてモ
デル 2 において，年齢階級との交互作用項を投入しても，やはり有意な効果を
示すものはなかった．すなわち，2010 年時点では，女性にとって非正規であ
ることは，社会経済的地位変数を統制すれば，地位アイデンティティにマイナ
スとは成らなかったのである．

　2015 年データにおいてはどうだろうか．モデル 1 において，「教育年数」
「対数等価所得」「財産得点」「既婚」ダミーがプラスの効果を示したのは，
2010 年データと同じ傾向であるが，特筆すべきなのは，「非正規」ダミーがマ
イナスの有意な効果を示すようになったということである．また，「35_39」
ダミーがマイナスの効果を示したことから，年齢階級ごとに非正規職になるこ
とによる地位アイデンティティへの影響も異なる可能性がある．しかし，年齢
階級のダミー変数と従業上の地位のダミー変数の交互作用効果を追加したモデ
ル 2 において，有意な効果を示した交互作用効果はなかった．そして，「非正
規」ダミーの主効果も有意な効果を示さなくなり，モデルの調整済み決定係数
もモデル 1 を下回った．すなわち，女性サンプルにおいては，2015 年データ
においても年齢階級によって非正規職にあることの効果は変わらないといえる．

5　結果と議論

　本章は働き方の違い，特に正規か非正規かという違いが持つ意味が，その人
の置かれた立場や，それらの立場をとりまく社会状況によって異なるのではな

いかという問いと，そのような違いは，正規雇用への移動障壁の高さの違いとして理解可能ではないかという問いに，地位アイデンティティの分析を通じて答えようとするものであった．

　本章で立てた2つの仮説について，分析結果から確認する．1つめは，いまだリーマンショックの影響が色濃く残る時期に非正規であることに比べると，人手不足が叫ばれはじめた時期において非正規であることは，それが地位アイデンティティに与えるマイナスも小さくなるのではないかという仮説である．分析の結果，男性サンプルにおいては2010年データ，2015年データのいずれにおいても「非正規」ダミーがマイナスの有意な効果を示したが，係数の推定値は2010年においては−0.547なのに対し，2015年には−0.408と僅かではあるが絶対値として小さな値となった．これは，負の効果が弱まったことを意味する．しかし，女性サンプルにおいては，2010年データでは有意な効果を持っていなかった「非正規」ダミーが2015年データにおいては，有意なマイナスの効果を示し，これは負の効果が強まっていることを意味する．したがって，仮説1「2010年データに比べて2015年データにおいては，非正規雇用の地位アイデンティティに対する負の効果は弱まる」は，男性においては支持されるが，女性においては支持されないということになるだろう．

　次に，近年の労働力不足という状況下から恩恵を受けやすいのは，比較的若年の非正規雇用層であると考えられることから，2015年データにおいては，若年非正規よりも相対的に高年齢の非正規層において，地位アイデンティティに対する非正規雇用であることのマイナスの効果がより大きくなるという仮説を立てた．分析の結果，女性においては，非正規職に就いていることが地位アイデンティティに与えるマイナスに年齢階級ごとの差異は確認できなかったが，男性においては，25〜29歳層と比べて，より高年齢の幾つかの年齢階級において，非正規のマイナスの効果が強まることが確認され，そのマイナスは40〜44歳層でもっとも強かった．したがって，仮説2「壮年男性においては非正規雇用であることのマイナスがより大きい」は支持された．

　以上のような結果からは，非正規職に就いていることが，地位アイデンティティに与える影響を考える上で，正規雇用と非正規雇用の間の移動障壁の高さの程度を無視することはできないと思われる．そう考えられる理由は，以下の

3点である.

　まず，今回の結果は，先行研究に示された傾向と結びつけて解釈することが
可能だという点である．1995年と2005年のデータを用いて，有職男性および
有職未婚女性について分析を行った小林（2011）は，2005年の35歳未満のパー
ト・アルバイト層において，階層帰属意識へのマイナスの効果がみられたこ
とを報告している．この分析は20歳から69歳までのデータの分析から得られ
たものであり，25歳から60歳までのデータによる本章の分析と単純な比較は
出来ない．しかし，男性サンプルにおいては2010年データ，2015年データの
いずれの時点でも，女性サンプルにおいては2015年データにおいて，派遣社
員や嘱託社員なども含んだ「非正規」の効果がマイナスとなっていたという本
章での分析結果は，非正規であることが地位アイデンティティに対して持つ意
味が，この間でより大きくなったことを意味する．2005年から2010年にかけ
ての社会環境の変化として真っ先に想起されるのは，2008年のリーマンショ
ックに端を発した世界的金融危機がもたらした不況である．2010年の有効求
人倍率は，2009年平均の0.47倍を底にして上昇に転じたとはいえ，依然0.52
倍と求職者2名に1名分の求人しかない状態であった．これは有効求人倍率が
1.20であった2015年はもとより，0.95倍だった2005年と比較しても大変深刻
な状況であったことがわかる．このような状況下で，2004年に解禁された製
造業での派遣労働者が大量に雇い止めとなり，従業員寮からも追い出され住む
場所もなくなるなど社会問題化したことは記憶に新しい．有期の雇用契約が孕
む不安定さが露呈するなかで，派遣があくまでも切り捨てられる側であり，そ
の立場から逃れるのは容易ではないと認識されるようになったことは想像に難
くない．このような移動障壁の認識こそ，地位アイデンティティに対する雇用
形態の負の影響が，この時期に派遣も含めた非正規へ全般化することをもたら
したのではないだろうか.

　次に，2010年から2015年にかけての傾向の変化も，近年の労働需要の高ま
りが反映したものとして解釈可能であろう．2015年のデータにおいて，男性
サンプルのモデル1の「非正規」ダミーは，2010年と同じく有意なマイナス
効果を示したが，その係数値としては2010年よりも小さくなっていた．この
ような変化についても，この時期に雇用状況が大幅に改善し，それによって非

正規から正規への移動障壁が相対的に低くなったことを反映しているという解釈が可能であろう.

　最後に，2015年データの男性サンプルにおいて，年齢階級と非正規との交互作用効果が有意となった点も，非正規の職にあることの地位アイデンティティへの影響は，非正規から正規への移動障壁の高低によるという，本章で想定するメカニズムと整合的な結果である. 年齢階級との交互作用項を投入したモデル2において，「非正規」の主効果，すなわち25歳から29歳層で非正規職にあることの効果はマイナスとならなかった反面，それ以上の年齢階級と「非正規」との交互作用項には，マイナスの有意な効果を示すものがあったという結果は，この時期，同じ非正規であっても比較的若年の非正規とそれ以外の非正規との間には，亀裂が存在していることを物語る. 近年の雇用状況の改善は，確かに正規雇用への障壁を低めた. しかし，それは主に20代の比較的若年の非正規に対してであって，30代以上の非正規はその恩恵に与ることが出来ず，特にバブル崩壊後のもっとも厳しい状況下で就職活動をせざるを得なかった40〜44歳層においてその不利を引きずっているという状況が，この結果に示されているのではないであろうか.

　平成19年の雇用対策法改正によって，労働者の募集及び採用において，事業主が年齢制限を設けることは禁止されている. しかし，内部労働市場の前提となる新規学卒一括採用制度のもとでは，年齢が高くなるにつれ，その内部に入り込むことが難しくなるという現実が変わっていないことは，さまざまに指摘されている（小杉 2010; 中澤 2017）. そして，その困難の度合いが急激に増すのは，30歳や35歳あたりであることも，「30歳の壁」「35歳の壁」等というフレーズで巷間いわれている. 本章で得られた，年齢階級と非正規の交互作用効果は，まさにこの種の障壁が20代と30代以上との間に存在しており，近年の労働需要の増大が若年層のみに集中することで，その障壁の高さの差がこれまでになく大きくなった結果，地位アイデンティティに対する非正規の職にあることの意味合いにも差をもたらしたと考えられるのである.

　ただし，このような男性サンプルにおいて観察された傾向と，女性サンプルで観察された傾向とが，まったく異なるようにみえることも興味深い点である. 非正規の職に就いていることの，社会経済的地位に還元できないマイナス効果

が 2015 年のみにみられ，そのマイナス効果には年齢階級で差がないという傾向も，正規と非正規の移動障壁の大きさから説明することが可能であろうか．

重要なことは，女性にとっての「非正規」の意味が，結婚や出産というライフイベントの前後で大きく異なるということである．結婚後や出産後の家事や育児の負担は，依然としてその大部分が女性によって担われている．したがって，配偶者や子どもを持つ女性が，家事や育児と仕事との両立という要請から，柔軟な働き方として非正規雇用を積極的に選択することは珍しくない．有配偶者女性においては，あくまでも家計補助のために可能な範囲で働くという傾向が強く，官庁統計における「フリーター」の操作的定義[10]においても既婚女性が除かれているように，そこで線引きをすることには一定の妥当性があるといえるだろう．実際，小林（2011）は女性の階層帰属意識を規定する要因として，2005 年において「パート・アルバイト」の職にあることが，1995 年と比べ有意にマイナスになっていることを指摘しているが，この研究も未婚の有職女性に限定したものである．

そこで，配偶者のいない女性に限定して表 5–2 と同様の重回帰分析を行った．紙幅の関係で表は省略するが，2010 年データの年齢階級との交互作用効果を含まないモデルに対する分析では，「非正規」ダミーは有意な効果とはならなかったものの，10% 水準ではマイナスの有意傾向を示した．ただ，非標準化係数は −0.518 と無配偶者に限定しない場合の値である 0.039 から大幅に強いマイナスを示しており，これは男性の値 −0.547 に迫る水準である．有意とならなかったのは，無配偶者にサンプルを限定した結果，サンプルが 171 ケースにまで減少したためと考えられ，配偶者がいない女性においては，非正規の職にあることは地位アイデンティティを低める可能性があるといえるだろう．

その一方，年齢階級との交互作用効果を含めたモデルにおいては，非正規と年齢階級の交互作用効果は有意な効果を示さず，これも男性サンプルと同じ傾向といえる．非正規の職にあることが社会経済的地位とは独立にマイナスになるという傾向は，結婚をしていない女性にとっては 10% 水準でのものとはいえ，男性と同様に 2010 年時点でみられているのである．

2015 年においても，年齢階級との交互作用効果を含まないモデルにおいて「非正規」ダミーがマイナスの効果を示した．しかし，年齢階級との交互作用

114　第Ⅱ部　地位アイデンティティ

効果を含めたモデルにおいては，それらの効果はいずれも有意なものとならず，これらは女性サンプル全体に対して行った分析での傾向と変わらない．

　これらの分析結果からは，女性にとっての非正規の意味は配偶者の有無によって大きく異なっていることが確認できる．そして，配偶者がいない女性においては，男性と同じように，非正規の職にあることが地位アイデンティティに対して固有のマイナスの効果を持っていると総合的にみて推測できるであろう．家事や育児との両立可能な働き方として非正規を積極的に選択しているような層以外の女性にとっては，正規と非正規の間には障壁が認識されていると考えられるのである．

　ただ，男性サンプルにおける結果との差に注目すると，「非正規」ダミーのマイナスの効果は，2010 年時点では 10％ 水準での有意傾向にとどまったが，2015 年時点にでは 5％ 水準での有意な効果を示し，非標準化係数の絶対値も僅かであるが大きなものになっているのは，この間「非正規」ダミーのマイナスの効果が小さくなった男性サンプルとは逆の傾向である．そして，年齢階級との交互作用もマイナスとはならなかった．

　このような女性における傾向は，一見すると近年の労働市場の逼迫とは矛盾するようにみえる．しかし，非正規から正規への移行の規定要因に関する先行研究では，男性は女性より移行しやすく（小杉 2003, 2010），男性においては非正規から正規への登用が 30 代以上で観察されにくくなる（独立行政法人労働政策研究・研修機構 2015; 中澤 2017）一方，女性においては年齢の効果がないことが示されている（中澤 2017）．すなわち，「非正規」ダミーのマイナスが緩和されないのは，女性における正規への移動障壁が男性よりも高いことを，年齢階級との交互作用が効果を持たないことは，年齢階級による移動障壁の高さの差が小さいということをそれぞれ反映したものと考えることが出来るのである．

　ただ，これらの移動障壁による説明は，正規と非正規を取り巻くイメージが，ある種の規範として人びとの地位アイデンティティに影響与えているという可能性を排除するものではない．小林（2011）は正規と非正規との間の分断が人びとの間に広く共有されることで，それらが「身分」のようなものとして認識されるようになるという可能性を指摘しているが，全体として非正規割合が上

昇を続け，正規雇用が相対的に希少な存在となるにつれ，その属性を身分として捉えるような価値観がより一般化するというメカニズムの余地はあるだろう．男性サンプルの2015年データのモデル1において，2010年より係数の値が小さくなったとはいえ，依然有意なマイナスの効果を示したのは，先述したような高年齢層における移動障壁の高止まりの影響にくわえ，文化的要因によるマイナス基調がその基底にあったことによるのかもしれない．

　もちろん，このような解釈はアドホックな印象を免れるものではない．また，2015年の男性サンプルにおいてみいだされた，40〜44歳層における非正規雇用のマイナスの強さも，それを出生コーホートの効果とみなすには，2010年データの35〜39歳層に同様の傾向がみいだされなければいけない．分析結果ではそうなっていない以上，慎重な解釈が求められるであろう．したがって，今後も，異なったデータセットによる更なる検証が必要なことはいうまでもない．また本章の分析は，2010年データにあわせた25歳から60歳までのサンプルに対するものとなっており，15歳から24歳までのいわゆる前期若年層が分析から除外されている点を留保する必要がある．

　ただ，本章の分析から改めて確認することができるのは，人手不足が叫ばれる近年の労働市場の状況のなかで，正規と非正規を分かつ意識の分断が均質的に緩和に向かっている訳ではないということである．近年，高年齢非正規雇用に焦点を当てた研究は多いが，本章の分析も置き去りにされた人びとに地位アイデンティティという側面から光を当てたものであり，壮年男性の非正規雇用層の厳しい境遇を改めて浮き彫りにしたといえるだろう．

　また，本章における知見は，階層意識論の議論に対しても，一定の意義を持っていると思われる．なぜなら，性別や年齢によって，非正規雇用であることが地位アイデンティティに与える影響に濃淡があるという知見は，人びとが自身の属しているグループを階層として捉えるのは，そこに移動障壁がある場合だと一般化しうるためである．すなわちグループ間に不平等があるだけではなく，移動障壁もある場合に，そのグループが主観的な「地位」を構成するという，階層認知のメカニズムについて示唆を与えるのである．

116　第II部　地位アイデンティティ

注

1) 折れ線グラフが2002年からになっているのは，労働力調査詳細統計が2002年1月に開始されているためである．2001年以前も「労働力調査特別調査」としてほぼ同内容の調査が実施されていたが，詳細集計とは調査時期や調査対象等に相違がある．

2) たとえば，EGP分類（Erikson and Goldthorpe 1992）やWrigte III（Wright 1997），また日本の階層研究によって用いられてきたSSM総合8分類などがある．

3) ただし，地位アイデンティティと客観的な階層変数との関連には時代によって強弱がみられる．吉川（1999）は，1975年，1985年，1995年の3時点の比較から，1975年においては客観的階層変数による階層帰属意識の規定力が弱かったことを指摘し，高度成長終盤のこの時期が「浮遊する階層意識」の時代として特徴づけられることを主張している．

4) 非正規から正規雇用への離脱のしやすさには，性別や年齢以外にも初職が正社員であること（小杉 2010），フリーター期間が短いこと（小杉 2003；堀 2007），友人・知人の紹介やハローワーク利用（福井 2017），そして非正規の中でも派遣社員であること（太郎丸 2009；中澤 2017），非正規雇用時の従業先が大企業・官公庁であること（福井 2015）がプラスに働くといった研究がある．

5) はっきりとした定義があるわけではないが，バブル経済の崩壊後の1990年代前半から2000年代前半に就職活動をした世代を指す．

6) SSP-I2010における母集団の年齢幅は，厳密には2010年9月末日時点での20歳から59歳のため，調査データには60歳のサンプルも含まれている．

7) 世帯収入0の世帯が分析から除外されることを避けるために，実額化した世帯収入額に1を足した値の自然対数をとっている．

8) 2010年調査では，携帯電話，乗用車，犬・猫などのペット，子ども部屋，ピアノ，バリアフリー設備，食器洗い機，温水洗浄便座，防犯設備・オートロック，インターネット回線，任意加入の民間医療保険，外貨・金融商品，文学全集・図鑑，美術品・骨董品，仏壇，田畑（家庭菜園は除く）の16項目，2015年調査では，乗用車，犬・猫などのペット，子ども部屋，ピアノ，バリアフリー設備，食器洗い機，文学全集・図鑑，美術品・骨董品（こっとうひん），田畑（家庭菜園は除く），金庫の10項目である．

9) なお，非正規以外の従業上の地位と年齢階級との交互作用項を取り除いたモデルにおいても，傾向は変わらず調整済み決定係数も5%水準で有意な改善を示す．

10) 総務省統計局「労働力調査」における，フリーターの操作的定義は「年齢15〜34歳層，卒業者に限定することで在学者を除く点を明確化し，女性については未婚の者とし，さらに，(1) 現在就業している者については勤め先

における呼称が「アルバイト」又は「パート」である雇用者で，(2) 現在無業の者については家事も通学もしておらず「アルバイト・パート」の仕事を希望する者」である．また内閣府が「国民生活白書」のなかで用いた操作的定義は「15～34歳の若年（ただし，学生と主婦を除く）のうち，パート・アルバイト（派遣等を含む）及び働く意志のある無職の人」といずれも既婚女性の非正規は除外されている．

第6章

移動経験からみた現代日本の階層意識の構造

金澤悠介

1 総中流社会から格差社会へ?

21世紀に入り，日本人の持つ日本社会のイメージは大きく転換した，といわれている．高度経済成長期から1980年代にかけて，人びとは総中流社会として日本を捉えていた．高度経済成長によって生活水準が上昇したことで，人びとのライフスタイルは均質化した．人びとは似たような生活を営んでいるのだから，そこには大きな不平等は存在しない[1]．そのような諒解が人びとの間にあったのかもしれない．当然，その日本社会のイメージは実態と大きくかけ離れており，そこには，機会の不平等も結果の不平等も存在していた（原・盛山 1999）．しかし，この総中流社会というイメージも1990年代に入り揺らぎ始める．バブル崩壊とその後の長期不況によって，経営再建のために人員整理を行う企業が出現し，賃金システムを従来の年功賃金制から成果主義賃金制へと変更しようとした企業も出現した．総中流社会の前提となっていた日本的雇用慣行が変容の兆しをみせたことで，均質なライフスタイルを持つ個人から構成されると思われていた日本社会にさまざまな格差がみえ始める．また，佐藤（2000）や橘木（1998）といった著作を契機として，日本が不平等な社会になりつつあるということを指摘する，いわゆる格差社会論を取り扱う書籍が続々と出版された．そして，2000年代に入り，小泉政権の新自由主義的な構造改革や労働市場の流動化により，日本社会は格差社会であるという認識が人びとの

間に定着していく．日本社会は，機会の格差も結果の格差も大きく，一度ルートを外れると一生負け組人生という認識が人びとの間に定着していった．

　総中流社会から格差社会へと日本社会のイメージが変容したという言説は説得力があるように感じられるものだが，日本国民を対象とした大規模な社会調査の結果はその言説を必ずしも支持しない．格差社会イメージが定着したといわれる現在の日本であっても，多くの人が自身の階層的地位を「中」と認識している．本章が分析の対象とするSSP2015調査でも，7割を超える回答者が自身の社会の中の位置づけを問われて（階層帰属意識の選択肢は「上」・「中の上」・「中の下」・「下の上」・「下の下」），「中の上」あるいは「中の下」と答えているし，階層帰属意識の中位カテゴリーである「中の下」と答えるものは回答者の約半数である．さらにいえば，社会階層と移動全国調査（SSM調査）やSSP-I2010調査の分析によると，階層帰属意識の分布自体は1985年から2010年にかけて大きく変化していない（神林 2011, 2015）．ただし，近年になるにつれて階層帰属意識に対する社会経済的地位の規定力（＝決定係数）は強くなっており，社会経済的地位が高いものは自身の帰属階層を高めに，社会経済的地位が低いものは自身の帰属階層を低めに回答する傾向が強くなっている（吉川 1999, 2006, 2014；神林 2015）．さらに，SSP2015調査を分析した谷岡謙は，2015年になると20・30代の若年層が自身の帰属階層を「下の上」あるいは「下の下」と回答しやすくなり，50・60代の中高年層が「中の上」と回答しやすくなるという形で，階層帰属意識に対して年齢が影響を与える状況となったことを示した[2]．つまり，1980年代から2010年代までで日本社会のイメージが総中流社会から格差社会へと大きく変容したはずにもかかわらず，人びとの主観的な階層的地位の分布自体は大きく変化することもなく，多くの人たちは「中」意識を維持し続けている．ただし，その背後で階層帰属意識に対する階層的地位の影響は大きくなりつつあるし，本章のこれからの議論にとって重要な事実となるのが，若年層は「下」意識を持ちやすく，中高年層は「中」意識（あるいは「中の上」意識）を持ちやすいというかたちで世代間の階層帰属意識の分化も生じつつある．

　格差社会イメージと強く関連する階層意識として格差意識も存在するが，日本における格差意識の実態も必ずしも「日本＝格差社会」というイメージに沿

うものではない．格差意識の研究は 2000 年代から本格化したのだが，それら
の研究では年齢が高いほど日本社会を格差が大きいものと認知するとともに，
格差を許容しないことが示されている（大竹 2005；林 2007）．また，紙幅の都
合上詳細は示さないけれども，本章で分析する SSP2015 調査でも，同様な結
果が得られている 3)．中高年層は日本を格差社会として捉え，それを否定的に
評価しているのに対し，若年層は必ずしもそのような捉え方をしていないとい
う点で，格差意識には世代差が存在しているのだ．すべての世代が社会におけ
る格差を大きく認知しているわけでもないし，すべての人が格差に対し同じ態
度をとっているわけでもない．

　以上の議論をまとめよう．総中流社会から格差社会へという一見すると説得
的な言説にもかかわらず，現代の階層意識の構造はその言説と次の 3 点で大き
く異なるものである．第 1 に，総中流社会から格差社会という形で日本社会の
イメージが大きく変容したとしても，多くの回答者がいわゆる「中」意識を維
持し続けている．1985 年以降，階層帰属意識の分布は大きく変化していない
し，階層帰属意識の中位カテゴリーである「中の下」を選択する回答者が約 5
割という傾向も大きく変化していないからだ．第 2 に，2015 年になって世代
による階層帰属意識の分化が生じた．個人の社会経済的地位の影響を統制した
としても，若年層が「下」意識を持ちやすく，中高年層が「中」意識を持ちや
すくなっている．第 3 に，格差意識についても世代差が存在するが，それは若
年層に比べ中高年層のほうが社会のなかの格差を大きめに認知し，その格差に
ついても否定的に評価している．

　先に指摘した第 2 点目と第 3 点目を組み合わせると，現代社会の階層意識の
構造の奇妙さがより明確になる．若年層は「下」意識を持ちながら，社会の中
の格差を小さく見積もり，格差を肯定的に評価する．一方，中高年層は「中」
意識を持ちながら，社会のなかの格差を大きく認知し，それを否定的に評価す
る．ここでみいだされるのは，いってみれば，総中流社会イメージと格差社会
イメージの奇妙な併存である．若年層は総中流社会イメージを持っていないか
もしれないが，明確な格差社会イメージも持っていない．一方，中高年層は中
流社会イメージを保持しながら，格差社会イメージも同時に保持している．そ
れは総中流社会イメージと格差社会イメージが相互背反的という常識的な発想

と異なっている.

　本章はこの常識に反するような現代日本の階層意識の構造の解明を試みる.特に,個人の世代間の移動経験という側面から（ⅰ）中高年層が「中」意識を持ちつつも格差に否定的な意識を持ち,（ⅱ）若年層が「下」意識を持ちながらも,格差に肯定的な意識を持つ,という２つの事実の説明を試みる.

　本章の構成は以下のとおりである.第２節では階層帰属意識や格差意識についての先行研究を検討するなかで,個人の移動経験とそれに基づく階層構造についての主観的なイメージ（＝階層イメージ）の形成が先のパラドキシカルな意識構造を説明しうることを示すとともに分析枠組みを提示する.第３節では分析に使用する変数について述べる.第４節では分析結果を紹介する.ここでは階層イメージ,階層帰属意識,格差意識などをもとに階層意識の構造を明らかにしつつ,この階層意識の構造に対し,個人の移動経験がどのような影響をあたえるのかを解明する.第５節では結果をまとめるとともに考察を行う.ここでは,個人の移動経験という側面から現代社会の階層意識の構造を解明する.

2　先行研究

　ここでは,階層イメージと階層帰属意識,そして,格差意識の先行研究を検討することを通じて,総中流社会イメージと格差社会イメージの奇妙な併存という現代日本の階層意識の構造を説明する仮説を提示する.その仮説を先取りしていえば,次のようになる.50・60代の中高年層は親世代に比べ,学歴や生活水準の上昇を経験することで,日本社会のイメージとして総中流社会イメージに近いものを形成し,「中」意識を持っている.しかし,日本人の多くは「中」程度の同質なライフスタイルを送っているというイメージを当然視しているため,格差を示す情報に過剰に反応するとともに,格差を否定的に判断してしまう.一方,20・30代の若年層は親世代に比べ,学歴や生活水準の下降を経験する可能性が高く,日本社会のイメージとして総中流社会イメージではなく,格差を前提としたものを形成し,「下」意識を持っている.そして,日本社会には格差があるのは当たり前というイメージを持つことで,格差を示す情報に強く反応しないし,格差を否定的に捉えることもしない.

2.1 階層イメージと階層帰属意識

本章の仮説は中高年層が総中流社会イメージを，若年層がそれとは異なるイメージを形成している，というものであった．そのことを確認するために，まずは日本社会の階層構造についての人びとのイメージである階層イメージ研究の知見をみていく．

高坂・宮野（1990）は 1985 年 SSM 調査を対象に，人びとの階層イメージを分析した．階層イメージは日本社会を上・中・下という 3 つの層にわけ，各層に該当する人びとの割合を回答者に尋ねることで測定されたのだが，彼らは「中」の割合が 50% 以上になり，「上」や「下」の割合よりも多いと認知するという中間集中型の階層イメージをもつ回答者が 5 割強（56.4%）いることを明らかにした[4]．「中」が社会の過半数を占めるものの，それが必ずしも 100% とはいえないので，当時の日本人の多くは総中流社会イメージを持っていなかったのかもしれないが，中流社会イメージを持っていたとはいえよう．なお，以降では中間集中型の階層イメージを状況に応じて中流社会イメージと呼んでいく．

また，彼らの研究は，社会経済的地位が高い人や 20・30 代が中間集中型の階層イメージを持ちやすいことも示している．1985 年当時の 20・30 代は 2015 年の 50・60 代に対応するため，彼らは 1985 年時点で中間集中型の階層イメージ（＝中流社会イメージ）を形成していたし，それが今も継続しているのかもしれない．

今までの議論から中高年層は中流社会イメージを形成している可能性が高いことはわかったが，若年層はどのような階層イメージを抱いているのだろうか．この点については数土（2015）が参考になる．彼は 1985 年 SSM 調査と SSP-I2010 調査を比較することで，1985 年に比べ，2010 年の階層イメージは「上」の割合が減少し，「下」の割合が増加したという点で下降シフトが起きていることを示した．1985 年から 2010 年にかけて日本人の階層イメージは変容しているのである．この研究では世代による比較は行われていないため，すべての世代で階層イメージの下降シフトが生じている可能性は否定できないが，以下で行う階層帰属意識の議論もあわせて考えると，若年層は中高年層の中流社会

イメージとは異なる階層イメージを抱いている可能性が高い.

では，なぜ中高年層は中流社会イメージを形成し，若年層はそれとは異なる階層イメージを形成しているのだろうか．そのヒントは階層帰属意識研究のなかにある.

まずは中高年層が中流社会イメージを形成するメカニズムを階層帰属意識の先行研究から検討しよう．階層帰属意識の分布の変化をみてみると，1955年から1975年にかけて階層帰属意識で「中の下」と答える人の割合が増加した．その一方で，1955年から1975年にかけて階層帰属意識に対する社会経済的地位の規定力は下降し続けている（神林 2011, 2015）．1955年から1975年の期間は高度経済成長期を含んでいるが，この期間は客観的な社会経済的地位と遊離するかたちで「中」意識が増加している．実際，神林（2011）は，社会経済的地位にかかわらず，1955年から1975年にかけて「中」意識が増加していったことを示している．では，どのような要因が社会経済的地位によらない「中」意識の増加を生み出したのだろうか．高度経済成長にともなう生活水準の上昇や高学歴化がその要因として考えられている．前者についていえば，高度経済成長期以前の貧しい時代の階層判断基準が維持されたまま，高度経済成長によって生活水準が劇的に上昇したため，社会経済的地位によらず，「中」意識が増加した，といわれている（盛山 1990; 神林 2015）．後者についていえば，高等教育の進学率が上昇する中で，親よりも学歴水準が上昇するものが増えたため，「中」意識が増加した，といわれている（数土 2009）．現代の中高年層は1950～65年生まれなのだが，彼らはそのような社会状況の中で生育したため，中流社会イメージと「中」意識をセットとして身につけている可能性が高い.

次に，若年層が中流社会イメージとは異なる階層イメージを形成するメカニズムを検討する．ここでは，1990年代以降の階層帰属意識の変化をもとにそのメカニズムを考察する．前節でも述べたように，1985年以降，階層帰属意識の分布は大きく変化してないが，社会経済的地位の規定力は強くなっている（吉川 1999, 2006, 2014; 神林 2015）．数土直紀や吉川徹は人びとの社会についての認識が精密になったために階層帰属意識に対する社会経済的地位の規定力が強くなったと主張している（数土 2010; 吉川 2014）．1990年代以降，バブル

崩壊や長期不況などはあったものの，高度経済成長のような大きな社会変動は存在しなかった．社会が大きく変化しない中，人びとはより冷静に世のなかを見るようになり，帰属階層についての判断基準も共通のものになっていた．社会のなかに存在していたさまざまな格差にも多くの人びとが気づくようになった．人びとが自身の生活状況と社会経済的地位の関係を自覚的に捉え直すことができるようになったことで，階層帰属意識に対する社会経済的地位の規定力が増加したのだ．この説明を階層イメージにまで展開するのであれば，社会的な格差を的確に捉えることができるようになった人びとは，中流社会イメージとは異なり，格差の存在を織り込んだ階層イメージを形成するはずである．現代の若年層は1976〜95年生まれなのだが，彼らはこのような社会状況のなかで生育したことで，中流社会イメージとは異なり，格差を当たり前とした階層イメージを形成している可能性が高い．

2.2 格差意識と「下り坂の錯覚」仮説

前節で紹介したように，2000年代に本格化した格差意識研究[5]だが，そこでよくみいだされる知見というのが，年齢が高いほど社会の中の格差を大きく認知し，しかも格差を許容しないというものであった（大竹 2005；林 2007）．では，なぜ年齢によって格差認知や格差許容の度合いが異なるのだろうか．

この格差意識の世代差を理解するヒントを与えてくれるのが，佐藤俊樹の「下り坂の錯覚」仮説である（佐藤 2006）．この仮説は1990年代後半から2000年代初頭にかけて生じたとされる「不平等感の爆発」（佐藤 2006：18）を説明するために考案されたものだが，その内容は次のようなものである．それは長期的に不平等が改善されつづけた後に，それが改善されないと，人びとは不平等感を強く感じるようになるというものである．1970年代から1990年代初頭にかけて人びとは「日本社会＝総中流」というイメージのもと，日本社会は平等だと思いこんでいたが，1990年代後半から本格化した未婚化や2000年代初頭の機会の平等を否定するかのような政策の実施により，日本社会は平等だという信念は裏切られて，人びとの不平等感が高まった，と「下り坂の錯覚」仮説は考える．つまり，「下り坂の錯覚」仮説は中流社会イメージという階層イメージが格差を示す情報を解釈するフレームの役割を果たし，中流社会イメー

ジを持つものは格差を示す情報に強く反応し，格差を否定的に評価するけれども，中流社会イメージを持たないものは格差情報に強く反応せず，格差を否定的に評価しない，と考えるのだ．

第2節第1項で行った階層イメージと階層帰属意識の議論とこの「下り坂の錯覚」仮説を組み合わせると，格差意識の世代差は次のように説明できる．中高年層は階層イメージとして中流社会イメージを持っているため，格差を示す情報に強く反応する結果，格差を大きく認知し，格差も許容しない．いっぽう，若年層は階層イメージとして中流社会イメージというよりは格差を前提としたイメージを形成しているため，格差を示す情報に強く反応しない．彼らにとって格差はあって当たり前というものなので，格差を小さめに認知し，格差を否定的に評価しない．

2.3 仮説

階層イメージと階層帰属意識，そして格差意識の先行研究についての議論をまとめると，次のようになる．1950–65 年生まれの中高年層は高度経済成長や1980 年代の低成長などを経験することで，親世代に比べ，経済水準や学歴の上昇を経験した．その結果，階層イメージとして中流社会イメージを形成するとともに，「中」意識を持つに至った．そして，2000 年代に入り，中流社会イメージを維持したまま，格差社会論の言説に過剰に反応した結果，格差に否定的な意識を持つようになった．一方，1976–95 年生まれの若年層は長期不況やゼロ成長期を経験することで，親世代に比べた経済水準の上昇を味わうことはなかったし，親世代の高学歴化にともない学歴上昇を経験しにくくもなっていた．その結果，格差を織り込み済みの階層イメージを形成するとともに，「下」意識を持つようになった．そして，格差はあって当たり前という認識のもと，格差に肯定的な意識を形成した．

以上の議論からもわかるように，親と比べた本人の社会状況の変化を世代間社会移動と考えるのであれば，そのような移動経験とそれにともなう階層イメージ形成によって，世代間の階層帰属意識と格差意識の分化が生じるというのが本章の仮説である．

ここで，本章は個人の移動経験を客観的な側面と主観的な側面から捉える．

特に，世代間社会移動の主観的側面を主観的社会移動として明示的に分析する．ゲルマニ（Germani, G）が主張するように個人が自身の移動経験をどのように認知するのかでその影響が異なるのであれば（Germani 1966），本章の仮説の検証にとって主観的社会移動が大きな役割をはたすことになる．親と比較した場合の自身の社会状況の変化を上昇と認知しないかぎり，その変化は階層イメージの形成や階層帰属意識，格差意識には影響しないと考えるからである．狭間・谷岡（2015）で主観的社会移動が学歴移動と階層帰属意識を媒介する要因であることが示されていることからもわかるように，主観的社会移動は個人の移動経験を階層意識に変換する機能を持っているのである．

　以上の議論をもとに，本章の仮説を述べる．本章の仮説は次の2つである．

　1つは「上昇移動による中流社会イメージ形成」仮説であり，これは中高年層の階層意識を説明するためのものである．親に比べ生活水準や学歴水準が上昇したものは，主観的にも地位の上昇を経験する．そして，その主観的な地位上昇により，階層イメージとして中流社会イメージを形成し，階層帰属意識として「中」意識を持つ．そして，中流社会イメージは人びとの間の平等を強く含意するがゆえに，格差を示す情報に強く反応し，格差に否定的な意識を持つ，というものである．

　もう1つは「下降移動による非中流社会イメージ形成」仮説であり，これは若年層の階層意識の構造を説明するためのものである．親に比べ生活水準や学歴水準が下降したものは，主観的な地位下降を経験する．その結果，階層イメージとして中流社会イメージではなく，格差を織り込み済みのものを形成するために，階層帰属意識としては「下」意識を持つ．そして，格差の存在を当たり前とするような階層イメージを持っているので，格差を示す情報に強く反応することもなく，格差に肯定的な意識を持つ，というものである．

　以下では，この2つの仮説をSSP2015調査のデータ分析によって検討する．

3　使用する変数と操作化

　本章は2015年に実施されたSSP2015調査を分析する．分析に使用した変数と分析にあたっての操作化は以下のとおりである．

個人の移動経験については次のように測定した．まず，親世代と比べた生活水準の変化については，15 歳時に保持していなかったもので現在保持している財産の数（取得財産数）で測定した．SSP2015 調査では親の主な職業や収入を測定していなかったので，15 歳時と現在の保有財産の違いを生活水準の変化を測定するものとして扱う．なお，15 歳時の保有財産と現在の保有財産で共通するものは持ち家，自家用車，子ども部屋，ピアノ・文学全集，骨董品の5 つであり，この 5 つの項目をもとに取得財産数を測定した．次に，親世代と比べた学歴水準の変化（世代間学歴移動）については次のように測定した．父親と本人の学歴を初等教育（中卒程度），中等教育（高卒程度），高等教育（高専卒・短大卒・四大卒・院卒）に分類した上で，（A）父親も本人の学歴もともに初等教育のもの，あるいは，ともに中等教育のものは「初等・中等継承」，（B）父親も本人の学歴もともに高等教育のものは「高等教育」，（C）父親の学歴よりも本人の学歴が高いものは「上昇移動」，（D）父親の学歴よりも本人の学歴が低いものは「下降移動」とした．最後に，親世代と比べた主観的な社会的地位の変化である主観的社会移動については，15 歳時の 10 段階階層帰属意識と現在の 10 段階階層帰属意識を比較することで測定した．15 歳時の 10 段階階層帰属意識が現在のものよりも高いものを「主観的上昇」，低いものを「主観的下降」，同じものを「主観的非移動」とした．

階層意識にかかわる変数については次のように測定した．階層帰属意識については 5 段階のものをもちいたが，「上」と回答するものの割合が極端に少ないため，「中の上」と合併した．階層イメージについては，高坂・宮野（1990）にしたがい，「中」層の割合を 50% 以上と認知したものを「中間集中型」，50% 未満のものを「それ以外」とした．格差意識については，格差の大きさの認知は「今の日本では資産の格差が大きすぎる」という質問で，格差の（非）許容度は「競争の自由をまもるよりも，格差をなくしていくことの方が大切だ」という質問で測定した．なお，この 2 つの質問は 5 件法で測定されていたが，「そう思う」・「どちらともいえない」・「そう思わない」というかたちで 3 値化した．

本人の現在の社会経済的地位については，性別，世代，職業，非正規雇用・求職中ダミー，現在の保有財産数，世帯収入（対数変換）を用いた．なお，本

128　第Ⅱ部　地位アイデンティティ

人の現在の社会経済的地位は個人の移動経験を検討する際の統制変数として用いる．

4　分析結果

4.1　年代別の移動経験と階層意識

まずは，世代別の移動経験と階層意識について確認すると，次のようにまとめることができる（表6-1参照）．

表6-1　移動経験と階層意識の世代別基礎集計

		20-29歳	30-39歳	40-49歳	50-59歳	60-65歳
移動経験	**学歴移動**					
	初等・中等継承	23%	27%	28%	22%	26%
	高等継承	34%	23%	18%	15%	10%
	上昇移動	28%	38%	47%	57%	56%
	下降移動	15%	12%	8%	7%	9%
	取得財産数					
	平均値	0.23	0.36	0.64	1.09	1.51
	標準偏差	0.55	0.68	0.84	1.04	1.11
	主観的社会移動					
	主観的下降	49%	52%	42%	33%	31%
	主観的非移動	31%	25%	27%	26%	27%
	主観的上昇	20%	23%	31%	41%	42%
階層意識	**階層帰属意識**					
	上＋中の上	24%	24%	32%	36%	34%
	中の下	47%	52%	45%	48%	47%
	下の上	22%	19%	18%	13%	16%
	下の下	7%	5%	5%	4%	3%
	階層イメージ					
	中間集中型	55%	60%	60%	62%	58%
	資産格差が大きすぎる					
	そう思う	52%	57%	62%	68%	71%
	競争の自由より格差是正					
	そう思う	36%	30%	34%	45%	53%

（1）20・30代の若年層は他の年代に比べ，世代間学歴移動では高等継承しているものが多い反面，下降移動しているものも多い．取得財産数は少なく，主観的に地位の下降を経験しているものの割合も高い．階層帰属意識

は「下の上」や「下の下」と答えるものの割合が高い. 格差意識は格差を小さく認知し, 格差への許容度も高い. ただし, 階層イメージについては他の世代と大きな違いはない.

(2) 50・60代の中高年層は他の年代に比べ, 世代間学歴移動では上昇移動しているものが多く, 取得財産数は多く, 主観的に地位の上昇を経験しているものの割合も高い. 階層帰属意識は「上」あるいは「中の上」と答えるものの割合が高い. 格差意識は格差を大きく認知し, 格差への許容度は低い.

(3) 40代の壮年層は移動経験についても階層意識についても, 若年層と中高年層の中間的な位置づけにある.

　年代別の基礎集計の結果をみるかぎり, 本章の仮説のとおり, 移動経験によって世代間の階層帰属意識や格差意識の分化を生み出しているようにみえる. 客観的にも主観的にも親世代に比べ上昇移動している中高年層は「上」意識を持ちながら, 格差を大きく認知し, 格差に対する許容度は低い. 一方, 客観的にも主観的にも下降移動している若年層は「下」意識を持ち, 格差を小さく認知し, 格差許容度は高い. ただし, 中間集中型の階層イメージについて世代差は存在しなかったので, 上昇移動が中流社会イメージを生み, 「中」意識を生み出しつつ, 格差を否定的に評価する, という仮説が想定するメカニズムは支持されないようにみえる.

4.2 主観的社会移動からみた階層意識の構造

　ただし, 年代別の基礎集計をもとにした先の議論は移動経験と階層意識の間の関連構造を無視したものである. 本章の仮説を厳密に検討するためには, 移動経験と階層意識の間の関連構造を考慮に入れた分析を行う必要がある. ここでは, 主観的社会移動と階層イメージ, 階層帰属意識, 格差意識の関連構造を分析するために潜在クラス分析 (三輪 2009; 藤原・伊藤・谷岡 2012) を行う.

　潜在クラス分析は, 複数の質的変数の関連を質的な潜在変数を仮定することで説明する統計手法である. 別のいい方をすれば, 複数の質的変数の回答パターンをもとに回答者を分類するための統計手法である. 本章の仮説は主観的社

会移動，階層イメージ，階層帰属意識，格差意識という4つの意識変数の回答パターンによって，回答者が2つのグループに分類できるというものである．具体的には，（A）中高年層にみられるように，親世代に比べ主観的に地位が上昇し，中間集中型の階層イメージを持ち，「中」意識を持ちながら格差には否定的なグループと，（B）若年層にみられるように親世代に比べ主観的に地位が下降し，中間集中型の階層イメージを持たず，「下」意識を持ち格差に肯定的なグループである．以上からもわかるように，潜在クラス分析は本章の仮説の検証には好適な方法といえる．

　加えていえば，潜在クラス分析を行うことは次のような分析上のメリットがある．第1に，データに適合するような形で分類カテゴリーの数を求めることができることである．クラスター分析を用いても，回答者を複数のカテゴリーに分類できるが，通常の手続きでは分類カテゴリーのデータ適合度は評価できない．第2に，共変量を加えることで，各分類カテゴリーに所属する確率を予測できることである（Yamaguchi 2000）．違ういい方をすれば，多項ロジスティクス回帰分析のように，独立変数のうち，どれがカテゴリーの所属確率に有意な影響を与えるのかを明らかにできるのである．これは階層意識の類型に対する世代間学歴移動や取得財産数の影響を検討するのに適している．

　そこで，主観的社会移動，階層イメージ，階層帰属意識，格差意識を対象として潜在クラス分析[6]を行った．まず，クラス数を決定するためにモデルの適合度の検討を行い，BICをもとに4クラスモデルを採用した（結果は省略）．次に，推定された4クラスモデルをもとに，回答者の類型を確認する（表6-2参照）．

①主観的上層
　回答者の21%を占めている．他のタイプに比べ，主観的に地位上昇を経験したものが多く，階層イメージとして中間集中型を持つものが8割程度いる．階層帰属意識については「上」あるいは「中の上」を選択するものが多い．格差意識については格差を小さく認知し，格差に対する許容度も高い．

第6章　移動経験からみた現代日本の階層意識の構造　131

表6-2　潜在クラス分析による階層意識の構造分析

	主観的上層	格差否定的中層	格差肯定的中層	主観的下層
クラス構成割合	21%	40%	13%	25%
		【条件付き反応確率】		
主観的社会移動				
主観的下降	17%	23%	**70%**	**74%**
主観的非移動	31%	**34%**	27%	31%
主観的上昇	**51%**	44%	4%	13%
階層帰属意識				
上＋中の上	**67%**	40%	0%	1%
中の下	30%	52%	**74%**	42%
下の上	3%	8%	22%	**41%**
下の下	0%	0%	4%	**17%**
中間集中型イメージ	**79%**	59%	**74%**	37%
資産格差が大きすぎる				
そう思う	31%	**80%**	27%	**81%**
どちらともいえない	37%	17%	**47%**	16%
そう思わない	**32%**	2%	**26%**	3%
競争の自由より格差是正				
そう思う	10%	**56%**	7%	**55%**
どちらともいえない	**47%**	36%	**57%**	35%
そう思わない	**43%**	8%	**36%**	11%

注：他のクラスに比べ、条件付き反応確率が高いものは太字.
　　N＝3473.

②格差否定的中層

　回答者の40％を占めており，主観的上層と同様に主観的に地位上昇を経験しているものが多い．階層イメージとして中間集中型を持つものが6割程度いる．他のタイプと比べると，階層帰属意識として「中の下」を選ぶものが多い．格差意識については，主観的上層とは異なり，格差を大きく認知し，格差に対する許容度も低い．

③格差肯定的中層

　回答者の13％を占めている．主観的上層や格差否定的中層と異なり，主観的に地位下降を経験しているものが多い．階層イメージとして中間集中型を持つものが7割強いる．階層帰属意識としては7割強が「中の下」を選択している．格差意識については，主観的上層と同様に，格差を小さく認知し，格差に

132　第II部　地位アイデンティティ

対する許容度も高い.

④主観的下層

　回答者の25%を占めており，格差肯定的中層と同様に，主観的に地位下降を経験しているものが多い．他のタイプに比べ，階層イメージとして中間集中型を持つものが少ない．階層帰属意識としては「下の上」あるいは「下の下」を選択するものが多い．格差意識については，格差否定的中層と同様に，格差を大きく認知し，格差に対する許容度も低い．

　潜在クラス分析の結果は本章の仮説を必ずしも支持するものとはいえない．格差否定的中層については「上昇移動による中流社会イメージ形成」仮説が想定するような階層意識の構造をしているが，残りの3つの類型については「上昇移動による中流社会イメージ形成」仮説の予測とも「下降移動による非中流社会イメージ形成」仮説の予測とも大きく異なるものであるからだ．主観的上層は主観的に地位上昇し，中間集中型の階層イメージを持っているのだが，「上昇移動による中流社会イメージ形成」仮説とは異なり，「上」意識を持ち，格差には肯定的である．格差肯定的中層は主観的に地位下降しており，格差に肯定的なのだが，「下降移動による非中流社会イメージ形成」仮説とは異なり，中間集中型の階層イメージと「中」意識を持っている．主観的下層は主観的に地位下降しており，階層イメージとして中間集中型を持つものが少なく，「下」意識も持っているのだが，「下降移動による非中流社会イメージ形成」仮説とは異なり，格差には否定的である．

4.3　客観的な移動経験の影響

　では，潜在クラス分析で抽出された階層意識の各類型に対応する人はどのような人なのだろうか．階層意識の各類型と世代間学歴移動や取得財産数といった客観的な移動経験はどのような関係にあるのだろうか．この問いに答えるために，多項ロジット潜在クラス回帰分析を行う．ここでは，4つの階層意識の類型を従属変数，世代間学歴移動や取得財産数といった客観的な移動経験を独立変数，現在の社会経済的地位を統制変数とした探索的な分析を行う．

しかし，ここでは従来の多項ロジット潜在クラス回帰分析（Yamaguchi 2000）とは異なり，効果コーディング（Effect Coding）[7] をもちいた多項ロジット潜在クラス回帰分析を行う．従来の多項ロジット潜在クラス回帰分析の場合，潜在クラスのうち，どれかを参照カテゴリーとして，他の潜在クラスと対比することで，各潜在クラスに対する独立変数の影響を検討していた．しかし，この方法を取る場合，参照カテゴリーを何にするかで結果の解釈の仕方が大きく変わるという難点が存在していた．一方，効果コーディングをもちいた多項ロジット潜在クラス回帰分析の場合，潜在クラスそれぞれに対し，独立変数の効果が推定できるようになる．ここでは，対象となる潜在クラスと平均的な回答者（全体平均）の対比をつうじて，その潜在クラスに対する独立変数の効果を推定できる（Vermunt and Magidson 2005）．たとえば，クラス1を対象にする場合，「平均的な回答者と比較した場合，独立変数の値が変化することで，クラス1になりやすく（にくく）なる」という解釈が可能になる．このように，効果コーディングをもちいた多項ロジット潜在クラス回帰分析は，潜在クラスと独立変数の間の関係を探索的に分析する場合に，好適な方法といえる．

以上の議論をもとに，4つの潜在クラスを従属変数，世代間学歴移動と取得財産数を独立変数，現在の社会経済的地位を統制変数として，効果コーディングをもちいた多項ロジット潜在クラス回帰分析を行った．表6-3をもとに，各潜在クラスに影響を与える要因をまとめると次のようになる．

①主観的上層

世代間学歴移動については，高等継承のものは主観的上層になる傾向があり，初等・中等継承のものはなりにくい．取得財産数については，それが多いほど主観的上層になる傾向がある．現在の社会経済的地位については，50・60代，専門・管理職，世帯収入が多いものが主観的上層になる傾向がある．一方，20・30代，ブルーカラー職・農林職のものは主観的上層になりにくい．

②格差否定的中層

世代間学歴移動については，初等・中等継承のものは格差否定的中層になる

134　第Ⅱ部　地位アイデンティティ

表6-3　多項ロジット潜在クラス回帰モデルによる移動経験との関連分析

		主観的上層		格差否定的中層		格差肯定的中層		主観的下層	
		B	S.E.	B	S.E.	B	S.E	B	S.E
移動経験	学歴移動								
	初等・中等継承	−0.349*	0.157	0.322*	0.133	−0.123	0.132	0.151	0.142
	高等継承	0.564***	0.144	−0.187	0.168	0.335***	0.124	−0.712***	0.204
	上昇移動	0.085	0.122	0.078	0.117	0.026	0.110	−0.190	0.127
	下降移動	−0.299	0.224	−0.213**	0.237	−0.238	0.191	0.751***	0.208
	取得財産数	0.358***	0.088	0.272***	0.094	−0.220*	0.104	−0.411**	0.130
現在の社会経済的地位	男性	−0.233	0.171	−0.755	0.157	0.547**	0.159	0.441*	0.189
	年代								
	20–30代	−0.433*	0.134	−0.317**	0.122	0.395***	0.096	0.355*	0.126
	40代	0.107	0.104	−0.368**	0.107	0.036	0.096	0.225	0.120
	50–60代	0.326**	0.123	0.685***	0.106	−0.431***	0.117	−0.580***	0.158
	職業								
	専門・管理	0.317**	0.117	−0.176	0.120	0.130	0.110	−0.270	0.150
	販売・事務	−0.013	0.117	0.060	0.105	0.009	0.104	−0.056	0.124
	ブルー・農業	−0.612***	0.159	0.213	0.133	−0.298*	0.142	0.697***	0.145
	無職	0.308	0.175	−0.097	0.146	0.159	0.159	−0.370*	0.172
	非正規・求職中	−0.274	0.196	−0.217	0.170	−0.155	0.181	0.645**	0.192
	保有財産数	0.029	0.044	−0.053	0.044	0.034	0.040	−0.010	0.049
	$\log_{10}$世帯収入	1.931***	0.223	−0.057	0.207	0.288	0.178	−2.161***	0.243
決定係数		0.281							
N		2403							

注：*$p<0.05$, **$p<0.01$, ***$p<0.001$.

傾向があり，下降移動したものはなりにくい．取得財産数については，それが多いほど格差否定的中層になる傾向がある．現在の社会経済的地位については，50・60代が格差否定的中層になる傾向があり，40代以下はなりにくい．

③格差肯定的中層

　世代間学歴移動については，高等継承のものが格差肯定的中層になる傾向がある．取得財産数については，それが少ないほど格差肯定的中層になる傾向がある．現在の社会経済的地位については，男性，20・30代が格差肯定的中層になる傾向があり，女性，50・60代，ブルーカラー職・農林職のものはなりにくい．

④主観的下層

　世代間学歴移動については，下降移動したものが主観的下層になりやすく，高等継承はなりにくい．なお，本人の学歴水準を統制したとしても下降移動したものは主観的下層になる傾向があった．取得財産数については，それが少ないほど主観的下層になる傾向がある．現在の社会経済的地位については，男性，20・30代，ブルーカラー職・農林職，非正規雇用あるいは求職中，世帯収入が低いものが主観的下層になる傾向がある．一方，女性，50・60代，無職，世帯収入が高いものはなりにくい．

5　移動経験からみた階層意識の構造

　総中流社会イメージと格差社会イメージの奇妙な併存という現代日本の階層意識の構造を説明するために，個人の移動経験とそれに由来する階層イメージの形成が階層帰属意識と格差意識の分化を生み出すという仮説を提示した．1つは「上昇移動による中流社会イメージ形成」仮説であり，もう1つは「下降移動による非中流社会イメージ形成」仮説である．

　以上の2つの仮説をSSP2015調査データの分析をもとに検証したのだが，これらの仮説は必ずしも支持されなかった．たしかに，「上昇移動による中流社会イメージ形成」仮説が想定するような階層意識の構造を持つ格差否定的中層というグループが潜在クラス分析によって抽出され，この仮説が想定するとおり，中高年層や親に比べ生活水準が上昇したもの（＝取得財産数が多いもの）がこのグループに所属する傾向があることも明らかになった．しかし，潜在クラス分析の結果，「下降移動による非中流社会イメージ形成」仮説が想定するような階層意識の構造をもつグループは抽出されなかった．また，潜在クラス分析によって4つの階層意識の類型が抽出されたが，そのうち3つはどちらの仮説も想定していないような階層意識の構造をしていた．つまり，移動経験と階層意識の関係は本章が想定するものよりも複雑なものであった．

　分析結果から移動経験と階層意識の関係を考えると次のようになるだろう．すなわち，移動経験の違いはたしかに階層意識の構造の分化を生み出すものである．本人の現在の社会経済的地位を統制してもなお，財産取得数が階層意識

の4つの類型に影響を与えていたからである．取得財産数が多いものは主観的上層や格差否定的中層になりやすく，少ないものは格差肯定的中層や主観的下層になりやすい．また，親に比べ学歴面で下降移動したものは主観的下層になりやすいことも明らかになった．移動経験の違いは階層意識の構造の分化を生み出すが，さらにいえば，それは世代間および世代内の階層意識の構造分化を生み出している．

世代間の分化についていえば，取得財産数の多い中高年層は主観的上層や格差否定的中層になりやすく，取得財産数が少ない若年層は格差肯定的中層や主観的下層になりやすい．基礎集計の結果からわかるように，中高年層は若年層よりも取得財産数が多く，親に比べ生活水準が上昇している．親に比べて生活水準が上昇できた中高年層と必ずしもそうではない若年層で階層意識の構造は異なっているのである．

さらに移動経験の違いは世代内の階層意識の分化も生み出す．中高年層についていえば，取得財産数によって主観的上層と格差否定的中層の違いが生み出される．紙幅の都合で詳細な結果は省略するが，50・60代を対象として，第4節と同様の分析[8]を行った結果，取得財産数が多いものは格差否定的中層よりも主観的上層になりやすいことが明らかになった．また，表6-3から現在の社会経済的地位の影響をみてみると，専門・管理という高威信職につくものや世帯収入が高いものが主観的上層になりやすい．以上の結果をまとめると，他の世代と比べ取得財産数が多い中高年層でも，高威信職に就いたり世帯収入が高かったりして，親と比べた生活水準の上昇をより強く経験しやすいものは主観的上層になる傾向がある．彼／彼女らは階層帰属意識としては「上」あるいは「中の上」意識を持ち，格差にも肯定的な意識を持つ．一方，高威信職に就いていなかったり，世帯収入が高くなかったりしても，親と比べた生活水準の上昇を体感できたものは格差否定的中層になる傾向がある．彼／彼女らの多くは中流社会イメージを持ち，階層帰属意識としては「中」意識を持ちながら，格差には否定的である．先にも述べたが，格差否定的中層は「上昇移動による中流社会イメージ形成」仮説にもっとも適合的なグループである．

一方，若年層は学歴面での下降移動が格差肯定的中層と主観的下層の違いを生み出す．これも紙幅の都合で詳細な結果は省略するが，20・30代を対象に

して，第4節と同様の分析[9]を行うと，学歴面で下降移動したものは格差肯定的中層よりも主観的下層になりやすいことが明らかになった．また，表6-3から現在の社会経済的地位の影響をみてみると，ブルーカラー職・農林職に就いているもの，非正規雇用や求職中のもの，世帯収入が低いものが主観的下層になりやすい．以上の結果をまとめると，親世代に比べ学歴水準が下降したものや，非正規雇用や求職中，世帯収入が低いといった社会的に不利な立場にいるものは主観的下層になりやすい．彼／彼女らの多くは中流社会イメージを持たず，階層帰属意識も「下」意識を持っている．そして，格差に対しては否定的な意識を持っている．一方，高等学歴を親子間で継承したものや，非正規雇用や求職中ではない，世帯収入が高いといった社会的に不利な立場にいないものは格差肯定的中層になりやすい．彼／彼女らは中流社会イメージを持ち，階層帰属意識も「中」意識を持っているが，格差に対しては肯定的な意識を持っている．まとめると，若年層については，親の社会的地位を維持できたかどうかということで階層意識の構造に違いが出るのかもしれない．

以上の議論を図式的にまとめるなら，次のようになるだろう．親と比べた生活水準の上昇の程度によって人びとの階層意識のありかたは2つのグループにわかれる．すなわち，生活水準の上昇を経験したものは主観的上層や格差否定的中層になり，生活水準の上昇をあまり経験しなかったものは格差否定的中層や主観的下層になる．そして，生活水準の上昇を経験したグループの中で，さらに生活水準の上昇を強く経験したものは主観的上層に，そうではないものは格差否定的中層になる．一方，生活水準の上昇をあまり経験しなかったグループでは，親の社会的地位を維持できたものは格差肯定的中層に，維持できなかったものは主観的下層になる．

最後に，本章の知見の階層意識研究に対する貢献を3点ほど述べる．

1点目は世代間社会移動と階層意識の関係についての研究への貢献である．本章は世代間社会移動を捉えるための新たな方法を提案した点で先行研究に貢献している．世代間社会移動と階層移動の関係についての研究の多くは，親子間の職業移動（Blau 1956；安田 1971；山口 1998）や学歴移動（数土 2009）で世代間社会移動を捉えてきた．一方，本章は学歴移動のみならず，世代間の生活水準の上昇を捉えるために取得財産数を測定した．そして，親子間の学歴移

138 第Ⅱ部 地位アイデンティティ

動も階層意識の構造分化に一部影響を与えるが，それよりも取得財産数のほう
がより広範な形で階層意識の構造分化に影響を与えることを明らかにした．本
章が分析したSSP2015調査は父親の主職を測定していないので，世代間職業
移動の違いが階層意識の構造分化にどのような影響をあたえるのかは厳密に評
価できないが，階層帰属意識や格差意識といったものを分析する際には世代間
の生活水準の変化を保有財産から捉えるという方法も有効なのではないだろう
か．

　2点目は格差意識研究への貢献である．格差意識研究において，年齢があが
るごとに格差を大きく認知するとともに，格差に対する許容度が下がるという
知見は繰り返し示されてきたが（大竹 2005; 林 2007），それを理論的に説明す
るものはなかった．本章は佐藤（2006）の「下り坂の錯覚」仮説に依拠して，
その知見の説明を試みた．その結果，「下り坂の錯覚」仮説と適合的な階層意
識の構造を持つ格差否定的中層が見出され，それが中高年層に多いことが明ら
かになった．その一方で，「下り坂の錯覚」仮説では説明できない格差意識の
ありかたも明らかになった．「下り坂の錯覚」仮説は中流社会イメージを持つ
ことで格差否定的な意識を持つと予測するが，中流社会イメージを持ちながら
格差肯定的な意識を持つグループ（主観的上層・格差肯定的中層）が見出された
からだ．中流社会イメージと格差意識を媒介する要因を解明するというのが今
後の格差意識研究の課題となるだろうが，そのような課題を発見したことも本
章の貢献だろう．

　3点目は階層帰属意識研究への貢献である．それはいわゆる「中」意識の異
質性を明らかにしたことである．階層帰属意識として「中の下」を選ぶもので
あっても，格差否定的中層と格差肯定的中層という移動経験も世代も異なるし，
格差意識も大きく異なる人たちが含まれていることを本章の知見は示している．
これは世代による「中」意識の形成の違いを示す点でも重要である．本章の知
見に基づけば，中高年層は親と比べて生活水準が上昇することで「中」意識を
形成するが，若年層は親も本人も高等教育を受けるというように親の社会的地
位を維持することで「中」意識を形成する．このように世代によって「中」意
識の形成プロセスが異なることを反映して，世代によって「中」意識の意味合
いも異なっている．また，親と比べて学歴水準が低下したものは主観的下層に

なるということをあわせて考えると，若年層において，高等教育を親子間で継承できるかどうかが「中」意識形成に大きな意味を持つことになる．これは吉川徹が「学歴分断社会」（吉川 2009）という形で描いた現代社会のありかたに一致するものであろう．

注
1) このような認識は村上泰亮の新中間大衆論（村上 1984）で明示的に展開されている．
2) 重回帰分析において，本人の社会経済的地位（学歴・職業・収入）を統制したとしても，階層帰属意識に対して年齢は有意な影響を与えている（谷岡 2016）．
3) 重回帰分析において，本人の学歴・職業・世帯収入を統制したとしても，SSP2015調査で測定されているほとんどの格差意識項目に対して年齢は有意な影響を与えている．
4) 中間集中型以外の階層イメージとその構成割合は以下のとおりである．ピラミッド型は 23.2%，均等分布型は 10.8%，2 極分化型は 5.4%，逆ピラミッド型は 4.2% である（高坂・宮野 1990）．
5) 1980 年代の格差意識を扱ったものとしては石川・川崎（1991）がある．
6) 潜在クラス分析および多項ロジット潜在クラス回帰分析は，Latent Gold 4.5 を使用して行った．
7) 質的変数の効果コーディングについては，Hardy（1993）などを参照のこと．
8) BIC でクラス数を決定したところ，主観的上層，格差否定的中層，主観的下層に近い階層意識を持つグループ，という 3 つが抽出された．
9) BIC でクラス数を決定したところ，格差否定的中層，主観的下層，格差肯定的中層に近い階層意識を持つグループ，という 3 つが抽出された．

第 7 章

時代・世代でみえる地位アイデンティティの移り変わり
多母集団潜在クラス分析による検討

谷岡　謙

1　変わる日本社会と地位アイデンティティ

1.1　社会の変化と社会意識

「格差社会」日本を語るにあたって，何に最も注目しなければいけないだろうか．一般的には，収入や資産といった経済的な格差こそが，格差社会を最もよくいいあらわしていると考えられているだろう．または，経済的な格差を生み出す職業的な格差や，その職業選択に大きな影響を与える教育の格差を取り上げることもあるだろう．しかし，本章が着目するのはそれらの代表的な指標ではなく，階層帰属意識（Class Identification）と呼ばれる社会意識である．

なぜ社会意識に注目するのかといえば，ここ数十年の総中流社会から格差社会へという日本社会の大きな変化を捉える上では，社会意識こそが最も適切な指標だといっても過言ではないからである．SSP プロジェクトと呼ばれる一連の社会意識研究の中では，格差社会化という現象は，客観的な格差の拡大によってその全てを説明できるものではないと考えられている．物質的な要因ではなく人びとの意識が変化したために，人びとが冷静に格差を見極めるようになり，その結果多くの格差が認識されるようになり，「格差社会」という共通認識が広がっていったのだと考えられている．このように，社会意識の変化を追うことで，同時に日本社会の変化を追うことも可能となる．

本章では，社会意識の中でも階層帰属意識と呼ばれる意識の時点間比較を行

い，この 20 年間で何が変化していて何が変化していないのかを明らかにする．具体的には，潜在クラス分析という統計手法を用いて，客観的な地位クラスとのかかわりから意識の変化の要因を明らかにしていく．この潜在クラス分析を通して，客観的な地位と主観的な意識の関係性を整理していくことが可能となる．このことは，総中流社会において話題となった地位の非一貫性の議論を現代日本において再考することにもつながる．

1.2 階層帰属意識研究と新たな兆候

階層帰属意識とは，「かりに現在の日本の社会全体を，このリストに書いてあるように 5 つの層にわけるとすれば，あなた自身はこのどれに入ると思いますか．」という質問文によって尋ねられる意識である．回答の選択肢は，「1. 上，2. 中の上，3. 中の下，4. 下の上，5. 下の下」の 5 つであり，対象者はこの中から自らの階層的地位を選ぶことになる[1]．

この階層帰属意識は，地位アイデンティ，つまり人びとが自らの地位をどのように認識しているのかをあらわす指標として，さまざまな研究が行われている．近年明らかになっているのは，階層帰属意識と客観階層の結びつきが強まる傾向にあるということである（吉川 2014）．これはつまり，学歴・職業・収入といった階層変数を独立変数にし，階層帰属意識を従属変数とした重回帰分析を行った際の決定係数が，近年になるほど上昇しているということを意味している．具体的には，学歴が高いほど，職業威信が高いほど，収入が高いほど，階層帰属意識が高くなる傾向が強まっている．一方で，その「中」が多くを占めるという分布はほとんど変化しておらず，表面的な分布の推移を追うだけでは，総中流社会から格差社会へという大きな社会の変化を捉えることはできない．

2015 年に行われた最新の調査データにおいても階層性が強まる傾向は確認されているが，その変化の原因は正確には判明していない．数土直紀（2010）の「階層判断基準の共通化仮説」では，ばらばらであった人びとの階層判断の基準が，近年においては共通のものへと変化したことによって階層性が強まったとされている．しかし，判断基準が共通化したことを実証するのは難しく，詳細なメカニズムの特定には至っていない．

142　第Ⅱ部　地位アイデンティティ

よって階層帰属意識の変化を説明するにあたっては，まずは何が変化していて何が変化していないのかを丁寧に整理する必要があるといえるだろう．メカニズムの特定にあたっては，数理的なアプローチが必要不可欠となると考えられる．しかし，本章では，数理的なアプローチに入る前に，計量的な分析により正確な現状把握を行い，今後のメカニズムの解明に役立てたいと考える．

　また，階層帰属意識には新たな変化の兆しも指摘されている（谷岡 2016）．それは，年齢が統計的に有意な効果を持つようになり，年齢が高いほど階層帰属意識が高い傾向があるということである．年齢は，これまでの研究においては有意ではないことが多く，また有意であっても非常に小さな効果しか持たないことから，コントロール変数としての側面が強かった．しかし，2015年においては，年齢による違い，つまり世代による違いや世代による変化にも目を向ける必要が出てきたということである．これまでの階層帰属意識研究において，世代の変化はあまり重要ではなかった．階層帰属意識の変化を説明する「静かな変容」は，コーホートの退出・参入効果ではないことが確認されていたからである（吉川 1999；神林 2012b）．

　この年齢という観点から階層帰属意識という地位アイデンティティを考えると，「地位達成を経て，高い階層帰属意識を持つ」といった，その形成過程を考慮に入れる必要もあるだろう．これはつまり，年齢が高いほどそれまでの人生経験の影響が大きくなるが，年齢が低いとまだ地位達成の余地が大きく影響は小さいということである．実際に，地位クラスタの時代的な変化を検討した富永健一・友枝敏雄（1986）は，上層一貫予備軍としての若年者が多い非一貫クラスタの存在を指摘している．階層帰属意識の形成過程については，職歴の効果（星 2008）やパネルデータを用いた研究（三輪・山本 2012）はされているものの，あまり詳しいことはわかっていない．ただし，高学歴化に伴う学歴の象徴的価値の低下と高学歴継承の増加を指摘した数土（2011）は，世代によって学歴の持つ効果が変化していくことを示唆している．また，若年非正規雇用に注目して分析を行った小林大祐（2011）においても，年齢と階層帰属意識との関連が指摘されている．このように，以前から年齢と階層帰属意識との関連は間接的には指摘されていた．この間接的だった年齢の効果が時代とともに影響力を増し，直接効果としてあらわれたと考えることができる．

1.3 混合分布としての階層帰属意識

　先述の通り，階層帰属意識の時代変化には，分布が変化していないという現象と，階層性が高まっているという現象が同時に発生している．これは，つまりどういうことなのだろうか．考えられるのは，客観的上層の人びとがより上層に，客観的下層の人びとがより下層に自らを位置づけるようになっており，その動きが相殺することによって，分布の無変化につながっているということである．このように上層・下層という地位グループごとの変化が階層帰属意識の一見理解しづらい現象をもたらしているのだとすれば，個人の階層帰属意識を個別に分析するだけでなく，地位グループ単位での変化に目を向けることで，この現象をより理解しやすくなるかもしれない．

　実際に，佐藤俊樹（2008）は，収入階層ごとに階層帰属意識の分布を検討している．収入ごとに階層帰属意識の分布は大きく異なっており，高収入であれば「中の上」の回答が多くなり，「下の上・下の下」の回答が少なくなる．一方，低収入であれば「中の上」の回答は少なく，「下の上・下の下」が多くなり，収入グループによって階層帰属意識の分布が大きく異なっていることが明らかとなっている．このように異なる収入グループの分布が混ぜ合わさって，全体の階層帰属意識は構成されているのである．つまり，階層帰属意識は複数グループによって構成された混合分布であると考えることができる．

　社会がいくつかのグループで構成されているという発想は，古くは資本家階級・労働者階級という階級構造を指摘したマルクスまで遡ることができるが，日本における実証的な研究として，今田高俊・原純輔（1979）の地位の一貫性・非一貫性の議論が挙げられる．今田たちは社会全体の巨視的な階層構造の分析として，地位の一貫性・非一貫性の議論を持ちだしている．この議論はその後，先述の富永・友枝（1986）に引き継がれ，1955年・1965年・1975年の20年間・3時点における地位の一貫性・非一貫性の変化が分析された．ここで明らかになったのは，地位の非一貫性が増加していることと，それに伴って「中」意識が増加していることである．

　しかし，注意しておかなければならないのは，地位の非一貫性の増加と「中」意識の増加という関係については，盛山和夫（1990）によって，否定的

144　第II部　地位アイデンティティ

な見解が出されているということである．盛山によれば，地位の非一貫性の増加と「中」意識の増加という現象は，同時併発的に起こった現象ではあるものの，「非一貫性」そのものが「中」意識に結びつくわけではないということである．

このように，地位の非一貫性と「中」意識の関連については注意する必要があるが，地位の非一貫性・一貫性というグループの変化と意識の変化を併せて検討するという方法自体は，現代日本の社会構造と社会意識を分析する際にも有用であると考えられる．

よって今回は，階層帰属意識の変化を整理する際に，潜在的な地位クラスを想定し，その地位クラスとの関連の変化を検討するアプローチをとる．先述のように階層帰属意識は複数グループによって構成された混合分布であると考え，潜在クラス分析（Latent Class Analysis）を用いて，その複数グループ，つまり地位クラスの構成を特定する[2]．また，統計的指標を用いることにより，時代的な変化を客観的に検討することが可能となる．つまり，地位と意識の関係性において何が変化していて何が変化していないのかを整理することができる．

2　潜在構造からみる日本社会と地位アイデンティティ

2.1　多母集団潜在クラス分析

それでは，この20年間の地位クラスと階層帰属意識の変化について，実際の分析を通して確認していこう．用いるデータは，1995年社会階層と社会移動全国調査（SSM1995）と2015年階層と社会意識全国調査（SSP2015）の2つである．

分析には，潜在クラス分析のより発展的な方法である多母集団潜在クラス分析を用いる[3]．この分析方法では，共分散構造分析（SEM）を用いた因子分析などと同様に，2つの集団におけるクラス構造に等値制約をおくことなどが可能となり，より厳密なグループ間の比較・分析が可能となる．

分析に使用する変数は，学歴2カテゴリ（大卒／非大卒），職業4カテゴリ（EGP職業分類：専門管理／一般ノンマニュアル／自営／マニュアル），世帯収入3カテゴリ（世帯収入を3分位したもの），所有財3カテゴリ（所有財を単純加算し

3分位したもの），5段階階層帰属意識（上／中の上／中の下／下の上／下の下）の
5つである．なお，年齢は20歳から60歳の現役層に限定し，男性のみの分析
となる．女性の地位を測定するのは難しく（赤川 2000），また特に階層性が強
まっているのは男性だからである．女性の分析は，今後の課題となる．

　多母集団潜在クラス分析の手順としては，まずクラス数を決定し，次に時代
変化のモデルを決定し，最終的に潜在地位クラスと階層帰属意識の関連を検討
するという流れになる．しかし，まず前提として，2つの時点において地位ク
ラス構成が等しいと仮定した上で分析を進めていかなければならないことに注
意が必要である．この仮定が意味するのは，時代を通じて全く同一の学歴・職
業・収入構成を持つ地位クラスを抽出するということである．これは因子分析
の際に因子構造を等しくし，異なる集団間での比較分析を可能にするときと同
じような方法である．この仮定がなければ，時代によって構成が異なるクラス
と階層帰属意識の関連を検討することになり，正確な比較ができなくなってし
まう．やや強い仮定ではあるが，2つの時点を別々に分析してもほぼ同じ地位
クラス構成になることと，1995年から2015年においては客観構造の変化が小
さいということから特に問題はないと考えられる．変化の大きかった1955年
から1975年のSSMデータを分析した富永・友枝（1986）のクラスタ分析にお
いても，6クラス中5クラスは時代を通じて同じ構成の地位クラスが抽出され
ている．

　上記のようにクラス構成を等しいと仮定した上で，クラスの構成割合の変化
の有無と階層帰属意識との関連の変化の有無について，4つのモデルを検討し，
地位クラスと階層帰属意識の関連の変化を考察していく．それでは，その4つ
のモデルを具体的にみていこう．モデル①は「時代を通じてクラスの構成割合
が異なり，階層帰属意識との関連も異なる」とするモデルである．モデル①が
意味するのは，客観・主観関係の変化は，客観構造の変化と客観・主観関係の
変化が同時に起こっているということである．モデル②は「時代を通じてクラ
スの構成割合は異なるが，階層帰属意識との関連は等しい」とするモデルであ
る．モデル②では，客観構造の変化によってのみ，客観・主観関係の変化はも
たらされると考える．モデル③は「時代を通じてクラスの構成割合は等しいが，
階層帰属意識との関連は異なる」とするモデルである．モデル③では，客観構

146　第Ⅱ部　地位アイデンティティ

造の変化はないが，その意識との関連性のみが変化することを想定している．モデル④は「時代を通じてクラスの構成割合が等しく，階層帰属意識との関連も等しい」とするモデルである．モデル④では，2つの時代において，全く同じ客観構造，客観・主観関係を想定しており，時代変化を認めないモデルである．これらの4つのモデルを尤度比検定により検討することにより，地位クラスと階層帰属意識の関連の変化を検討することができる．

2.2　客観・主観関係の変化

　まずは階層帰属意識の分布を確認しておこう．図7-1が階層帰属意識の分布を示した棒グラフである．図7-1からわかる通り，2時点間にはほとんど差がない．中の下・下の上の分布に少し差があるようにみえるが，統計的に有意な差ではない．このように単純な分布を比較しただけでは，階層帰属意識の時代変化を捉えることはできないのである．

　それでは，潜在クラス分析の結果をみていこう．まずはクラス数を決定する．クラス数の決定には，BICなどの適合度指標を用いることができる．そのBICより4クラスモデルを採用する（結果は割愛）．

　次に，時代変化の4つのモデルを検討する．表7-2が適合度と尤度比検定の結果である．AICと尤度比検定の結果より，時代を通じてクラスの構成割合が異なり，階層帰属意識との関連も異なるモデル①が採用された．つまり，1995年と2015年の2時点において，同じ特徴を持つ4つの地位クラスが抽出されるが，その構成割合は変化しており，また階層帰属意識との関連も変化しているということである[4]．

　それでは，抽出された4つの地位クラスの特徴をみていこう（表7-3）．クラス1は，学歴，職業，収入の全てが高い水準である上位一貫的なクラスであり，20年間でやや増加している（22.0%→25.0%）．クラス2は，学歴と職業はあまり高くないものの，収入は高い傾向にある高収入非一貫的なクラスであり，減少傾向にある（28.9%→18.0%）．クラス3は，学歴は高いものの，職業と収入は上位一貫層ほど高くはない高学歴非一貫的なクラスであり，大幅に増加している（18.3%→34.1%）．クラス4は，学歴，職業，収入の全てが低い水準である下位一貫的なクラスであり，20年間で減少（30.8%→22.8%）している．ク

第 7 章　時代・世代でみえる地位アイデンティティの移り変わり　147

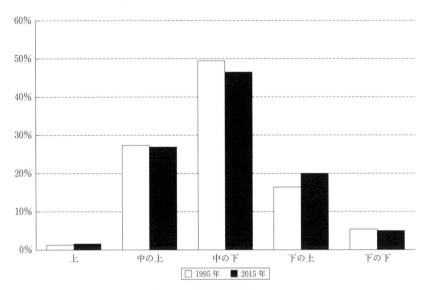

図 7-1　階層帰属意識の分布

表 7-1　使用する変数の分布

		1995 年	2015 年
階層帰属意識	上	1.4%	1.7%
	中の上	27.3%	26.9%
	中の下	49.4%	46.5%
	下の上	16.5%	19.9%
	下の下	5.5%	5.1%
学歴	大卒	32.1%	47.8%
	非大卒	67.9%	52.2%
職業	専門管理	33.4%	37.0%
	一般ノンマニュアル	12.3%	16.0%
	自営	19.6%	10.5%
	マニュアル	34.7%	36.5%
世帯収入	高	35.7%	34.9%
	中	33.0%	33.2%
	低	31.2%	32.0%
所有財	多	30.5%	30.2%
	中	36.7%	41.1%
	少	32.9%	28.7%

148 第Ⅱ部 地位アイデンティティ

表 7-2　モデル適合度

	モデル①	モデル②	モデル③	モデル④
AIC	36969.57	36973.85	37032.57	37035.18
尤度比検定	ref.	0.003	0.000	0.000
LL	839.313	875.759	908.806	943.349
df	646	662	649	665

表 7-3　潜在クラス分析の結果

		上位一貫	高収入非一貫	高学歴非一貫	下位一貫
クラス構成割合					
1995 年		22.0%	28.9%	18.3%	30.8%
2015 年		25.0%	18.0%	34.1%	22.8%
条件付き応答確率					
学歴	大卒	0.778	0.027	0.743	0.050
	非大卒	0.222	0.973	0.257	0.950
職業	専門管理	0.749	0.215	0.437	0.049
	一般ノンマニュアル	0.104	0.037	0.293	0.124
	自営	0.090	0.288	0.068	0.180
	マニュアル	0.057	0.460	0.201	0.647
世帯収入	高	0.847	0.492	0.112	0.028
	中	0.153	0.432	0.463	0.275
	低	0.000	0.076	0.426	0.697
所有財	多	0.609	0.358	0.197	0.087
	中	0.311	0.474	0.446	0.312
	少	0.080	0.168	0.356	0.601
階層帰属意識					
	上	0.031	0.004	0.000	0.019
	中の上	0.571	0.268	0.200	0.105
1995 年	中の下	0.355	0.603	0.577	0.441
	下の上	0.041	0.104	0.197	0.292
	下の下	0.002	0.020	0.026	0.143
	上	0.033	0.005	0.011	0.018
	中の上	0.688	0.170	0.160	0.051
2015 年	中の下	0.273	0.630	0.593	0.352
	下の上	0.006	0.145	0.202	0.449
	下の下	0.000	0.050	0.035	0.131

注：n=1994 (SSM1995), n=1426 (SSP2015).

ラスの構成割合をみると，上位一貫と高学歴非一貫が増加，下位一貫と高収入非一貫が減少という結果となった．一貫的なクラスが2つと非一貫的なクラスが2つ抽出されたが，地位の一貫性・非一貫性の変化という観点からみると，どのような変化が起きているだろうか．それぞれのクラスを合計した変化をみると，一貫的なクラスがやや減少し（52.8%→47.8%），非一貫的なクラスがやや増加する（47.2%→52.1%）という結果となった．格差社会と呼ばれる現代日本においても，非一貫的な地位を持つ人びとが多く存在することがわかる．

　次に，各クラスと階層帰属意識の関連をみていこう．上位一貫層の階層帰属意識は「中の上」の割合が高く，「下の上・下の下」の回答は非常に少ない．客観的な上位一貫層は，主観的にも高い階層帰属意識を持つことがわかる．一方で，下位一貫層の階層帰属意識は，「下の上・下の下」の割合が高くなっている．下位一貫層についても，客観的な地位と意識の関連がはっきりとみられる結果となっている．では，非一貫的な2つのクラスはどうだろうか．高収入非一貫・高学歴非一貫ともに，「中の下」の割合が高くなっていることがわかる．「中の上」の割合をみると，高収入非一貫の方がやや高い階層帰属意識を持つようだ．これは従来の研究で明らかになっているように，階層帰属意識に対しては収入が高い説明力を持っていることからもわかるだろう．

　それでは，時代による客観・主観関係の変化を見てみるとどのような結果になっているだろうか．関連の変化の度合いを順位相関係数で確認すると（表7-4），高学歴非一貫層のみ変化が無く，残りの3つのクラスにおいて時代による関連の変化があることがわかった．具体的には，上位一貫層は階層帰属意識が上昇傾向にある一方で，高収入非一貫層と下位一貫層は階層帰属意識が下降する傾向にある．それほど大きな差ではないが，係数をみる限り，上位一貫層の関連の変化が最も大きいようである．これらの変化は，表7-3の応答確率の変化からもみて取れる．従来の階層帰属意識研究においては，社会全体の階層性が強まっていると想定されていた．しかし，実際には変化のあるグループと変化の無いグループが混在しており，またその変化の度合いも異なっているのである．

　しかし，順位相関係数や潜在クラス分析の応答確率の結果だけでは，具体的にどのような変化が起きているかわかりにくい．そこで，応答確率と各潜在ク

150　第Ⅱ部　地位アイデンティティ

表 7-4　地位クラスごとの階層帰属意識の時代変化

			上	中の上	中の下	下の上	下の下	合計
上位一貫	1995	度数	14	256	143	14	1	428
		行 %	3.3	59.8	33.4	3.3	0.2	100.0
	2015	度数	12	266	88	0	0	366
		行 %	3.3	72.7	24.0	0.0	0.0	100.0
	合計	度数	26	522	231	14	1	794
		行 %	3.3	65.7	29.1	1.8	0.1	100.0
			上	中の上	中の下	下の上	下の下	合計
高収入非一貫	1995	度数	0	152	350	55	8	565
		行 %	0.0	26.9	62.0	9.7	1.4	100.0
	2015	度数	1	38	189	22	9	259
		行 %	0.4	14.7	73.0	8.5	3.5	100.0
	合計	度数	1	190	539	77	17	824
		行 %	0.1	23.1	65.4	9.3	2.1	100.0
			上	中の上	中の下	下の上	下の下	
高学歴非一貫	1995	度数	0	55	183	61	7	306
		行 %	0.0	18.0	59.8	19.9	2.3	100.0
	2015	度数	4	59	278	102	17	460
		行 %	0.9	12.8	60.4	22.2	3.7	100.0
	合計	度数	4	114	461	163	24	766
		行 %	0.5	14.9	60.2	21.3	3.1	100.0
			上	中の上	中の下	下の上	下の下	
下位一貫	1995	度数	12	57	263	183	88	603
		行 %	2.0	9.5	43.6	30.4	14.6	100.0
	2015	度数	7	20	106	159	46	338
		行 %	2.1	5.9	31.4	47.0	13.6	100.0
	合計	度数	19	77	369	342	134	941
		行 %	2.0	8.2	39.2	36.3	14.2	100.0

χ^2 乗値（自由度）			順位相関係数	
	上位一貫	23.7441（4）**		−0.138**
	高収入非一貫	20.9452（4）**		0.108**
	高学歴非一貫	7.5409（4）		0.062
	下位一貫	28.3643（4）**		0.115**

注：**p＜0.01, *p＜0.05.

ラスの構成割合をもとに，変化を視覚的に捉えるため階層帰属意識の分布を積み上げ棒グラフであらわしたのが図7-2である．このグラフからわかる通り，分布の形はほぼ変化していないものの，回答カテゴリごとに各地位クラスの占める割合が大きく変化している．「中の上」カテゴリにおける上位一貫層の増加と，「中の下」カテゴリにおける高収入非一貫層の減少，高学歴非一貫層の増加がよくわかるだろう．図7-1では時代による変化がほぼないように見えていたが，その中身を詳しく見ると，大きな変化が起きていたことがわかる．

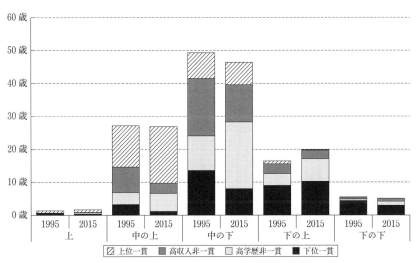

図7-2　階層帰属意識の積み上げ棒グラフ

2.3　世代による地位グループの違い

最後に，世代と地位クラスの変化をみてみよう．表7-5の上段は，2つの時代に共通するコア・コーホート，つまり1995年では20歳から40歳，2015年では40歳から60歳までの人びとの所属地位クラスの分布である．2015年では地位達成を終えた状態にあるためか，上位一貫層が増加し，高学歴非一貫層が減少していることがわかる．このように，クロスセクションデータであっても，データに含まれる同一世代の変化を追うことで，擬似的にその世代の時系列変化を追うことができる．階層帰属意識の形成過程における，人びとの地位達成を経た所属グループの変化や，高学歴化といった社会の変化の影響を垣間

152　第Ⅱ部　地位アイデンティティ

表7-5　各地位クラスの時代変化

			上位一貫	高収入非一貫	高学歴非一貫	下位一貫	合計
コア・コーホート	1995年	度数	144	145	206	263	758
		行%	19.0	19.1	27.2	34.7	100.0
	2015年	度数	277	183	207	203	870
		行%	31.8	21.0	23.8	23.3	100.0
	合計	度数	421	328	413	466	1628
		行%	25.9	20.2	25.4	28.6	100.0

			上位一貫	高収入非一貫	高学歴非一貫	下位一貫	合計
若年層	1995年	度数	144	145	206	263	758
		行%	19.0	19.1	27.2	34.7	100.0
	2015年	度数	89	76	253	138	556
		行%	16.0	13.7	45.5	24.8	100.0
	合計	度数	233	221	459	401	1314
		行%	17.7	16.8	34.9	30.5	100.0

			上位一貫	高収入非一貫	高学歴非一貫	下位一貫	合計
壮中年層	1995年	度数	301	452	106	377	1236
		行%	24.4	36.6	8.6	30.5	100.0
	2015年	度数	277	183	207	203	870
		行%	31.8	21.0	23.8	23.3	100.0
	合計	度数	578	635	313	580	2106
		行%	27.5	30.2	14.9	27.5	100.0

見ることができる.

　表7-5の中段は20歳から39歳の若年層の比較である. この比較は, 先述の同一世代を見る際とは異なり, 異なる時代を若年層として生きている人びとの比較となっている. 同じ若年層とは言っても, その時代によって置かれている状況は異なってくる. 実際にこの結果からわかるのは, これも高学歴化の影響だと思われるが, 高学歴非一貫層が増加し, 下位一貫層が減少しているということである. 同様に, 表7-5の下段は40歳から60歳の壮中年層の比較である. 若年層とは異なり, 上位一貫層が大幅に増加していることがわかる.

　世代間のクラス構成の比較によって, 上位一貫層が増加し上昇傾向にある壮中年層と, 下位一貫層が減少傾向にあるものの, 上位一貫層は増加しておらず,

むしろ少し減少している若年層という，世代による有利不利が明らかとなった．このクラス構成の違いが階層帰属意識との関連にも影響を与え，年齢の直接効果という形で観察されていると考えられる．

3 社会構造と地位アイデンティティの関わり方

　階層帰属意識を複数地位クラスの混合分布であると考えた今回の分析から明らかになったのは，階層帰属意識の変化には2つの要因があるということである．第1の要因は，客観構造の変化による地位クラス割合の変化である．客観構造の変化には，高学歴化の影響が大きいと考えられる．そのため，高学歴非一貫層や上位一貫層が増加し，高収入非一貫層や下位一貫層が減少している．第2の要因は，地位クラスと階層帰属意識との関連の変化である．高学歴非一貫層を除く3つの地位クラスにおいて，階層帰属意識との関連が変化していることが確認された．上位一貫層はより高い階層帰属意識を持ち，下位一貫層はより低い意識を持つように変化している．また，高収入非一貫層の意識も下降傾向にある．地位クラス割合の変化と，地位クラスと階層帰属意識の関連の変化という2つの要因が複雑に絡み合い，分布の無変化と階層性の上昇という現象はもたらされていたと考えられる．

　また世代的な変化として確認されたのは，壮中年層の上位一貫層が特に大きく増加している点である．地位クラスの変化を見る限り，壮中年層の多くは地位達成により上昇移動していることが窺える．よって，上昇移動の効果が，階層帰属意識に影響している可能性がある．地位クラスの世代的な変化という観点から，階層帰属意識に対する世代の影響を考えると，上位一貫層の増加の影響や上昇移動・地位達成の効果が強くあらわれるようになったからだということができるだろう．

　これまでの先行研究で指摘されていたのは，社会全体の階層性が強まっているということである．しかし，本章で明らかになったのは，全体の階層性が同じように変化しているわけではなく，変化している部分と変化していない部分が混在しているということである．客観的な上層・下層にあたる上位一貫層・下位一貫層が，それぞれより高い・より低い意識を持つようになり，意識の階

154　第II部　地位アイデンティティ

層性が強まっている．また，関連が変化していない高学歴非一貫層においても，その割合が拡大することにより社会全体における存在感を増している．

　また，格差社会といわれ，勝ち組・負け組といった上層と下層がそれぞれ増加したイメージのある日本社会だが，地位の一貫性・非一貫性という観点からみると，その一貫性はむしろ弱まっており，非一貫性が依然として強いことも明らかとなった．上記の通り，意識の上では確かに上層と下層の差は広がっているのだが，地位グループの変化という観点からは格差の拡大は確認されなかった．この点からも，社会意識から日本社会の変化を捉えることの重要性がわかるだろう．

　しかし，気をつけなければならないのは，今回扱ったデータはパネルデータではなくクロスセクションデータであるため，人びとの地位クラスの変化を正確に捉えることはできていない．この点については，同一個人を複数回調査したパネルデータを用いることで，正確な地位クラス変化を捉えることが可能となるだろう．具体的な分析方法としては，潜在移行分析などが考えられる．

　また，2015年における階層帰属意識への地位達成の影響が拡大している可能性については，これがなぜ過去のデータでは有意でなかったのかは説明できていない．この点を説明するのも今後の課題である．

　しかし，今回の分析結果によって，階層帰属意識という地位アイデンティティの変化のメカニズムの特定に一歩近づいたということができる．グループレベルでの変化の影響が客観・主観関係の変化に影響を与えているという本章の発見は，個別の変数の影響を検証する従来の重回帰分析を用いたアプローチでは捉えることのできなかったものである．今後の社会意識がどのように変化していくのか，また階層帰属意識の変化メカニズムについて，この新たな視点から詳細な分析を進めていかなければならない．

［謝辞・付記］
　本研究はJSPS科研費16H02045の助成を受けて，SSPプロジェクト（http://ssp.hus.osaka-u.ac.jp/）の一環として行われたものである．SSP2015データの使用にあたってはSSPプロジェクトの許可を得た．
　本研究はJSPS科研費特別推進研究事業（課題番号25000001）に伴う成果の一つであり，1995年SSM調査データ使用にあたっては2015年SSM調査データ管

理委員会の許可を得た.

注

1) 階層帰属意識研究の詳細な歴史については，神林（2011）を参照のこと.
2) 潜在クラス分析を社会構造の分析に使用した例として，イギリスの階級構造を分析した Savage et al.（2013）が挙げられる.
3) 潜在クラス分析の基礎的な解説については，三輪哲（2009）や藤原翔・伊藤理史・谷岡謙（2012）を参照されたい. また，日本の社会学研究における実例としては，山口一男（1999）や中澤渉（2010）などが挙げられる.
4) なお，BIC ではモデル②が採択されるが，サンプルサイズによるペナルティの大きさも踏まえ，今回は AIC・尤度比検定の結果を採用している.

第 8 章

格差社会のなかの自己イメージ

数土直紀

1 いま自分は社会のどこにいるのか——地位としての学歴

　自分で自分を社会のどこに位置づけるかは，その人が社会との関係でどのような自己イメージを持っているかを知るうえで，わかりやすい指標の1つだといえるだろう．もしその人が自分を社会の上位に位置づけているならば，その人は自分に対して自信を持っており，ポジティブなイメージを持っていると考えることができる．しかし，もしその人が自分を社会の下位に位置づけているならば，その人は自分に対する自信を欠いており，ネガティブなイメージを持っているといえるだろう[1]．日本社会をいくつかの層（たとえば，上・中の上・中の下・下の上・下の下）にわけたうえで自分がどの層にいるかを尋ねる質問項目は日本で実施される多くの社会調査に含まれており，そのような質問項目で測られる意識を社会学者は階層帰属意識と呼んでいるが，この階層帰属意識は日本人の自己イメージを考えるうえで大きな手がかりを私たちに与えてくれている．

　ちなみに，人びとが自分を社会のどこに位置づけるかは，単に私の主観的な判断だけで決まっているのではなく，とうぜん人びとが生活を営んでいる社会のあり方と深い関連を持っている（Evans and Kelley 2004; Jackman 1979; Jackman and Jackman 1983; Andersen and Curtis 2012; Kikkawa and Fujihara 2012; 神林 2010a, 2010b, 2012a）．しかし階層帰属意識と社会との関連のしか

たは，必ずしも私たちの直感的な予想と合致するわけではない．

　たとえば，かつて日本人は日本を総中流社会として自認していたが，"日本人の多くは中流に属する"という社会的なコンセンサスが成立していたとするならば，そのような社会では多く人が自分を中に位置づけるはずだと予想される．あるいは，"2000 年以降，さまざまな社会的な格差が拡大し，日本は格差社会に変化した"と多くの人が考えるようになれば，そのような認識が広く共有されている社会では自分を中に位置づける人が減り，上あるいは下に位置づける人びとが増えるはずだと予想される．にもかかわらず，代表的な社会調査の結果をみれば，人びとの社会に対するイメージが総中流社会から格差社会に変化したにもかかわらず（佐藤 2000; 山田 2004b; 橘木 2006），人びとの自己イメージであるところの階層帰属意識の回答分布は総中流社会と呼ばれたときからほとんど変化していないのである（吉川 2014; 神林 2015; 数土編 2015）．

　もちろん，階層帰属意識は回答者の社会に対するイメージを直接に尋ねているわけではないので，社会に対するイメージが変わったからといって，ある意味で相対的順位にしかすぎない，そして回答者個人の主観的な判断にしかすぎない階層帰属意識が変化する必要はない．もし人びとの社会に対するイメージの変化を知りたいのであれば，階層帰属意識の回答分布から社会イメージの変化を類推するのではなく，直接的に社会に対するイメージを回答者に尋ねればよい．にもかかわらず，本章で階層帰属意識に代表される"社会のなかでの自己"イメージを問題として取り上げるのは，日本社会全体に対するイメージが総中流社会から格差社会へ変化するとともに，社会のなかに自分をどう位置づけるかという自己イメージにも（回答分布からは直ちに引き出すことのできない）大きな変化が確かに生じており，そしてその変化が日本社会で起きていることを理解するうえで重要な手がかりになっているからなのである（数土 2010, 2012, 2015）．

　図 8-1 は，1995 年 SSM 調査データと 2015 年 SSP 調査データをもちいて，階層帰属意識と学歴との関係を示したグラフである．なお，1995 年 SSM 調査と 2015 年 SSP 調査データでは調査対象者の年齢が異なっているが，図 8-1 では両者が比較可能になるように，調査対象者の年齢を 20 歳以上 65 歳未満に揃えている．また実際の回答には"無回答／不明"も存在するが，図 8-1 では

158 第Ⅱ部 地位アイデンティティ

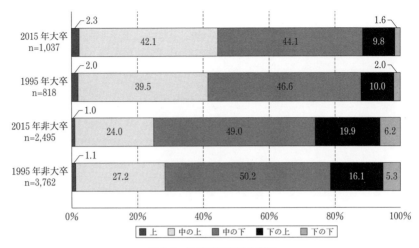

図 8-1 階層帰属意識と学歴

"無回答／不明"を除いた結果を示している.

図 8-1 から明らかなように，大卒者と非大卒者では階層帰属意識の回答分布が大きく異なっている．1995 年 SSM 調査データで大卒者の階層帰属意識をみると，自分を上に位置づけているものの割合は 2.0% であり，また自分を中の上に位置づけているものの割合が 39.5% である．全体の 40% 以上が自分を"中の上"以上に位置づけていることがわかる．しかし，1995 年 SSM 調査データで非大卒者の階層帰属意識をみると，上に位置づけているものが 1.1%，中の上に位置づけているものが 27.2% となっており，自分を"中の上"以上に位置づけているものは 30% 弱しかいない．明らかに，大卒者の階層帰属意識分布と非大卒者の階層帰属意識分布との間には大きな違いがあり，大卒者の方が自分を社会のなかでも上位の方に位置づけていることがわかる．

同様の傾向は，2015 年 SSP 調査データからも容易にみてとることができる．まず 2015 年 SSP 調査で大卒者の階層帰属意識をみてみると，上が 2.3%，中の上が 42.1% となっており，大卒者全体の 45% 弱が自分を"中の上"以上に位置づけていることがわかる．それに対して，非大卒者の階層帰属意識をみてみると，上が 1.0%，中の上が 24% となっており，非大卒者全体の 25% だけが自分を"中の上"以上に位置づけていることがわかる．やはり，大卒者の階層帰属意識分布と非大卒者の階層帰属意識分布には大きな違いが存在する．し

かも 1995 年 SSM 調査と 2015 年 SSP 調査を比較すると，大卒者と非大卒者の階層帰属意識分布の間の差は縮まるどころか，むしろ広がっている．2015 年になって大卒者と非大卒者の階層帰属意識の違いはより顕著になっているのである．

図 8-1 で示されていることは，日本社会では大学を卒業しているかどうかが，自分を社会のどこに位置づけるかについて，大きな意味を持っているということである．大学を卒業しているものは，自分をより上位に位置づけようとする．しかし，大学を卒業していないものにはそのような傾向を見出すことができない．けっきょくのところ，人びとはただ何となく自身の帰属する階層的地位を決めているわけではない．たとえば，学歴を手がかりにして他者との距離を判断し，そのうえで自分の階層的地位を決めている．この時，学歴がその人の主観的な階層的地位を引き上げる効果を，その学歴が主観的な階層的地位に関して持っている価値だと考えることにしよう．学歴は価値を持っているし，そしてその価値は 20 年という歳月を経ても下落することはなく，むしろ上昇している．したがって，人びとの主観的な階層的地位から描出される日本社会は，まさに学歴社会なのだといえる（吉川 2006，2009；橘木 2010）．

しかし，ここで 1 つの疑問が生じる．1995 年から 2015 年にかけて学歴の価値が上がり，学歴が人びとの主観的な階層的地位を引き上げる力が強まっているとして，それはどのような理由によるものなのだろうか．そして，この疑問は，1990 年代から現在にかけての大学進学率の変化を考慮することで，よりいっそう強まる．なぜならば，文部科学省が明らかにしている学校基本調査（文部科学省 2017）の結果をみれば，1990 年代以降，大学進学率が急激に上昇しているからである．今や，大学進学率は 50% を超えており，その世代の半分以上が大学に進学していることになる．いいかえれば，過去数十年の間で大学への進学は広き門となり，階層間の格差を維持しつつも，その選抜性は著しく低下した．このことは，1995 年から 2015 年にかけて学歴の価値が上昇した一方で，大学への進学そのものはかつてよりも容易になったことを意味する．

そもそも学歴が（主観的な階層的地位を引き上げてくれるという意味で）価値を持っているとして，その価値は何に由来するのだろうか．1 つの考え方としては，学歴が価値を持つのは，誰もが望めば大学に入学できるわけではなく，

"大学に入学し，そして卒業するためにはそれ相応の能力と実力が必要とされる"からだというものがあろう．いわば，この考え方は，学歴の価値を大卒という肩書の選抜性に求めている．しかし，この考え方に立ってしまうと，1990年代からの学歴の価値の上昇と1990年代からの大学進学率の変化は明らかに矛盾している．大学の選抜性はかつてよりも著しく低下していると考えることの方が実際は自然であり，もし学歴の価値が高い選抜性に求められるとするならば，学歴の価値はむしろ低下しているのでなければならない．そうではないと，話のつじつまが合わないのである．

　大学の選抜性が低下しているにもかかわらず，学歴の価値は上昇しており，学歴がそれを持っている人びとの階層的地位を引き上げる効果はむしろ強まっている．だとすれば，学歴の価値を大学の選抜性（だけ）に求めることは適切でないことになる．しかし，学歴という社会的地位が問題として扱いにくいのは，学歴はその人の現在の社会経済的地位と深い関連を持っているとしても，その人の現在の社会的地位とはいえない点である．極端ないい方をすれば，大学を卒業していること（しかも有名大学を卒業していること）は，いわばその人にとって過去の栄光でしかなく，今現在の地位を直接的に示してくれているわけではない．それに対して収入や仕事は今現在の地位を直接的に示しており，この点は地位として考えた時の学歴と収入・仕事の間との大きな違いだといえる．要するに，学歴は収入や仕事と異なり，人びとの階層的地位を引き上げることを可能にする価値を持っているとしても，その価値は実利的なものであるよりは，象徴的なものであると推測される．だとすれば，大学の選抜性以外の何にその価値の根拠を求めればよいのか，この問いに答えることがよりいっそう困難なものになってしまう．

　ここまで，1995年から2015年にかけての学歴価値の変化と大学の選抜性の低下の関係が整合的でないことを問題にしてきたが，実は同じことを年齢と学歴の価値との関係についても指摘することができる．

　表8-1は，5段階階層帰属意識（上＝5，中の上＝4，中の下＝3，下の上＝2，下の下＝1）を従属変数とし，年齢（20～64歳）と学歴（大卒＝1，その他＝0）を独立変数とした時の重回帰分析の結果を示している．分析にもちいたデータは，2015年SSP調査データである（2015年SSP調査の詳細については，後述する）．

表 8-1 をみると，（年齢の1次項が統計的に有意なので）年齢があがると階層帰属意識が高くなること，しかし（年齢の2乗項も統計的に有意なので）年齢があがるにつれてその効果は次第に弱まっていくことがわかる．また，大卒であることが階層帰属意識に対して統計的に有意な効果をもっており，（すでに確認したように）非大卒よりも大卒の方が階層帰属意識は高くなることも示されている．このとき注目すべきは，年齢と大卒の相互作用項が弱いながらも統計的な有意性を示しており，かつ係数の値がマイナスになっていることである．

表 8-1　5 段階階層帰属意識の重回帰分析

変数	Coef.	S. E.	
年齢	0.030	(0.009)	***
年齢 ^{2}	−0.0002	(0.000)	*
大卒（＝1）	0.720	(0.111)	***
年齢×大卒	−0.006	(0.002)	*
定数項	2.018	(0.186)	***
Adj. R^2	0.068		
N	3,532		

注：*p＜0.05, **p＜0.01, ***p＜0.001.

　年齢と大卒の相互作用効果がマイナスであるということは，"大卒である"ことの階層帰属意識を引き上げる効果は年齢の上昇とともに次第に弱まっていくことを意味する．いいかえれば，階層帰属意識を引き上げるという意味での学歴の価値は，若い世代でより高く，高齢世代では相対的に低くなっている．しかしこれも，"学歴の価値は大学の選抜性にある"という想定に反する事実だといえるだろう．なぜならば，データをみると，高齢世代の方が高学歴者の割合は小さく，若い世代の方が高学歴者の割合は大きくなっているからである．実際に，大学進学率が戦後から現在にかけて大きく上昇したということは，高齢世代においては相対的に狭き門であった大学進学が若い世代においては相対的に広き門になっていることを意味する．大卒の肩書は，高齢世代においては希少性が高くても，若い世代にとってはさほどではないはずだ．にもかかわらず，社会のなかに自己を位置づける時，若い世代の方が学歴により高い価値を見出し，学歴に準拠して判断しようとする．なぜ，そのようなことが起きるのだろうか．

162　第II部　地位アイデンティティ

　ここまでの議論を簡単にまとめることにしよう．自身を社会のなかに位置づけようとする時，学歴は重要な判断基準となっている．しかし，その価値の高さは時代や世代によって異なっている．かつてよりも人びとは学歴に高い価値を見出しており，そしてその傾向は年齢の若いものほど顕著になっている．その一方で，大学進学率が上昇し，大学の選抜性はかつてよりも低下しており，とりわけ若い世代の方が大学の選抜性の低下をより強く体験している．したがって，データから明らかにされる2つの知見を素朴に組み合わせると，大学進学率が上昇し，大学の選抜性が低下すると，人びとは学歴に対してより大きな価値を見出すようになり，そして学歴に積極的に準拠して自身の主観的な階層的地位を決定するようになるといえる．しかし，これはほんとうに自然な結論といえるだろうか．いや，むしろ疑問の余地がおおいに残る結論である．

2　希少性は失われても，重要性は増す

　学歴と主観的な階層的地位の関係を考える際に，ここまでは学歴を保有するものにとっての価値しか考えてこなかった．それは，高い学歴を保有するものが自身の学歴にどれくらいの価値を見出しているのかという観点だけを問題にしていたことを意味する．しかし，学歴の価値は高い学歴を保有するものだけに生じるのではなく，高い学歴を保有していないものにも生じている．高い学歴を保有していれば自身の階層的地位はXだと考えることができたはずなのに，高い学歴を保有していないことで自身の階層的地位をYだとみなさざるをえないとするならば，学歴を保有していないことは階層的地位をXからYに変えてしまう効果を持っていたことになる．それは，学歴を保有していないものにとっての学歴の価値だとみなすことができる．前節では高学歴を保有しているものにとっての高学歴の価値だけを問題にしていたが，実は高学歴を保有していないものにとっての高学歴の価値を問題にすることで，前節で提示した問いに対し，整合的な答えを与えることができる．

　ここで，大卒者が学歴に見出している価値を簡単に図式化してみる．

　仮に，大卒の肩書があることで，（たとえば，"中の下"から"中の上"のように）その人の主観的階層地位が上方に変化する時，その変化の度合いを大卒者

の感じている学歴価値だと考えることにする．そして，大卒者全体における主観的階層地位の平均的な変化の度合いを，大卒者にとっての学歴価値と考え，αであらわすことにする．しかし，このαは定数ではなく，その社会全体の大卒者の割合に応じて変化する．大卒者の割合が相対的に小さければ，大卒の肩書はそれだけ希少ということになり，価値が上がる．しかし，大卒者の割合が相対的に大きければ，大卒の肩書は珍しいものでなくなり，逆に価値は下がる．したがって，αを次のような式をもちいてあらわすことができる．

$$\alpha = k \times (1-p) \quad (ただし，0 < p < 1)$$

なお，k はある適当な定数を意味し，p はその社会の大卒者の割合を意味している．また，この時注意しなければならないことは，p は0から1の間の値を取り，0ないし1にはならないことである．なぜならば，p が0（もしくは1）の時，その社会のすべての人間が高学歴を保有していない（もしくは，保有している）ことになり，その場合には学歴の価値を問うことに意味がなくなるからである．

今度は逆に，大卒の肩書がないことで，（たとえば，"中の上"から"中の下"のように）その人の主観的階層地位が変化する時，その変化の度合いを非大卒者の感じている学歴価値だと考えることにしよう．そして，非大卒者全体における主観的階層地位の平均的な変化の度合いを，非大卒者にとっての学歴価値と考え，βであらわすことにする．しかし，このβも定数ではなく，その社会全体の大卒者の割合に応じて変化する．大卒者の割合が相対的に小さければ，たとえ大卒の肩書を持っていなくても肩身の狭い思いをする必要はない．非大卒者は大きく主観的階層地位を下げる必要はなく，いってしまえば非大卒者にとって学歴はさほど価値を持っていないことになる．しかし，大卒者の割合が相対的に大きければ，大卒の肩書を持っていないことが珍しくなり，肩身の狭い思いをする度合いが強まる．非大卒者は大きく主観的階層地位を下げることになり，いってしまえば非大卒者にとって大卒の肩書は大きな価値を持つことになる．したがって，βを次のような式をもちいてあらわすことができる．

$$\beta = l \times p \quad (ただし，0 < p < 1)$$

164　第II部　地位アイデンティティ

　なお，lはある適当な定数を意味し，pは先ほどの式と同じく，その社会の大卒者の割合を意味している.

　大卒者にとっての学歴価値（α）と非大卒者にとっての学歴価値（β）を定式化したので，これをもとに社会全体の平均的な学歴価値を求めることにしよう．ある社会がN人によって構成されていると考えた時，社会全体に占める大卒者の割合はpであるので，社会全体に占める大卒者の割合はp×Nとなる．つまり，学歴に対してαという価値を見出す個人は，p×N人存在することになる．同様に，社会全体に占める非大卒者の割合は（1−p）×Nとなる．したがって，学歴に対してβという価値を見出す個人は（1−p）×N人だけいる．単純化のために，ここで仮にk=lとしておこう．すると，個人が学歴に見出している社会全体での平均的な価値（これをγとする）は，以下の式で求めることができる.

$$\gamma = \frac{1}{N}(\alpha \times \mathrm{p}N + \beta \times (1-\mathrm{p})N)$$

$$= \alpha \times \mathrm{p} + \beta \times (1-\mathrm{p})$$

$$= \mathrm{k} \times (1-\mathrm{p}) \times \mathrm{p} + \mathrm{k} \times \mathrm{p} \times (1-\mathrm{p})$$

$$= 2\mathrm{k}(1-\mathrm{p})\mathrm{p}$$

　しかしこのγは，大卒者の割合の変化に応じて，どのように変化するのだろうか．いいかえれば，社会全体の教育水準が上がり，大学進学率が上昇したとき，学歴価値は上がるのだろうか，それとも下がるのだろうか．このことを明らかにするために，次にγの変化をグラフで示すことにしよう．グラフで示すことによって，大学進学率が上昇するとともに学歴価値がどのように変化するかを直観的に理解することが容易になるからである.

　図8-2は大卒者の割合が変化するとともに，α，β，γがどのように変化するかを示したグラフである．ちなみに，k=l=2というように設定してある．図8-2からわかるように，社会全体の平均的な学歴価値γは大卒者の割合の変化にしたがって直線的に変化するのではなく，2次曲線の形を描きながら変化

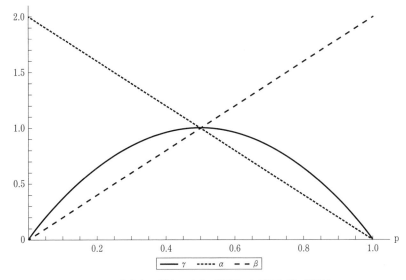

図 8-2 大卒者の割合の変化（横軸）と学歴価値（縦軸）

する．最初は大卒者の増加とともに急激に上昇するが，その伸びは次第に頭打ちとなる．そして大卒者の割合が全体の半分（0.5）を超えると，今度は大卒者の増加とともに低下し始め，低下の速度は大卒の割合が 1.0 に近づくにつれて増大する．

　学歴価値が大卒者の割合の増加とともに非線形に変化するのは，学歴価値が希少性だけで決まっているわけではないからである．このモデルでは，学歴の価値は希少性によって影響されると同時に，社会における不可欠性（いいかえれば，重要性）によっても影響されていると考えている．具体的には，大卒者の割合が小さいと（大卒者にとっての）学歴価値 α は大きくなる．いわば，大卒の肩書の希少性が学歴価値をあげているといってよい．しかし逆に，大卒者の割合が大きいと，今度は（非大卒者にとっての）学歴価値 β が大きくなる．いわばこの場合は，大卒の肩書の不可欠性（いいかえれば，重要性）が学歴価値をあげているといってよい．したがって，仮に大卒者の割合が増大することによって大卒の肩書の希少性が低下しても，今度は大卒の肩書の不可欠性が強まるので，両者に同時に影響される学歴価値は単純に減少するわけではないことになる．

166　第II部　地位アイデンティティ

　以上の結果をもとに，大卒者の割合の変化によって，学歴価値がどのように変化するのかを具体的にイメージしてみよう．

　まず，大卒者の割合が小さい時，大卒の肩書を保有しているものはその希少性から学歴に大きな価値を見出すことになる．しかし，ここで気を付けなければならないことは，その段階では大卒の肩書を保有しているものは少数派でしかなく，いいかえれば学歴に価値を見出すような個人の数は社会全体を考えれば少ない．一方，大卒の肩書を保有していない社会の多数派は，大卒の肩書がないことは社会全体を見渡せば当たり前のことであり，そのことによって自己のイメージが傷つくわけではない．そのような個人は，学歴にたいした価値を見出しているわけではなく，しかもそのような個人の方が社会の多数派を占めている．けっきょく，学歴に価値を見出している個人よりも，見出していない個人の方が多くなるので，社会全体で平均すれば学歴価値はさほど大きくならない．

　しかし，大卒者の割合が大きくなり，大卒者と非大卒者の数が社会全体で拮抗するようになったとしよう．大卒の肩書は，かつてのほどの希少性はないにしても社会の半分程度の個人しか取得しておらず，依然としてある種の選抜性を保持している．したがって，大卒の肩書を保有している個人は，多少なりともそこに何らかの価値を見出すことになる．一方，大卒の肩書を保有していない個人は，社会の半数が大卒の肩書を保有しているので，かつてのように大卒の肩書がないことを当たり前のことだと考えることが難しくなってきている．かつてであれば大卒でないことが当たり前であり，そのことによって自己イメージが傷つくようなことはなかった．しかし，今では大卒でないことは必ずしも当たり前のことではなくなり，したがって大卒という肩書を持たないことで自己イメージを傷つけられる可能性も高まってくる．このように，大卒・非大卒を含めた社会すべての個人が学歴に何らかの価値を見出すようになることで，社会全体で平均すればむしろ学歴価値は上がっていることになる．

　その一方で，さらに大卒者の割合が大きくなり，大卒者の数が社会全体で非大卒者の数を圧倒するようになったとしよう．もはや，その社会のほとんどの人が大卒になっているので，大卒の肩書に希少性を見出すことはできなくなる．したがって，大卒の肩書を保有している個人は，学歴に積極的な価値を見出す

ことはなくなるだろう．しかし，社会のほとんどの人が大卒の肩書を保有している状態で，にもかかわらず大卒の肩書を保有していない個人は，大卒の肩書を保有していないことに大きな剝奪感を抱くことになる．かつてであれば大卒でないことがさほど珍しいことではなく，したがってそこまで自己イメージを傷つけるようなことはなかった．しかし，大卒者の数が非大卒者の数を圧倒するようになると，大卒の肩書を保有していない個人の自己イメージは大きく傷つくことになる．ただ社会全体をみれば，そのような非大卒者は少数派であり，学歴にほとんど価値を見出さない大卒者の方が多数派になっている．けっきょく，社会全体で平均すれば学歴価値はあまりないことになり，大卒者の割合が大きくなったことでその価値は低下したといえる．

ちなみに，図8-2ではk＝1と仮定したうえで，αとβの変化を示している．確かに，大卒者の割合が大きくなるにしたがってαの値は低下しており，反対にβの値は上昇している．そして両者の値は，ちょうど大卒者の割合が全体の半分（p＝0.5）になったところで同じになっている．では，もしkとlが異なる値をとった時には，どうなるのだろうか．煩雑になるのでここでは図示していないが，結論をいえば，kとlの値に関係なく，γの値はつねに大卒者の割合が全体の半分（p＝0.5）になるところで最大値をとる．したがって，kとlの値に関係なく，学歴価値は大卒者の割合が大きくなるにつれて増大するけれども，その割合が全体の半分を超えたところで減少に転じ，次第に0に近づいていく．もちろん，lよりkの値が大きい時はより早い段階でαとβの値が等しくなり，lよりkの値が小さい時はより遅い段階で等しくなる．しかし，そのことがγの趨勢そのものに影響を与えることはない．

このように，学歴価値を，それを持つことの価値とそれを持たないことの価値の二側面から考えることで，大学進学率が上昇し，大学の選抜性・希少性が失われているにもかかわらず，人びとがなおも学歴に高い価値を見出し，さらにそれだけでなくよりいっそう高い価値を見出すようになっていく理由を明らかにすることができた．しかし，かりに本節で提示したモデルが正しいとして，日本社会は現時点でこのモデルのどの段階にあると考えてよいのだろうか．

大学進学率だけを考えれば2000年代後半に50％を超えているけれども，その年度の大学進学率はその年度に大学へ入学する世代だけに注目した数字であ

る．社会全体で考えるならば，大卒者が全体に占める割合は 20〜30% 程度だと考えることが妥当だろう．モデルにしたがえば大卒者の占める割合が 50% に達するまでは，学歴価値は上昇し続けるので，日本社会は依然として学歴価値の上昇局面にあると推測できる．

　また，各世代内で大卒者が占める割合にも差がある．とうぜん，高齢世代では大卒者が占める割合は小さく，若者世代では大卒者の占める割合が大きくなる．加えて，大卒者の占める割合がもっとも大きな若者世代においても，大卒者の占める割合はようやく 50% に到達したばかりであった．したがって，モデルから導かれる予測は，学歴の価値は大卒者の占める割合がもっとも大きい若者世代で相対的に高くなり，逆に大卒者の占める割合がもっとも小さい高齢世代において相対的に低くなる．そしてこれは，前節で 2015 年 SSP 調査データをもちいて確認した学歴の価値と世代との関係と一致している．2015 年 SSP 調査データにおいても，年齢が下がるにつれて階層帰属意識に対する学歴の影響が強まっており，年齢が若くなるとともに学歴価値が上がっていることを確認できたからである．

　したがって，1990 年代以降，学歴の選抜性・希少性が低下しているにもかかわらず学歴の価値が上昇したことも，大学に進学しやすかったはずの若者世代の方が学歴に価値を見出していることも，実は何ら不思議ではなかったことになる．

3　格差が自己イメージにあらわれる時

　前節では簡単なモデルをもちいて，高学歴化が進行し，大卒の選抜性・希少性が低下しているにもかかわらず，自己を社会のなかに位置づける時，私たちが学歴を重視する傾向を強めている理由を明らかにした．しかしその説明は，あくまでもモデルの上での話でしかない．したがって，前節で説明にもちいたモデルが，単に理論的に可能であるというだけでなく，実際に経験的な妥当性を持っているのかどうかを，あらためて検討する必要があるだろう．

　そこで本節では，実際の社会調査データをもちいて，大卒であるかいなかが主観的階層地位にあたえる影響を分析する．しかし，ただ社会調査データをも

ちいて比較するだけでは，"高学歴化"という歴史的なプロセスの影響を明らかにすることは困難である．ある1時点だけに注目するクロスセクショナルなデータでは時点間の変化を明らかにすることが難しく，複数の時点をつなぐ縦断的なデータであっても時点間で変化しているのは学歴構造だけではないので，学歴構造が変動したことによる影響だけを取り出すことは容易でない．そこで本節では，これらの難点を乗り越える方法として，学歴構造だけを反実仮想的に変動させるシミュレーションをもちいて，高学歴化が主観的階層地位に及ぼす影響を明らかにしようと思う．

　本節の分析でもちいられる社会調査データは，本書全体で一貫してもちいられる2015年SSP調査データである．2015年SSP調査データは，層化3段無作為抽出法によって標本を選び出した全国調査であり，2015年の冬から春にかけて実施された．調査対象者は，20歳から64歳までの日本人であり，選挙人名簿（一部は住民基本台帳）から抽出されている．2015年SSP調査の1つの特徴は，コンピュータ（タブレット端末）をもちいた個別聴取面接法を採用していることである．従来の個別面接法を採用しつつ，同時にデータの電子化を容易にする最先端の方法を採用した社会調査である．ちなみに，有効計画標本（8,328）に対して有効回収数は3,575となっており，回収率は42.9％である．

　2015年SSP調査では，5段階の主観的階層地位に加えて，10段階の主観的階層地位（上＝10，……，下＝1）についても調査対象者に尋ねている．本章では，より精密に変化を捉えることができるという利点から，10段階の主観的階層的地位を従属変数とする．また，本節では学歴が主観的階層地位に与える影響を分析の対象としているので，大卒／非大卒の二値変数（大卒＝1，それ以外＝0）を独立変数とする．もちろん，学歴以外の変数も主観的階層地位に影響を与えているので，性別・年齢・婚姻状態（既婚／未婚／離死別）・職業（上層ホワイト／下層ホワイト／ブルーカラー／無職）・雇用形態（自営／正規／非正規）・世帯収入も統制変数として分析にもちいている．

　分析にもちいる手法は，重回帰分析である．このとき，ウェイト変数をもちいて反実仮想的に大卒者の割合を変化させていく点が，分析上の重要な戦略となる．大卒者の割合を10％にした時の学歴の標準化偏回帰係数，大卒者の割合を20％にした時の学歴の標準化偏回帰係数，大卒者の割合を30％にした時

170　第Ⅱ部　地位アイデンティティ

の学歴の標準化偏回帰係数というように，10% から 90% まで大卒者の割合を変化させ，それぞれの学歴の効果（標準化偏回帰係数）の大きさを求め，そしてそれらを比較する．ちなみに，統制変数のうち，世帯収入は欠損値になっているケースが全体の 20% を超えている．これらのケースを分析から外してしまうのは，そのケースがもっていた世帯収入以外の情報を捨ててしまうことである．できるかぎり情報を有効に利用することを考え，世帯収入については多重代入法によって求めた推定値を加え，それにもとづいて重回帰モデルの標準化偏回帰係数を推定させた [2]．

　シミュレーションの結果を確認する前に，本章のモデルから導かれる予測がどのようなものであったか，再度，確認することにしよう．もしモデルが正しければ，全体の大卒者の割合が変化するにしたがって，大卒／非大卒の二値変数（大卒ダミー）の標準化偏回帰係数は次のように変化するはずである．人びとが学歴に価値を見出しているということは，大卒者の階層帰属意識は上がるけれども，逆に非大卒者の階層帰属意識は下がるということだからである．つまり，大卒ダミーの標準化偏回帰係数は，基本的にはプラスの値を示すはずである．そして，全体に占める大卒者の割合が増えるにしたがって最初は学歴価値が上がるのだから，大卒ダミーの標準化偏回帰係数の値は大きくなるのでなければならない．しかし，全体に占める大卒者の割合が 50% を超えると，今度は大卒者の割合が増えるにしたがって学歴価値が下がるのだから，大卒ダミーの標準化偏回帰係数の値は小さくなるのでなければならない．したがって，モデルが正しければ，大卒ダミーの標準化偏回帰係数はプラスの値を示し，かつその値は大卒者の割合が増えるにしたがって次第に大きくなっていくが，その割合が 50% を超えると今度は小さくなっていく．

　では，この予測を念頭に，シミュレーションの結果を確認することにしよう．図 8-3 は，全体に占める大卒者の割合が変化することで，大卒ダミー，世帯収入の標準化偏回帰係数と全体の（調整済み）決定係数がどのように変化したのかを示している．

　まず，大卒ダミーの標準化偏回帰係数の変化をみてみよう．図 8-3-a のグラフは大卒ダミーの標準化偏回帰係数の変化を示しているが，確かに最初は大卒者の割合が増えるにしたがってその値が大きくなっていることがわかる．し

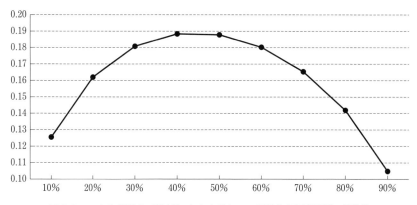

図8-3-a 大卒者割合（横軸）と大卒ダミーの標準化偏回帰係数（縦軸）

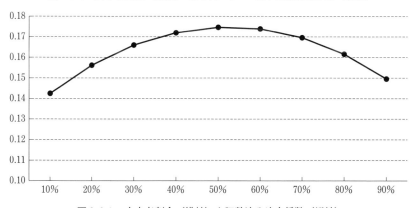

図8-3-b 大卒者割合（横軸）と調整済み決定係数（縦軸）

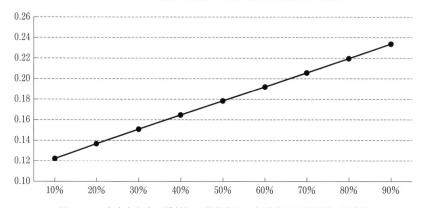

図8-3-c 大卒者割合（横軸）と世帯収入の標準化偏回帰係数（縦軸）

172 第II部 地位アイデンティティ

かしその伸びは次第に小さくなり，大卒者の割合が40%を超えたところで頭打ちになる．さらに50%を超えると，今度は大きく下がっていく．つまり，大卒者の割合が40〜50%に到達するまでは，大卒者の割合が増えるにしたがって大卒の価値は増していくが，そこを過ぎるとその価値は減少に転じることになる．

　以上から，モデルから導かれる予測と，シミュレーションから得られた結果を照らし合わせると，主観的階層地位に対する大卒の効果の変化は，おおむねモデルから導かれた予測にしたがっていることがわかる．反実仮想的に大卒者の割合を変化させて大卒ダミーの標準化偏回帰係数の変化をみたところ，確かに最初はその大きさを増し，その後は減少しているからである．シミュレーションの結果では大卒ダミーの標準化偏回帰係数が最大値をとったとき大卒者の割合が必ずしも50%になっていないが，それでも全体の趨勢としてはかなりの程度一致している．もちろん，このことだけをもって，前節のモデルが経験的に立証されたと主張すれば，それはいい過ぎかもしれない．しかし少なくとも，シミュレーションの結果はモデルの妥当性を否定してはいない．したがって，大卒者の割合が増えているにもかかわらず（いいかえれば，大卒の選抜性・希少性が低下しているにもかかわらず），学歴が階層地位を判断する際の基準として人びとに重視されるようになった理由を，このモデルでもって説明することができる．

　図8-3では，大卒ダミーの標準化偏回帰係数の変化に加えて，世帯収入の標準化偏回帰係数とモデル全体の調整済み決定係数（Adj. R^2）の変化についてもグラフで示している．これらについても，その特徴を簡単に確認することにしよう．

　調整済み決定係数の変化をみると，大卒ダミーの標準化偏回帰係数の時と同様に，最初は大卒者の割合が増えるにしたがって次第に大きくなるが，大卒者の割合が50%を超えたあたりから次第に小さくなっていることがわかる．これは，学歴価値の変化と，客観的階層地位と主観的階層地位の対応関係の強弱が連動していることを意味している．学歴価値が高まると，人びとの主観的階層地位が現実の社会経済地位によって決定される度合いが高まる．しかし，学歴価値が弱まると，逆に人びとの主観的階層地位が現実の社会経済的地位によ

って決定される度合いも弱まってしまう．学歴価値とともに調整済み決定係数の大きさが連動して変化するということは，主観的階層地位に及ぼしている学歴の影響の大きさを間接的に示しているといえるだろう．したがって，日本が総中流社会から格差社会へ変化したなかで，人びとの自己イメージがどのように変化したかを考える際に，学歴価値（の変化）に注目することはきわめて適切なことであったといえる．いわば，学歴価値の変化によって，人びとが自身を社会のなかに位置づける仕方が変化してきたのである．

　ちなみに，大卒ダミーの標準化偏回帰係数と連動して変化するのは，モデル全体の説明力を意味する調整済み決定係数だけである．大卒ダミー以外の標準化偏回帰係数にも大卒者の割合とともに変化しているものはあるが，その変化の仕方は必ずしも大卒ダミーの変化とは対応しておらず，それぞれ固有の仕方で変化している．その1つとして，収入の標準化偏回帰係数の変化について検討することにしよう．

　図8-3-cから世帯収入の標準化偏回帰係数の変化をみてみると，大卒ダミーの標準化偏回帰係数や修正済み決定係数とは異なるパターンで変化していることがわかる．もともと，世帯収入には人びとの主観的階層地位を規定する強い影響力が存在している．とうぜん，世帯収入が高くなるほど，人は自身の階層地位を高く評価するようになる．それは，世帯収入が人びとの生活水準を直接的に規定していることの反映だといえるだろう．実は，反実仮想的に大卒者の割合を変化させていくと，世帯収入の標準化偏回帰係数も大卒者の割合と連動する形で変化していく．しかも，大卒ダミーや調整済み決定係数の時とは異なり，単調に増大していく．大卒者の割合が90％に達した時には，標準化偏回帰係数の値は0.230を超えており，他の標準化偏回帰係数の値を圧倒している．いわば，人びとは世帯収入を中心にして自身の主観的階層地位を決定しているといってもよい状態になる．

　しかし，本章のモデルによって大卒ダミーの非線形な変化（二次曲線にしたがう変化）は説明できるとして，世帯収入のこのような変化はどのようにして説明すればよいのだろうか．全体に占める大卒者の割合が増えるにしたがって主観的階層地位が世帯収入の高低で説明される度合いが高くなるということは，単純に考えれば，大卒者の方が非大卒者と比較して自身の階層的地位を判断す

174 第Ⅱ部 地位アイデンティティ

る時に世帯収入の額をより強く参考にしているということである．いいかえれば，非大卒者はあまり世帯収入の額に左右されずに自身の階層地位を判断する一方で，大卒者は世帯収入の額を重視して自身の階層地位を判断する．大卒者ほど，世帯収入の額が高ければ自身の階層地位を高く評価するし，世帯収入の額が低ければ自身の階層地位を低く評価する．ある意味で，非大卒者は主に自身の感覚に頼って自身の階層地位を判断するのに対して，大卒者は（世帯収入という）客観的な基準にもとづいて自身の階層地位を判断する傾向がある．

　このことは，吉川徹によって指摘された階層帰属意識の静かな変容（吉川 1999; Kikkawa 2000）の背景に高学歴化という社会変動があったことを示唆している．

　階層帰属意識の静かな変容とは，階層帰属意識の分布を維持したまま，主観的階層地位と客観的階層地位との対応関係が強まっていく現象である．社会経済的に恵まれているものは自身の地位を高く評価し，社会経済的地位に恵まれていないものは自身の地位を低く評価する．当たり前のことと思うかもしれないが，その程度は時代によってかなり異なっている．そして近年その傾向がどんどんと強まっており，これこそが格差社会の自己イメージの特徴だといえる（神林 2015）．

　仮に高等教育を受けた人間は，社会構造を読み解くリテラシーが高く，したがって自身の客観的な階層地位をより正確に判断できるとしよう．もしそうだとすると高等教育が普及にするにしたがって，社会全体のリテラシーが高まり，全体として自身の地位を正確に判断できるようになっていく（数土 2010, 2015）．いいかえれば，主観的階層地位と客観的階層地位の乖離はどんどんと小さくなっていくはずだ．本節のシミュレーションの結果は，大卒者の割合が増すにしたがって世帯収入の影響が強まっていくことを明らかにしており，階層帰属意識の静かな変容が高学歴化によってある程度説明できる可能性を示唆している．

4　学歴はいつまで地位であり続けるのか

　前節まで，その社会において大卒者が占める割合が変化すると学歴価値がど

のように変化することになるのか，このことを検討してきた．この時，暗黙の
裡にその社会において大卒者が占める割合は不可逆的に増加していくことを仮
定していた．その仮定を受け入れたうえで，大卒者の割合の増大が学歴価値を
上げてきたメカニズムを解明し，そして今後も大卒者の割合が増大し続けるな
らば今度は学歴価値が下がるだろうことを予測した．

　実際に，学校基本調査によって示される大学進学率は，時期によって多少の
違いはあっても，基本的には上昇し続けている．とうぜん，大学進学率が一貫
して上昇するならば，その社会における大卒者の割合は一貫して増大すること
になるだろう．しかし，これは過去そうであったという，単なる経験的な事実
にしか過ぎない．とうぜん可能性としては，大学進学率は下降するかもしれな
いし，そうでなくても現在の水準で安定（停滞）するかもしれない．

　では，日本の大学進学率は今後も上昇し続けるのだろうか．あるいは，進学
希望者の数と大学の定員が均衡する"大学全入時代"を経て，大学進学率は停
滞ないし下降するのだろうか．

　日本の状況だけをみても，今後の大学進学率を予想することは難しいので，
日本以外の国の大学進学率がどのようになっているのかを確認してみよう．実
は，OECD が明らかにしている他の国の大学進学率をみてみると，日本の大
学進学率が突出して高いとはいえない（OECD 2012, 2016）．たとえば OECD
が明らかにしている数字によれば，日本の生涯大学進学率が 80%（2012 年度
版では 51%）と予測されているのに対して，OECD 諸国の平均生涯進学率は
68%（2012 年度版では 62%）になっている．そして日本の生涯大学進学率は，
ニュージーランドの 96%（2012 年度版では 80%），デンマークの 89%（2012 年
度版では 65%），アイスランドの 86%（2012 年度版では 93%）などと比べれば，
低くなっている．ちなみに OECD の明らかにしているのは"ある世代で最終
的にどの程度の人たちが大学に進学することになるか"を予測した数値であり，
学校基本調査が計算している大学進学率とは異なっている．ただ，日本の大学
をめぐる現時点での状況を考えると，いわゆる大学進学率と生涯大学進学率が
大きく異なるとは考えにくく，OECD が予測している 80% という数値は過大
推定の可能性が高い．

　とりあえず，国々の間の制度的な違いを考えず，数字のうえでの可能性だけ

で考えてみよう．大学全入時代といわれ，少なくない私立大学が定員を充足さ
せることに困難を覚えている状況下で，私たちは何となく大学進学率がすでに
飽和に達しているのではないかと感じている．しかし少なくとも数字のうえで
は，大学進学率は依然として上昇する余地があり，実際に多くの国が日本より
も高い大学進学率を実現している．したがって，条件さえ整えば，今後も大学
進学率は上昇する可能性がある．たとえば，現在，進学先を選ぶことさえしな
ければ，大学進学を希望するものはどこかの大学には入学できる状況が整って
いる．それでも，大学進学率が停滞しているということは，大学への進学を諦
める理由は学力不足にあるのではなく，むしろ経済的な困難が理由である可能
性が高い（矢野・濱中 2006；小林雅之 2008；藤村 2009）．したがって今後も大
学進学率を上昇させるためには，大学に進学するために必要とされるコストを
抜本的にみなおすことが必要になる．

　もう1つ注意しなければならないことは，その年度の大学進学率だけをみて
いても，社会全体において大卒者が占める割合がただちにわかるわけではない
ということである．たとえば，本章の分析でもちいた 2015 年 SSP 調査データ
の記述統計（表 8-2）をみてみると，大卒者の割合は 43.6% となっており，
50% を下回っている．いいかえれば，たとえその年度の大学進学率が 50% を
上回っていたとしても，だからといって社会全体において大卒者の占める割合
が 50% を上回っていることにはまったくならない．また，2015 年 SSP 調査
自体も，調査対象者の年齢層を 20 歳から 65 歳未満に限定していることに注意
しなければならない．現在の日本社会では，65 歳以上の高齢者が社会全体に
占める割合は高くなっており，そうした人びとも含めて社会全体における大卒
者の割合を考えるならば，その数値は 43.6% からさらに低くなることを容易
に予想できる．

　第1節で検討したように，学歴価値は世代によって異なっている．そして，
その相違は，世代によって大学進学率が異なっていることを反映していた．ま
ず，もっとも若い 20 代について考えてみよう．彼らの世代では大学進学率が
50% 前後に到達している．本章で展開したモデルにしたがえば，彼らの世代
において学歴価値はもっとも高くなっており，かつ飽和状態に達している．も
しそれ以上，大学進学率が上昇したならば，学歴価値は逆に低下することが予

第8章 格差社会のなかの自己イメージ　177

表 8-2　記述統計

変数	ケース数	平均	SD	Min	Max
10 段階階層帰属意識	3,417	5.216	1.560	1	10
学歴（大卒＝1）	3,417	0.436			
年齢	3,417	45.220	12.368	20	64
性別（女性＝1）	3,417	0.538			
婚姻上の地位					
既婚	3,417	0.698			
未婚	3,417	0.225			
離死別	3,417	0.077			
雇用形態					
正規	3,417	0.484			
非正規	3,417	0.251			
自営・経営者	3,417	0.079			
職業					
上層ホワイト	3,417	0.224			
下層ホワイト	3,417	0.307			
ブルーカラー	3,417	0.264			
農業	3,417	0.021			
無業	3,417	0.183			
世帯収入	2,743	669.427	578.690	0	10000

想される．しかしそれは，あくまでもその世代内に限定された話である．たとえば，今度はもう少し年長の 40 代・50 代について考えてみよう．彼らの世代では大学進学率は 50％ よりもかなり低く，本章で展開したモデルにしたがえば，彼らの世代における学歴価値はその下の若い世代ほどには高くならない．したがって，20 代から 60 代まであわせて学歴価値を考えた時は，学歴にさほど価値を見出さない人びとが相当数残っているために，大学進学率が 50％ を超えたとしても学歴価値はまだまだ飽和には達していないことになる．

　このことを前提にして，今後，日本社会で大卒の価値がどのように変化するのかを簡単に予想してみよう．かりに大学進学率が今よりもさらに高くなり，たとえば 60％ あるいは 70％ を突破したと想定してみよう．しかし，大学進学率が 60％ あるいは 70％ を突破したとしても，社会全体において大卒の占める割合がただちに 50％ を超えるわけではない．大学進学率が 50％ よりも低かった世代の人びとが残っている限り，大卒者の占める割合が 50％ を超えるまでにはまだしばらく時間がかかるからである．逆にいうと，かりに若い世代で大

学進学率が60％あるいは70％を超えて学歴価値が低下しはじめたとしても，それは若い世代内に限定された話でしかない．社会全体の学歴価値は，大卒者が占める割合が全体で50％を超えるまではさらに上昇し続けることになる．

　この時，学歴価値をめぐって，奇妙な現象が生じることになる．社会全体でみれば，学歴価値は一貫して上昇し，大卒であることはその人の主観的階層地位を引き上げる効果を強く持つことになる．しかし大学教育の現場では，社会全体のそうした変化とはまったく異なる状況が現出することになる．大学へ進学することはもはや希少ではなく，かりに一部の大学では選抜性を維持することができたとしても，全体としてみれば大学への進学について学力による選抜は機能しなくなる．とうぜん，大学へ進学すること自体の魅力は低下し，それ自体を目的にして大学への進学を決めるものの割合も減少する．大学へ進学するかどうかの判断は，大学が入学者に対して何を提供できているのか，そしてそのベネフィットが負担しなければならないコストに対して十分に見合うものになっているのかどうか，このことによって厳しく見直されることになる．つまり，社会全体としてみれば学歴価値は増しているのに，大卒者を社会に送り出している大学内ではそれとはまったく逆のことが進行することになる．

　しかしこのことは，この先も永遠に社会全体で大卒の価値が上昇しつづけ，人びとが自身の主観的階層地位を判断する際に“大卒であるか，いなか”が重要な意味を持ちつづけるということを意味するわけではない．いわば，“若い世代では大卒であることがさほど重要な意味を持たなくなっていくのに，社会全体では大卒であることがさらに重要な意味を持つようになる”というねじれ現象は，単に過渡期においてあらわれるものでしかない．もしすべての世代が，大学進学率が50％を超えた以降の人びとになれば，大卒の価値が上昇することはなくなるはずである．むしろ，さらに大学進学率が70％あるいは80％というように上昇しつづければ，大卒であることそれ自体の価値は大学進学率の上昇の程度に応じて低下していかざるをえなくなるだろう．とはいえ，これらの変化が生じるためには何十年という時間が必要になる．それくらいの長いスパンを必要とする社会変化なのである．

　では，かりに大学を卒業していること自体の価値が低下した時，社会経済的地位が人びとの自己イメージに与える影響はどのように変化するのだろうか．

第 8 章　格差社会のなかの自己イメージ　179

大学進学率が十分に上昇し，大卒であること自体に価値がなくなることで，は
たして人びとは社会経済的地位にとらわれることなく，自身を自由に社会のな
かに位置づけることが可能になるだろうか．少なくとも，本章でおこなったシ
ミュレーションの結果をみる限り，そのようなストーリーを描き出すことはで
きない．シミュレーションの結果が示すところにしたがえば，学歴が人びとの
主観的階層地位に与える影響が小さくなる一方で，世帯収入が人びとの主観的
階層地位に及ぼす影響が大きくなっていくからである．また前節では詳述しな
かったが，世帯収入だけでなく，職業が人びとの主観的階層地位に及ぼす影響
も大きくなっていく（表8-3）．具体的には，専門職や管理職といった人びとは
そうでない仕事に就いている人びとと比べて高い階層地位に自分を帰属させる
傾向が強まっていく．確かに，学歴価値自体は低下するかもしれない．しかし，
高学歴化が進行し，社会全体における大卒者の割合が増えると，人びとは自己
イメージを形成する際に収入や仕事をより積極的に参照するようになっていく．

表 8-3　標準化偏回帰係数の変化（従属変数：10 段階階層帰属意識）

大卒者の割合	10%	20%	30%	40%	50%	60%	70%	80%	90%
変数									
大卒	0.126	0.162	0.181	0.189	0.188	0.180	0.166	0.142	0.105
年齢	0.137	0.127	0.117	0.107	0.097	0.088	0.078	0.067	0.057
女性	0.113	0.103	0.093	0.085	0.076	0.069	0.061	0.054	0.048
婚姻上の地位									
（既婚）									
未婚	−0.111	−0.109	−0.108	−0.107	−0.107	−0.108	−0.109	−0.110	−0.112
離別・死別	−0.169	−0.157	−0.145	−0.133	−0.122	−0.110	−0.098	−0.086	−0.074
雇用形態									
（正規）									
非正規	−0.169	−0.158	−0.149	−0.141	−0.133	−0.126	−0.120	−0.114	−0.108
自営	−0.053	−0.051	−0.050	−0.049	−0.048	−0.048	−0.047	−0.047	−0.048
職業									
上層ホワイト	0.094	0.102	0.111	0.120	0.129	0.139	0.150	0.162	0.175
下層ホワイト	0.052	0.056	0.060	0.065	0.071	0.077	0.085	0.093	0.103
（ブルーカラー）									
農業	0.036	0.033	0.031	0.028	0.026	0.022	0.019	0.014	0.009
無職	−0.021	−0.010	0.001	0.012	0.022	0.032	0.042	0.052	0.063
世帯収入	0.122	0.136	0.151	0.164	0.178	0.192	0.206	0.219	0.234
Adj. R^2	0.142	0.156	0.166	0.172	0.175	0.174	0.170	0.162	0.150

180 第II部 地位アイデンティティ

　社会全体に占める大卒者の割合が高くなると，社会全体で自己の階層地位を収入や仕事に準拠して判断するようになるということは，高学歴者は一般的に収入や仕事で自己の階層地位を判断する傾向があるということを意味している．確かに，世帯収入が人びとの主観的階層地位に対して強い影響力を持っており，世帯収入が高いほど自分の階層地位を高く評価する傾向があること自体は自明のことといえるだろう．しかし，その傾向には階層差があると考えられる．そして，高学歴者ほど階層地位を判断する時に収入の多寡を気にするということは，高学歴者がそうでないものと比較して業績主義的な価値観を強く持っていることを示唆している．とうぜん，このことは収入だけについて当てはまることではない．収入がそうであったように，高学歴者によって専門職や管理職といった職業上の地位が自身の階層地位を判断する時に積極的に参照されるということも，やはり高学歴者が相対的に業績主義的な価値観をもっていることの反映だと考えられる．

　社会全体でほとんどの人が大卒者になった時，確かに大卒の肩書自体はその価値を失うかもしれない．少なくとも，自身の階層地位を判断する時に，“大卒であるか，いなか”はさほど重要な意味を持たなくなるだろう．しかし，学歴を重視しなくなることは，人びとが業績主義的な価値観から解放されることを必ずしも意味しない．むしろそれは，高学歴者に強く見出されてきた業績主義的な価値観（Sudo 2017a, 2017b；数土 2018）が社会全域に見出されるようになることを意味するだろう．もちろん，本章で示したシミュレーション結果はあくまでも反実仮想的な思考実験でしかなく，このシミュレーション結果でもって人びとの階層帰属意識の変化を100％確実に記述できたわけではない．特に，シミュレーションでは反実仮想的に大卒者の割合を調整しているけれども，その際に変数間の関係は変化しないという強い仮定をおいている．この仮定の妥当性は疑われてしかるべきである．

　たとえば，高等教育が今よりさらに普及し，望めば高等教育を誰もが受けられる社会が実現した時，そのことで高学歴者の価値観も業績主義的なものからより多様なものへ変化するといったことがありうるかもしれない．このように未来のすがたを描き出す時にはさまざまな不確定要素を考慮に入れなければならないにしても，だからといって高学歴化によって人びとの自己イメージがよ

り業績主義的なものに近づいていく可能性を無視することはできないし，むしろその可能性を真剣に考慮しなければならない．この先，人びとは社会のなかに自己を位置づける際に，知らず知らずのうちに業績主義的な価値を自身のうちに取り込むようになり，結果として社会の格差を自分たちの意識のうえにより強く反映させてしまうようになる可能性が高い．そして，私たちの社会はすでにそういった変化の途上にあり，そのあらわれが一部の研究者によって明らかにされてきた"階層帰属意識の静かな変容"だったのだと解釈できる．

［謝辞］

　本研究は，日本学術振興会科学研究費補助金（JP16H02045，JP25000001）による研究成果の一部である．また，SSP2015データの使用については SSP プロジェクトから許可を得ており，SSM1995データの使用については 2015 年 SSM 調査研究会から許可を得ている．この場を借りて謝意を述べたい．

注

1) 自己を社会に位置づける営みは，単なる客観的な判断である以上に，自己へのポジティブあるいはネガティブなイメージに結びついている．たとえば，その人の主観的階層地位は，その人のさまざまな健康指標と密接な関連をもっていることがこれまで指摘されてきている（神林 2016; Adler et al. 2000; Demakakos et al. 2008; Singh-Manoux et al. 2003; Singh-Manoux et al. 2003）．
2) 多重代入法については，Rubin（1987）および Royson（2004）を参照のこと．なお本章では，統計ソフトウェア STATA の mibeta コマンド（Marchenko 2014）を使って，多重代入法をもちいた場合の標準化偏回帰係数および決定係数の推定を行った．

終　章

何が変わり，何が変わらないのか

数土直紀

1　格差社会と総中流社会

　階層帰属意識は，多くの社会学者によって積極的に取り上げられ，分析されてきたトピックの１つである．しかし，社会学者によって階層帰属意識が取り上げられる仕方は，過去と現在とでは大きく異なっている．そして，それは階層帰属意識分布の時代的な変化を反映してきた（神林 2015）．実際に，戦後から 1970 年代までは階層帰属意識は大きく変化しており，かつては下（下の上，下の下）が大きな割合を占めていたのに対して，次第に下の割合は低下し，かわりに中（中の上，中の下）が全体の過半を占めるようになっていく．その一方で，本書で幾度も確認したように，1970 年代以降は現在に至るまで階層帰属意識分布は大きく変化することなく，中が過半を占める状態で長期にわたって安定している．もちろん，調査によっては階層帰属意識分布が異なってみえるものもあったが，それらは主として調査方法の違いに起因するものと考えられている（小林 2015a，2015b）．とうぜん，階層帰属意識分布が大きく変化している時代の問題関心と，階層帰属意識分布がほとんど変化していない時代の問題関心が同じになるはずはない．

　階層帰属意識分布が大きく変化している時代には，なぜ下（下の上，下の下）が減り，なぜ中（中の上，中の下）が増えたのか，このことが問題にされるようになる．そのうえで，階層帰属意識の変化が現実の社会変動を正しく反映し

たものになっているのかどうか，そのことが論じられてきた．しかし，階層帰属意識分布がほとんど変化していない時代には，なぜ中（中の上，中の下）が増えないのか（あるいは，減らないのか）が問題にされるようになる．そして，そのような問題意識は，1980年代から2010年代にかけて日本社会が体験した社会変動の大きさを考慮することで，より強められるのである．

　実際に，日本社会は，バブル経済が崩壊して以降は長期にわたって経済成長が停滞し，非正規雇用の増加など，人びとの働く環境が激変した（太郎丸2009）．また，本格的な少子高齢社会を迎え，それとともにさまざまな社会問題が顕在化している（白波瀬 2006，2009）．にもかかわらず人びとの階層帰属意識分布が変わらないのだとすると，今度は変わらない理由に問題の焦点が当てられざるをえない．

　ちなみに，階層帰属意識分布が，（下が減る一方で中が増えるという）上方にシフトする形で変化した理由の説明として，比較的受け入れられてきたのは，1つは地位の非一貫性の増大による説明（今田・原 1979；富永・友枝 1986）であり，もう1つは階層判断基準の無変化による説明（盛山 1990）であろう．

　地位の非一貫性の増大とは，人びとの階層的地位が複数の社会経済的地位（職業，所得，資産，学歴，生活様式など）によって構成されていることを前提にし，社会変動によってそれらの間の一貫性が弱まることを意味する．たとえば，大学進学率が上昇すれば，大学を卒業し，雇用者として（多くは，下層ホワイトカラーとして）働く人間が増える．彼らは学歴が高いが，年齢的には若いので，所得は必ずしも高くならない．つまり，学歴は高いけれども，所得は低いという意味で，社会経済的地位は一貫していない．その一方で，その社会の中堅として活躍している現役層は所得があっても，彼らが20歳前後だった時にはまだ大学進学率は十分に高くなかったため，大学を卒業しているものは少数派に過ぎない．つまり，所得は高いけれども，学歴は高くないという意味で，社会経済的地位は一貫していない．そして，社会経済的地位が一貫していないものは，上にも下にも帰属せず，中に帰属する傾向が強くなる．このように社会経済的地位が一貫しないものが増大すると，その帰結として所属階層として"中"を選択するものが増えるという説明である．

　しかし，人びとの中意識の増大は，社会経済的地位の非一貫性が高まったこ

終章　何が変わり，何が変わらないのか　185

とだけで，すべて説明できるわけではない．実は，階層判断基準の（無）変化にも注意を払う必要がある．人びとは，所属階層を判断するための基準をそれぞれもっているはずだが，そういった判断基準は人びとのなかで相対的に安定していて，変化しにくいものだと考えてみよう．すると，経済が成長し，生活が豊かになればなるほど，そういった基準はクリアされやすくなり，結果として人びとの主観的な所属階層も上方にシフトしていくことになる．たとえば，1960年代に「中流とは，自家用車を持ち，家庭にエアコンを設置しているような家庭である」といった判断基準が存在したとしよう．この基準は，経済が成長し，人びとの生活が豊かになればクリアされやすくなる．これは，自分のことを下ではなく，中だと自認する人が増えることを意味する．そして，この時注意しなければならないことは，かつては自家用車を持ち，エアコンが設置されているような家庭は珍しかったけれども，時代が下るにつれてそれは必ずしも社会全体では珍しいことではなくなっていくことである．

　社会経済的地位の非一貫性の増大にしても，階層判断基準の（無）変化にしても，これらの説明は直観的にイメージしやすく，人びとの階層帰属意識分布が上方にシフトした理由として説得的だといえるだろう．したがって，人びとの階層帰属意識分布が（上方にシフトするという形で）変化した理由については，ある程度，解明されているといってよい．

　これに対して，過去数十年もの間，階層帰属意識分布がほとんど変化していないことの理由を明らかにすることはそれほど簡単なことではない．社会が大きく変動しているにもかかわらず，その分布がほとんど変化していない事実を目の当たりにしてしまうと，階層帰属意識を分析することの意義すら疑われかねなくなる．社会学者はこれまで熱心に階層帰属意識を分析してきたけれども，階層帰属意識自体は必ずしも社会的な現実を反映したものになっておらず，だとすれば階層帰属意識を詳細に分析しても私たちが知りたいと思っている社会的な現実にたどり着くことはないのではないかという疑いである（間々田1990）．

　しかし，本書において論じられてきたように，過去数十年の間，確かに階層帰属意識分布はほとんど変化していないものの，その分布を生み出すメカニズムは大きく変化しているのである．したがって，回答分布が変化していないと

186 終 章 何が変わり，何が変わらないのか

いう表面的な事実だけをみるだけですませてしまうと，階層帰属意識に生じている大きな変化を，私たちは見落としてしまうことになる．

では，過去数十年の間，階層帰属意識上にあらわれた変化とはどのようなものであるのだろうか．その変化を一言で要約するならば，それは，階層帰属意識という主観的な階層的地位と社会経済的な地位によって構成される客観的な階層的地位との対応関係が一貫して強まっていることである．たとえば，自分を"中の上"に帰属させるか，それとも"中の下"に帰属させるか，そのことを決める際に，かつてであれば学歴はさほど大きな意味を持っていなかった．しかし次第に，自分を"中の上"に帰属させるか，それとも"中の下"に帰属させるか，このことを判断する時，自分が大学を卒業しているかいないかが重要な判断材料になりつつあり，そしてその傾向は現在に至るまでいっそう強まっている．

階層帰属意識分布には変わりがないけれども，人びとの間で意識の階層化が顕著に進行していること，これは私たちの社会が総中流社会から格差社会へ移行しつつあることの1つの反映だといってもよい．しかし，人びとの階層帰属意識にあらわれている変化は，一部の社会学者の間で"階層帰属意識の静かな変容"（吉川 1999）と呼ばれてきた意識の階層化だけではない．自分のこと（だけ）ではなく，社会全体の階層分布のイメージについて問題にした時，そこにも格差社会への移行に対応するような変化があらわれている．第1章で指摘されているように，上に所属する個人の割合，中に所属する個人の割合，下に所属する個人の割合，人びとがこれらの割合をどのように見積もっているかに注目すると，平均的には下に所属する個人の割合が増えており，人びとの意識のうえである種の下流社会化が生じていることをはっきりと確認することができる．いわば，自分のことについて聞かれれば依然として"中"だと答える人が多いようにみえても，同時に多くの人が"下"に帰属されるような人びとは増えているという実感を持っているのである．

したがって，人びとの階層帰属意識について考える場合には，主観的な階層的地位の分布に大きな変化が生じていないからといって，それはもはや取り上げるに値するトピックではないと考えてはならない．むしろ，人びとの主観的な階層的地位と客観的な階層的地位の対応関係が強まっているということは，

終 章 何が変わり，何が変わらないのか　187

社会階層構造を意識の面から解き明かしていくことの重要性が高まっていることを意味していると考えてよい．また，階層帰属意識分布が大きく変化していないにもかかわらず，人びとが社会に対して抱く階層イメージには大きな変化が生じていることにも十分に注意する必要がある．主観的な階層的地位はいわば自分に対する評価であるが，階層イメージは他者に対する評価である．自分を評価することと他者を評価することの乖離を埋めることで，私たちは階層意識の構成をより深く理解することができるようになり，そして格差社会への移行が何であったのかを，人びとの階層意識を辿ることで明らかにすることが可能になる．

2　社会変動のなかの自己イメージ

　それでは，前節で問題にしたような“階層帰属意識の静かな変容”と称されてきた主観的階層地位の輪郭の明確化が，なぜ生じたのかについて考えてみることにしよう．すでに，静かなる変容が生じた理由，あるいは静かなる変容が生じたことの効果などについては各章で十分に議論されているが，ここでは特に学歴の効果に注目して，“階層帰属意識の静かな変容”の背後にある人びとの階層意識上に現れた変化の重要性について指摘したいと思っている．

　表終-1は，大卒者と非大卒者に分けて，5段階の階層帰属意識（上〜下の下）を従属変数にした重回帰分析の結果を示したものである．ちなみにデータは，本書で一貫してもちいられている2015年SSP調査データである．

　まず大卒者の結果をみると，2つの事実に気づかされる．1つは，非大卒者の結果と比較すると調整済み決定係数（adj-R^2）の値が高く，独立変数によって説明される度合いが高くなっているということである．もう1つは，非大卒者の結果と比較すると雇用形態や職業などに統計的に有意な効果を多く見出せるということである．いいかえれば，大卒者は自身の主観的階層地位を判断する際に，雇用形態や職業といった社会経済的地位をより重視する傾向があり，かつその判断は全体としても客観的階層地位に規定される度合いが高いということである．

　次に非大卒者の結果をみると，大卒者の結果とは逆になっていることがわか

188 終 章 何が変わり，何が変わらないのか

表終-1 学歴別重回帰分析（従属変数：5 段階階層帰属意識）

	大卒者		非大卒者	
	Coef.	SE	Coef.	SE
年齢	0.002	(0.002)	0.011	(0.002) ***
教育年数	0.046	(0.017) **	0.071	(0.024) **
女性	0.178	(0.050) ***	0.132	(0.050) **
既婚	0.211	(0.052) ***	0.222	(0.049) ***
正規雇用	0.233	(0.078) **	0.100	(0.073)
非正規雇用	0.083	(0.085)	−0.035	(0.074)
（自営）				
無職	0.184	(0.099)	0.155	(0.094)
（上層ホワイトカラー）				
下層ホワイトカラー	−0.119	(0.049) **	−0.043	(0.061)
ブルーカラー	−0.269	(0.066) ***	−0.175	(0.059) **
農業	−0.185	(0.228)	−0.139	(0.134)
個人収入	0.000	(0.018)	0.018	(0.017)
世帯収入	0.349	(0.028) ***	0.187	(0.027) ***
定数	−0.131	(0.335)	0.094	(0.328)
調整済み決定係数	0.216		0.130	

注：*p＜0.05, **p＜0.01, ***p＜0.001.

る．大卒者の結果と比較すると調整済み決定係数（adj-R^2）の値は低く，年齢や性別や婚姻上の地位など人口学的な要因に強く規定されている一方で，雇用形態や職業といった社会的地位には統計的に有意な効果をほとんど見出すことができない．いいかえれば，非大卒者は自身の社会的階層地位を判断する際に，大卒者ほどには客観的階層地位を重視しておらず，むしろ人口学的な属性によって強く規定されているということである．

　従来の研究では，社会全体の人びとの階層意識の規定構造を明らかにしようとしてきた．したがって，学歴によって階層意識の規定構造がここまで大きく異なっていることにはあまり気づかれてこなかった．しかし実は，大卒者と非大卒者の間には，単に学歴という社会経済的地位の 1 変数の値が異なっているというだけではない，そもそもの階層意識の規定構造にかかわる大きな違いが存在していたのである．

　大卒者は客観的階層地位に準拠して自身の主観的階層地位を決定する傾向がみられる一方で，非大卒者はさほど客観的階層地位を重視せずに自身の主観的

終　章　何が変わり，何が変わらないのか　189

階層地位を決定しているとしよう．この前提のもとで，社会全体に大卒者の占
める割合が高くなれば，主観的階層地位を判断する際に客観的階層地位を重視
する人が増えるわけだから，社会全体で主観的階層地位と客観的階層地位の対
応関係が強まることを予想できる．逆に，社会全体に非大卒者の占める割合が
高くなれば，今度は主観的階層地位を判断する際に客観的階層地位を重視しな
い人が増えるわけだから，社会全体で主観的階層地位と客観的階層地位の対応
関係は弱まるであろう．そして実際には，社会全体に占める大卒者の割合は，
過去数十年の間，一貫して高まってきたのだから，とうぜん主観的階層地位と
客観的階層地位の対応関係は強まるはずであり，これは現実に観察された現象
と完全に一致している．

　ただし，ここで注意しなければならないことは，現実の"階層帰属意識の静
かな変容"をここで説明したメカニズムによって完全に説明しつくすことがで
きるわけではないことである．人びとの意識変化は，私たちが考えている以上
に複雑なメカニズムに支配されており，それほど容易に解き明かされるもので
はない．しかし，"階層帰属意識の静かな変容"を完全に説明しつくすもので
はないにしても，"静かな変容"が持っている一側面を示すものであるとはい
えるだろう．人びとは，かつてよりも主観的階層地位を判断する際に客観的階
層地位を重視するようになった．そして，それは高学歴者により顕著な傾向で
あった．いわば，高学歴者がもっていた価値観が社会でより一般化した結果，
"階層帰属意識の静かな変容"が生じたのである．

　階層帰属意識分布が変化していないことは，そのまま直ちに階層帰属意識を
生み出すメカニズムに変化がなかったことを意味するわけではないし，実際に
階層帰属意識を生み出すメカニズムは過去数十年の間で大きく変化もしてきて
いる．しかもその変化は，単に主観的階層地位を判断する規準が変化したとい
うだけでない，日本社会の社会意識上のもっと根底的な部分の変化を反映もし
ている．そしてそのような変化が日本社会に生じた背景には，日本社会が過去
数十年の間に経験したさまざまな社会変動が深く関係していた．

　では，過去数十年の間に日本社会に生じた社会意識の変化とは，いったい何
なのだろうか．それは，社会全体で高学歴化が進行し，雇用されて働くことが
多くの人にとって当たり前になった結果，私たちの社会に業績主義的な価値観

190 終 章 何が変わり，何が変わらないのか

がかつてよりも深く浸透したということなのである．

　私たちの基本的な価値観の形成にあたって，良くも悪くも，教育は大きな影響力を持っており，どのような教育を受けてきたかによって私たちの価値観は変わっていかざるをえない．したがって，社会全体で大学教育を受けたものが増えるということは，高学歴者に特徴的な価値観がその社会で支配的になっていくことを意味している．では，高学歴者に特徴的な価値観とは何であろうか．高等教育機関は私たちの社会のなかである種の選抜装置としても機能している．いいかえれば，高等教育機関はそこに所属する人びとにとっては競争的な場であり，つまりは業績主義的な価値観がもっともよく適合する場だといえる．したがって，人びとは，高等教育機関に進学することによって，自身を競争の場におき，そして次第に業績主義的な価値観を身につけていくことになる．もちろん，かつては大学に進学するものはごく一握りの人でしかなかったので，そのような場に身を置く人は多数派ではなかった．しかし現在では，非常に多くの人がそうした競争的な場に身を置くことになった．

　何を基準にして自身の生活の程度（所属階層）を判断するかを考えた時，ある人は収入に加えて家族との関係を考慮する一方で，別のある人は収入に加えて社会的地位（学歴や職業）を考慮して判断する．人びとの生活のランクを序列化された社会的地位で判断しようとする人は，そうでない人と比べて業績主義的な価値観をより強く抱いているといってよいだろう．したがって，社会全体で高等教育機関に進学する人びとが増え，その結果として業績主義的な価値観が社会に波及するようになると，自身の生活程度を自身の社会的地位を参照して判断する人が増えることになる．だからこそ，"階層帰属意識の静かな変容"が生じたし，そして現に生じている．また，この先も大学進学率が上がり続けるかどうかは不確定だが，しかし世代交代に要する時間を考慮するならば，静かなる変容はこの先もまだ続くと考えられる．

　だが本当に注意しなければならないことは，この変化は階層帰属意識だけに限定されるような変化ではないということである．もし業績主義的な価値観の波及が"階層帰属意識の静かな変容"を生み出しているのだとするならば，それは階層帰属意識以外の変数にも何らかの変化をもたらしていくことを容易に予想することができる．たまたま階層帰属意識が業績主義的な価値観を強く反

映する変数であったとしても，階層帰属意識だけが問題になるわけではない．
だからこそ本書では，階層帰属意識に焦点をあてつつも，同時に階層意識とし
ての幸福感を問題にしたし，宗教心のもたらす影響の階層的な違いを問題にし
たし，人びとの選択の可能性と意識との関係が扱われた．これらはそれぞれ別
個の問題なのではなく，社会変動にともなう日本人の社会意識の大きな変化の
多様なあらわれであり，それらは互いに深く結びつき合っているのである．

文　献

Adler, N. E., E. S. Epel, G. Castellazzo, and J. R. Ickovics（2000）"Relationship of Subjective and Objective Social Status with Psychological and Physiological Functioning: Preliminary Data in Healthy, White Women," *Health Psychology*, 19（6）: 586–592.

赤枝尚樹（2011）「都市は人間関係をどのように変えるのか——コミュニティ喪失論・存続論・変容論の対比から」『社会学評論』62（2）: 189–206.

赤川学（2000）「女性の階層的地位はどのように決まるか？」盛山和夫編『ジェンダー・市場・家族——日本の階層システム 4』東京大学出版会：47–63.

Andersen, R., and J. Curtis（2012）"The Polarizing Effect of Economic Inequality on Class Identification: Evidence from 44 Countries," *Research in Social Stratification and Mobility*, 30（1）: 129–141.

浅野智彦（2016a）「青少年研究会の調査と若者論の今日の課題」藤村正之・浅野智彦・羽渕一代編『現代若者の幸福——不安感社会を生きる』恒星社厚生閣：1–23.

浅野智彦（2016b）「若者の溶解と若者論」川崎賢一・浅野智彦編『〈若者〉の溶解』勁草書房：207–232.

Bauman, Zygmunt（2000）*Liquid Modernity*, Polity Press. =（2001）森田典正訳『リキッド・モダニティ——液状化する社会』大月書店.

Beck, Ulrich（1986）*Risikogesellschaft auf dem Weg in eine andere Moderne*, Suhrkamp. =（1998）東廉，伊藤美登里訳『危険社会——新しい近代への道』法政大学出版会.

Blanchflower, D. G. and A. Oswald（2008）"Is Well-being U-Shaped over the Life Cycle?," *Social Science & Medicine*, 66: 1733–1749.

Blau, P. M.（1956）"Social Mobility and Interpersonal Relations," *American Sociological Review*, 21: 290–295.

Campbell, Angus（1981）*The Sense of Well-Being in America: Recent Patterns and Trends*, New York: McGraw-Hill.

Clark, A. E. and A. J. Oswald（1994）"Unhappiness and Unemployment," *Economic Journal*, 104: 648–659.

Clark, A. E, Y. Georgellis and P. Sanfey（2001）"Scarring: The Psychological Impact of Past Unemployment," *Economica*, 68: 221–241

Coleman, James S.（1990）*Foundations of Social Theory*, Cambridge: The Belknap Press of Harvard University Press.

Coleman, James S.（1993）"The Role of Rights in a Theory of Social Action," *Journal of Institutional and Theoretical Economics*, 149（1）: 213–232.

Dahrendorf, Ralf（1992）*Der moderne soziale Konflikt: Essay zur Politik der Freiheit*,

Stuttgart: Deutsche Verlags-Anstalt. ＝(2001) 加藤秀治郎・檜山雅人訳『現代の社会紛争』世界思想社.

Demakakos, P., J. Nazroo E., Breeze and M. Marmot (2008) "Socioeconomic Status and Health: The Role of Subjective Social Status," *Social Science & Medicine*, 67 (2): 330–340.

Diener, E., Eunkook M. Suh, Richard E. Lucas, and Heidi L. Smith (1999) "Subjective Well-Being: Three Decades of Progress," *Psychological Bulletin*, 125 (2): 276–302.

独立行政法人労働政策研究・研修機構 (2015)『壮年非正規雇用労働者の仕事と生活に関する研究──経歴分析を中心として』労働政策研究報告書 No.180.

Easterlin, Richard A. (1974) "Does Economic Growth Improve the Human Lot? Some Empirical Evidence," *Nations and Households in Economic Growth*, New York: Academic Press.

Easterlin, Richard A. (2001) "Income and Happiness: Towards a Unified Theory," *The Economic Journal*, 111 (473): 465–484.

枝廣淳子・草郷孝好・平山修一 (2011)『GNH (国民総幸福) みんなでつくる幸せ社会へ』海象社.

Ellison, C. G., and J. S. Levin (1998) "The Religion-Health Connection: Evidence, Theory, and Future Directions," *Health Education & Behavior*, 25 (6): 700–720.

Ellison, C. G. (1993) "Religious Involvement and Self-Perception among Black Americans," *Social Forces*, 71 (4): 1027–1055.

Erikson, Robert and John H. Goldthorpe (1992) *The Constant Flux: A Study of Class Mobility in Industrial Societies*, Oxford: Clarendon Press.

Evans, M.D.R. J. Kelley, and T. Kolosi (1992) "Images of Class: Public Perceptions in Hungary and Australia", *American Sociological Review*, 57 (4): 461–482.

Evans, M. D., and J. Kelley (2004) "Subjective Social Location: Data from 21 Nations," *International Journal of Public Opinion Research*, 16 (1): 3–38.

Evans, M.D.R. and J. Kelley (2016) "Communism, Capitalism and Images of Class: Effects of Reference Groups, Reality, and Regime in 43 Nations and 110,000 Individuals, 1987–2009", *Cross-Cultural Research*, 51 (4): 315–359

Ferrer-i-Carbonell, A. (2005) "Income and Well-Being: An Empirical Analysis of the Comparison Income Effect," *Journal of Public Economics*, 89：997–1019.

Fields, J. M. and H. Schuman (1976) "Public Beliefs about the Beliefs of the Public", *Public Opinion Quarterly*, 40: 427–448.

Fischer, Claude S. (1982) *To Dwell among Friends*, Chicago: The University of Chicago Press. ＝ (2002) 松本康・前田尚子訳『友人のあいだで暮らす──北カリフォルニアのパーソナル・ネットワーク』未來社.

Frey Bruno S. (2008) *Happiness: A Revolution in Economics*, The MIT Press.＝(2012) 白石小百合訳『幸福度をはかる経済学』NTT 出版.

Frey Bruno S. and Stutzer Alois (2002) *Happiness and Economics*, Princeton University Press. ＝(2005) 佐和隆光監訳・沢崎冬日訳『幸福の政治経済学──人々の幸せ

を促進するものは何か』ダイヤモンド社.

藤岡伸明（2009）「近年における若者研究の動向——包括的アプローチの現状と課題」『一橋社会科学』6: 153-70.

藤原翔・赤枝尚樹・谷岡謙・吉川徹（2012）「SSP-I2010 調査のデータ特性」第 4 回 SSP 研究会（統計数理研究所共同利用研究公開研究会）報告資料.

藤原翔・伊藤理史・谷岡謙（2012）「潜在クラス分析を用いた計量社会学的アプローチ——地位の非一貫性，格差意識，権威主義的伝統主義を例に」『年報人間科学』33 号: 43-68.

藤村正司（2009）「大学進学における所得格差と高等教育政策の可能性」『教育社会学研究』85: 27-48.

藤田孝典（2016）『貧困世代——社会の監獄に閉じ込められた若者たち』講談社.

福井康貴（2015）「非正規雇用から正規雇用への移動における企業規模間格差」『社会学評論』66（1）: 73-88.

福井康貴（2017）「入職経路の個人内効果——非正規雇用から正規雇用への転職のパネルデータ分析」『ソシオロジ』61（3）: 23-39.

Furlong, A., and F. Cartmel（2007）*Young People and Social Change, 2nd ed.*, Buckingham: Open University Press. =（2009）乾彰夫・西村貴之・平塚眞樹・丸井妙子訳『若年層と社会変容——リスク社会を生きる』大月書店.

古市憲寿（2011）『絶望の国の幸福な若者たち』講談社.

Genda,Yuji, Ayako Kondo and Souichi Ohta（2010）"Long-Term Effects of a Recession at Labor Market Entry in Japan and the United States," *The Journal of Human Resources*, 45（1）: 157-196.

George, L. K., C. G. Ellison, and D. B. Larson（2002）"Explaining the Relationships Between Religious Involvement and Health," *Psychological Inquiry*, 13（3）: 190-200.

Germni, G.（1966）"Social and Political Consequences of Mobility," N. J. Smelser and S. M. Lipset（eds.）*Social Structure and Mobility in Economic Development*, Chicago, Aldine Pub: 364-394.

Giddens, Anthony（1991）*Modernity and Self-identity: Self and Society in the Late Modern Age*, Stanford University Press. =（2005）秋吉美都・安藤太郎・筒井淳也訳『モダニティと自己アイデンティティ——後期近代における自己と社会』ハーベスト社.

Granovetter, Mark S.（1973）"The Strength of Weak Ties," *American Journal of Sociology*, 78（6）: 1360-1380.

Gurin, Patricia, Gerald Gurin and Betty M. Morrison（1978）"Personal and Ideological Aspects of Internal and External Control," *Social Psychology*, 41: 316-328.

原純輔（1994）「『近代主義者』の階層観」『理論と方法』9（2）: 157-169.

原純輔・盛山和夫（1999）『社会階層——豊かさの中の不平等』東京大学出版会.

原美和子（2010）「浸透する格差意識——ISSP 国際比較調査（社会的不平等）から」『放送研究と調査』60（5）: 56-73.

原田謙（2017）『社会的ネットワークと幸福感——計量社会学でみる人間関係』勁草書房.

196 文　献

Hardy, M. A. (1993) *Regression with Dummy Variables*, Newbury Park, CA, Sage.

Harpham, T. (2008) "The Measurement of Community Social Capital through Surveys," Kawachi, I., S. V. Subramanian, and D. Kim eds., *Social Capital and Health*, Springer, 51-62.＝ (2008) 濱野強訳「社会調査による地域レベルのソーシャル・キャピタルの測定」藤沢吉和・高尾総司・濱野強監訳『ソーシャル・キャピタルと健康』日本評論社: 81-99.

橋本健二 (2009)『「格差」の戦後史——階級社会日本の履歴書』河出書房新社.

橋爪裕人 (2016)「非正規・失業と主観的 Well-Being——社会関係資本とリスクの観点から」『2015 年度課題公募型二次分析研究会　パネルデータを活用した就労・家族・意識の関連性についての研究　研究成果報告書』: 133-157.

林雄亮 (2007)「現代日本社会における格差意識」『社会学年報』36: 189-209.

狭間諒太郎・谷岡謙 (2015)「階層帰属意識の規定要因としての社会移動——主観的社会移動が捉える 2 つの経路」『年報人間科学』36 号: 1-17.

狭間諒多朗 (2016)「若年層における現在志向の時点間比較——若者の現在志向の正体」SSP プロジェクト事務局（吉川徹・伊藤理史）編『2015 年階層と社会意識全国調査（第 1 回 SSP 調査）報告書』SSP プロジェクト: 47-53.

狭間諒多朗 (2017)「現在志向が若年層のおとなしさに与える影響——政治委任意識と格差肯定意識に注目して」『ソシオロジ』62 (1): 79-96.

Helliwell Jhon F. (2003) "How's Life?: Combining Individual and National Variables to Explain Subjective Well-Being," *Economic Modelling*, 20: 331-360.

堀有喜衣編 (2007)「フリーターへの経路とフリーターからの離脱」堀有喜衣編『フリーターに滞留する若者たち』勁草書房.

星敦士 (2000)「階層帰属意識の判断基準と比較基準——準拠枠としてのネットワークの機能」『社会学評論』51 (1): 120-135.

House, J. S., D. Umberson, and K. R. Landis (1988) "Structures and Processes of Social Support," *Annual Review of Sociology*, 14: 293-318.

Hurd, M. D., S. Rohwedder and C. Tassot (2014) "The Impact of Employment Transitions on Subjective Well-Being: Evidence from the Great Recession and Its Aftermath," *RAND Working Paper*: 1-74.

井手英策・古市将人・宮﨑雅人 (2016)『分断社会を終わらせる——「だれもが受益者」という財政戦略』筑摩書房.

今田高俊・原純輔 (1979)「社会的地位の一貫性と非一貫性」富永健一編『日本の階層構造』東京大学出版会.

今田高俊 (2000)「ポストモダン時代の社会階層」今田高俊編『日本の階層システム 5　社会階層のポストモダン』東京大学出版会: 3-53

乾彰夫 (2010)『〈学校から仕事へ〉の変容と若者たち』青木書店.

Ishiguro, Itaru and Yoichi Okamoto (2013) "Two Ways to Overcome Social Uncertainty in Social Support Networks: A Test of the Emancipation Theory of Trust by Comparing Kin/nonkin Relationships," *Japanese Psychological Research*, 55 (1): 1-11.

石川晃弘・川崎嘉元編（1991）『日本社会は平等か──中堅サラリーマンのイメージ』サイエンス社.

Jackman, M. R.（1979）"The Subjective Meaning of Social Class Identification in the United States," *Public Opinion Quarterly*, 43（4）: 443-462.

Jackman, M. R., and R. W. Jackman（1983）*Class Awareness in the United States*. University of California Press.

金澤悠介（2014）「社会関係資本から見た社会的孤立の構造」辻竜平・佐藤嘉倫編『ソーシャルキャピタルと格差社会──幸福の計量社会学』東京大学出版会: 137-152.

神林博史（2006）「階層帰属意識とジェンダー──分布の男女差に関する検討」『東北学院大学教養学部論集』143号: 95-123.

神林博史（2008）「階層帰属意識とジェンダー──分布の差に関する判断基準説と判断水準説の検討」轟亮編『2005年SSM調査シリーズ8　階層意識の現在』文部科学省科学研究費報告書: 67-85.

神林博史（2010a）「高度経済成長期の階層帰属意識──戦後日本における階層帰属意識に関するノート（1）」『東北学院大学教養学部論集』156: 25-54.

神林博史（2010b）「『中』意識の飽和と潜在する変化──戦後日本における階層帰属意識に関するノート（2）」『東北学院大学教養学部論集』157: 1-24.

神林博史（2011）「中流意識と日本社会──階層帰属意識の時代的変化とその意味」盛山和夫・片瀬一男・神林博史・三輪哲編著『日本の社会階層とそのメカニズム』白桃書房: 151-184.

神林博史（2012a）「『総中流』と不平等をめぐる言説──戦後日本における階層帰属意識に関するノート（3）」『東北学院大学教養学部論集』161: 67-90.

神林博史（2012b）「階層帰属意識と社会経済的変数の関連の時系列的変化」シンポジウム「階層帰属意識研究の展望──数理と実証の融合に向けて」報告資料.

神林博史（2015）「階層帰属意識からみた戦後日本──総中流社会から格差社会へ」数土直紀編『社会意識からみた日本──階層意識の新次元』有斐閣.

神林博史（2016）「『主観的社会的地位と健康』研究の動向と課題: 階層意識研究の視点からのレビュー」『東北学院大学人間情報学研究』21: 59-82.

苅谷剛彦（1995）『大衆教育社会のゆくえ──学歴主義と平等神話の戦後史』中央公論新社.

苅谷剛彦（2001）『階層化日本と教育危機──不平等再生産から意欲格差社会へ』有信堂高文社.

苅谷剛彦（2009）『教育と平等──大衆教育社会はいかに生成したか』中央公論新社.

Kawachi, I., S. V. Subramanian, and D. Kim eds.（2008）"Social Capital and Health: A Decade of Progress and Beryond," Kawachi, I., S. V. Subramanian, and D. Kim eds., *Social Capital and Health*, Springer: 1-26.=（2008）濱野強訳「社会調査による地域レベルのソーシャル・キャピタルの測定」藤沢吉和・高尾総司・濱野強監訳『ソーシャル・キャピタルと健康』日本評論社, 9-48.

吉川徹（1999）「『中』意識の静かな変容」『社会学評論』50（2）: 216-230.

Kikkawa, Toru（2000）"Changes in the Determinants of Class Identification in Japan," *International Journal of Sociology*, 30（2）: 34-51.

198　文　献

吉川徹（2006）『学歴と格差・不平等——成熟する日本型学歴社会』東京大学出版会.

吉川徹（2008）「階級・階層意識の計量社会学」直井優・藤田英典編『講座社会学13　階層』東京大学出版会：77-108.

吉川徹（2009）『学歴分断社会』筑摩書房.

Kikkawa, Toru, and Sho Fujihara（2012）"Class Awareness in Japan and the US," *Sociological Theory and Methods*, 27（2）: 205-224.

吉川徹（2014）『現代日本の「社会の心」』有斐閣.

金児恵（2004）「日本人の宗教的態度とその精神的健康への影響——ISSP 調査の日米データの二次分析から」『死生学研究』3: 348-67.

小林大祐（2008a）「階層帰属意識に対する従業上の地位の効果について」轟亮編『階層意識の現在』2005 年 SSM 調査研究会：53-66.

小林大祐（2008b）「若年層の階層意識における『フリーター』の効果——フリーターをしている理由による分析」太郎丸博編『若年層の社会移動と階層化』2005 年 SSM 調査研究会：205-18.

小林大祐（2011）「雇用流動化社会における働き方と階層帰属意識」斎藤友里子・三隅一人編『現代の階層社会［3］流動化のなかの社会意識』東京大学出版会：95-110.

小林大祐（2014）「非正規雇用のなかの格差——若年層における不本意型非正規に注目して」第 87 回　日本社会学会報告原稿.

小林大祐（2015a）「どうして『中』と答えたのか——調査のやり方で変わる回答」数土直紀編『社会意識からみた日本——階層意識の新次元』有斐閣：82-108.

小林大祐（2015b）「階層帰属意識における調査員効果について」『社会学評論』66（1）: 19-38.

小林大祐（2016）「生活満足感に関する加齢効果・コーホート効果・時代効果」太郎丸博編『後期近代と価値意識の変容——日本人の意識　1973-2008』東京大学出版会.

小林雅之（2008）『進学格差——深刻化する教育費負担』筑摩書房.

Kondo, Ayako（2007）"Does the first job really matter? State dependency in employment status in Japan," *Journal of the Japanese and International Economies*, 21（3）: 379-402.

高坂健次・宮野勝（1990）「階層イメージ——イメージ形成過程への数理的アプローチ」原純輔編『現代日本の階層構造2　階層意識の動態』東京大学出版会：47-70.

高坂健次（2006）『社会学におけるフォーマル・セオリー——階層イメージに関する FK モデル【改訂版】』ハーベスト社.

小杉礼子（2003）『フリーターという生き方』勁草書房.

小杉礼子（2004）「労働の変貌——若者の非典型雇用と個人主義」『社会学評論』54（4）: 355-369.

小杉礼子（2010）『若者と初期キャリア——「非典型」からの出発のために』勁草書房.

小杉礼子・原ひろみ編著（2011）『非正規雇用のキャリア形成——職業能力評価社会を目指して』勁草書房.

Lachman, Margie E., and Suzanne L. Weaver（1998）"The Sense of Control as a Moderator of Social Class Differences in Health and Well-Being," *Journal of Personali-*

ty and Social Psychology, 74: 763–773.

Lechner, C. M., and T. Leopold (2015) "Religious Attendance Buffers the Impact of Unemployment on Life Satisfaction: Longitudinal Evidence from Germany," *Journal for the Scientific Study of Religion*, 54 (1): 166–74.

Lin, Nan (2001) *Social Capital: A Theory of Social Structure and Action*, Cambridge: Cambridge University Press. ＝ (2008) 筒井淳也・石田光規・桜井政成・三輪哲・土岐智賀子訳『ソーシャル・キャピタル——社会構造と行為の理論』ミネルヴァ書房.

間々田孝夫 (1990)「階層帰属意識」原純輔編『現代日本の階層構造 2　階層意識の動態』東京大学出版会.

Marchenko, Y. (2014) "mibeta: Standardized coefficients for multiply–imputed data." (http://www.stata.com/users/ymarchenko/mibeta/mibeta.ado)

松田茂樹 (2008)『何が育児を支えるのか——中庸なネットワークの強さ』勁草書房，三輪哲 (2009)「潜在クラスモデル入門」『理論と方法』24 号：345–356.

三輪哲・山本耕資 (2012)「世代内階層移動と階層帰属意識——パネルデータによる個人内変動と個人間変動の検討」『理論と方法』27 (1): 63-83.

宮本みち子 (2002)『若者が《社会的弱者》に転落する』洋泉社.

宮本みち子 (2011)「少子・高齢社会のライフコース」宮本みち子編『人口減少社会のライフスタイル』放送大学教育振興会：73-90.

宮本みち子 (2012)『若者が無縁化する——仕事・福祉・コミュニティでつなぐ』筑摩書房.

文部科学省 (2017) 学校基本調査. http://www.mext.go.jp/b_menu/toukei/chousa01/kihon/1267995.htm.

村上泰亮 (1984)『新中間大衆の時代——戦後日本の解剖学』中央公論社.

Murray, C. (2012) *Coming Apart: The State of White America, 1960–2010*, New York, Crown Forum. ＝ (2013) 橘明美訳『階級「断絶」社会アメリカ——新上流と新下流の出現』草思社.

Naito, Jun (2007) "Perceived Freedom and its Sociological Effects: An Inquiry into the Relationship Between Liberalism and Inequality," *International Journal of Japanese Sociology*, 16: 80-99.

内藤準 (2012)「自由の規定要因とジェンダー不平等——階層測定の単位に関する論争から」武川正吾・白波瀬佐和子編『格差社会の福祉と意識』東京大学出版会：143-168.

内藤準 (2016)「社会関係的資源と自由——ネットワークの利用可能性と階層性」数理社会学会第 61 回大会 (2016 年 3 月 17 日，上智大学四谷キャンパス).

内藤準 (2017)「サポートネットワークの有効性に対する社会階層の効果——ネットワークと自由の分析」『理論と方法』32 (1): 64-79.

中澤渉 (2010)「学歴の世代間移動の潜在構造分析」『社会学評論』61 (2)：112-129.

中澤渉 (2017)「正規／非正規雇用の移動障壁と非正規雇用からの脱出可能性」石田浩編『教育とキャリア』勁草書房：143-170.

直井優 (1989)「問題提起　崩れ始めた平準化神話（日本社会の階層変容に迫る〈朝日ジャーナル 30 周年記念企画〉)」『朝日ジャーナル』31 (15)：14-19.

OECD (2012) *Education at a Glance 2012: OECD Indicators, OECD Publishing.* http://

200 文　献

dx.doi.org/10.1787/eag-2012-en

OECD（2015）*How's Life? 2015: Measuring Well-Being*, Paris: Organization for Economic Co-operation and Development.＝（2016）西村美由紀訳『OECD幸福度白書3──より良い暮らし指標 生活向上と社会進歩の国際比較』明石書店

OECD（2016）*Education at a Glance 2016: OECD Indicators, OECD Publishing.* http://dx.doi.org/10.1787/eag-2016-en

大澤真幸（2011）「可能なる革命　第1回──『幸福だ』と答える若者たちの時代」『atプラス』07: 114-27.

太田清（2006）「非正規雇用と労働所得格差」『日本労働研究雑誌』577: 41-52.

大竹文雄（2004）「失業と幸福度」『日本労働研究雑誌』528: 59-68.

大竹文雄（2005）『日本の不平等──格差社会の幻想と未来』日本経済新聞社.

大竹文雄・白石百合子・筒井義郎編（2010）『日本の幸福度──格差・労働・家族』日本評論社.

Oshio, T. and M, Kobayashi（2010）"Area-Level Income Inequalityand Individual Happiness: Evidence from Japan," *Journal of Happiness Studies*, 12: 633-649.

小塩隆士・浦川邦夫（2012）「主観的厚生に関する相対所得仮説の検証──幸福感・健康感・信頼感」『経済研究』63（1）: 42-55.

Pattanaik, Prasanta K., and Yongsheng Xu（1990）"On Ranking Opportunity Sets in Terms of Freedom of Choice," *Recherches Economiques de Louvain*, 54: 383-390.

Ross, L. Greene, D., and P. House（1977）"The "False Consensus Effect: An Egocentric Bias in Social Perception and Attribution Process", *Journal of Experimental Psychology*, 13: 279-301.

Royston, P.（2004）"Multiple Imputation of Missing Values," *Stata Journal*, 4（3）: 227-41.

Rubin, D. B.（1987）*Multiple Imputation for Nonresponse in Surveys*, John Wiley & Sons.

櫻井義秀（2017）「人は宗教で幸せになれるのか──ウェル・ビーイングと宗教の分析」『理論と方法』32（1）: 80-96.

Sampson, Robert J.（2011）"Neighborhood Effects, Causal Mechanisms and the Social Structure of the City," Pierre Demeulenaere ed., *Analytical Sociology and Social Mechanisms*, Cambridge University Press, 227-249.

Sampson, R. J., S. W. Raudenbush, and S. Earls（1997）"Neighborhoods and Violent Crime: A Multilevel Study of Collective Efficacy," *Science*, 277（5328）: 918-924.

佐野晋平・大竹文雄（2010）「労働は人びとを幸せにするか」大竹文雄・白石百合子・筒井義郎編『日本の幸福度──格差・労働・家族』日本評論社.

佐藤俊樹（2000）『不平等社会日本』中央公論新社.

佐藤俊樹（2006）「爆発する不平等感──戦後型社会の転換と「平等化」戦略」白波瀬佐和子編『変化する社会の不平等──少子高齢化にひそむ格差』東京大学出版会: 17-46.

佐藤俊樹（2008）「階層帰属の意味論──自省的近代における階層意識」『社会学評論』59（4）: 734-751.

Savage, Mike, Fiona Devine, Niall Cunningham, Mark Taylor, Yaojun Li, Johs Hjell-brekke, Brigitte Le Roux, Sam Friedman, and Andrew Miles (2013) "A New Model of Social Class?: Findings from the BBC's Great British Class Survey Experiment," *Sociology*, 47 (2): 1-32.

盛山和夫（1990）「中意識の意味」『理論と方法』5 (2): 51-71.

Sen, Amartya (1985) *Commodities and Capabilities*, Amsterdam: Elsevier. ＝ (1988) 鈴村興太郎訳『福祉の経済学——財と潜在能力』岩波書店.

Sen, Amartya (1990) "Welfare, Freedom, and Social Choice: A Reply," *Recherches Economiques de Louvain*, 54: 469-472.

Sen, Amartya (1992) *Inequality Reexamined*, Oxford: Oxford University Press. ＝ (1999) 池本幸生・野上裕生・佐藤仁訳『不平等の再検討——潜在能力と自由』岩波書店.

嶋﨑尚子（2008）『ライフコースの社会学』学文社.

嶋﨑尚子（2013）「『人生の多様化』とライフコース——日本における制度化・標準化・個人化」田中洋美・M. ゴツィック・K. 岩田ワイケナント編『ライフコース選択のゆくえ——日本とドイツの仕事・家族・住まい』新曜社, 2-22.

白波瀬佐和子（2006）『変化する社会の不平等——少子高齢化にひそむ格差』東京大学出版会.

白波瀬佐和子（2009）『日本の不平等を考える——少子高齢社会の国際比較』東京大学出版会.

Simpson, Brent and Robb Willer (2015) "Beyond Altruism: Sociological Foundations of Cooperation and Prosocial Beharvior," *Annual Review of Sociology*, 41: 43-63.

Singh-Manoux, A., N. E., Adler, and M. G. Marmot (2003) "Subjective Social Status: Its Determinants and its Association with Measures of Ill-health in the Whitehall II study," *Social Science & Medicine*, 56 (6): 1321-1333.

Singh-Manoux, A., M. G., Marmot and N. E. Adler (2005) "Does Subjective Social Status Predict Health and Change in Health Status Better than Objective Status?" *Psychosomatic Medicine*, 67 (6): 855-861.

Stavrova, O., D. Fetchenhauer, and T. Schlösser (2013) "Why are religious people happy? The effect of the social norm of religiosity across countries," *Social Science Research*, 42 (1): 90-105.

Stiglitz Joseph E., Sen Amartya, and Fitoussi Jean-Paul (2010) *Mismeasuring our Lives: Why GDP Does't Add up (Preface)*, The New Press.＝ (2012) 福島清彦訳『暮らしの質を測る——経済成長率を超える幸福度指標の提案』金融財政事情研究会.

数土直紀（2003）『階層意識に現れる性——権力』『学習院大学法学会雑誌』39 (1): 15-38.

数土直紀（2009）『階層意識のダイナミクス——なぜ、それは現実からずれるのか』勁草書房.

数土直紀（2010）『日本人の階層意識』講談社.

数土直紀（2011）「高学歴化と階層帰属意識の変容」斉藤友里子・三隅一人編『現代の階層社会 3——流動化のなかの社会意識』東京大学出版会: 17-30.

数土直紀（2012）「未婚者の階層意識」『理論と方法』27（2）: 225-242.

数土直紀（2015）「頭のなかの日本社会──日本人の自己像」数土直紀編『社会意識からみた日本──階層意識の新次元』有斐閣.

数土直紀編（2015）『社会意識からみた日本──階層意識の新次元』有斐閣.

Sudo, Naoki（2017a）"How will Aging Communities Affect Japan? Neighborhood Effects on Japanese Political Attitudes," *The 10th International Network of Analytical Sociologists Conference.* Oslo.

Sudo, Naoki（2017b）"Same Opinion, but Different Reasons: Why do Japanese people support market principles?" *The 112th American Sociological Association Annual Meeting.* Montreal.

数土直紀（2018）「なぜ，日本人は市場原理を支持するのか──社会関係資本が帰結するものの功罪」遠藤薫編『ソーシャルメディアと公共性──リスク社会のソーシャル・キャピタル』東京大学出版会.

菅野剛（2001）「社会階層とソーシャル・サポートの関連についての分析──多母集団解析簡便法の適用」石原邦雄・大久保孝治編『現代家族におけるサポート関係と高齢者介護』文部科学省研究費基盤研究（A）10301010 報告書: 1-20.

Sugden, Robert（1998）"The Metric of Opportunity," *Economics and Philosophy*, 14: 307-337.

Sugden, Robert（2003）"Opportunity as a Space for Individuality: Its Value and the Impossibility of Measuring It," *Ethics*, 113: 783-809.

鈴木宗徳（2015）「ベック理論とゼロ年代の社会変動」鈴木宗徳編『個人化するリスクと社会──ベック理論と現代日本』勁草書房: 1-24.

鈴村興太郎（2002）「センの潜在能力理論と社会保障」『海外社会保障研究』138: 23-33.

橘木俊詔（1998）『日本の経済格差──所得と資産から考える』岩波書店.

橘木俊詔（2006）『格差社会──何が問題なのか』岩波書店.

橘木俊詔（2010）『日本の教育格差』岩波書店.

竹ノ下弘久（2013）『仕事と不平等の社会学』弘文堂.

谷岡謙（2016）「「中」意識から「上・下」意識へ」SSP プロジェクト事務局編『2015 年階層と社会意識全国調査（第 1 回 SSP 調査）報告書』SSP プロジェクト: 31-37.

太郎丸博編（2006）『フリーターとニートの社会学』世界思想社.

太郎丸博（2009）『若年非正規雇用の社会学　階層・ジェンダー・グローバル化』大阪大学出版会.

Toivonen, T.（2011）"NEETs: The Strategy within the Category," Goodman, R., Y. Imoto, and T. Toivonen, eds., *A Sociology of Japanese Youth*, London, Routledge. =（2013）井本由紀監訳・西川美樹訳「ニート──カテゴリーの戦略」ロジャー・グッドマン・井本由紀・トゥーッカ・トイボネン編『若者問題の社会学──視線と射程』明石書店: 251-283.

富永健一・友枝敏雄（1986）「日本社会における地位非一貫性の趨勢　1955-1975 とその意味」『社会学評論』37（2）: 152-174.

豊泉周治（2010）『若者のための社会学──希望の足場をかける』はるか書房.

Tversky, A. and D. Kahneman, (1982) "Availability: A Heuristic for Judging Frequency and Probability," In Kahneman, D., Slovis, P. and Tversly, A. eds. (1982) *Judgment under Uncertainty Heuristics and Biases*, New York, Cambridge University Press.

Veenhoven, Ruut (2000) "Freedom and Happiness: A Comperative Study in Fourtyfour Nations in the Early 1990s," Ed Diener and Eunkook M Suh eds., *Culture and Subjective Well-Being*, Cambridge: MIT Press: 257-288.

Vermunt, J. K. and J. Magidson (2005) *Technical Guide for Latent GOLD 4.0: Basic and Advanced*, Belmont, Mass., Statistical Innovation Inc.

浦川邦夫 (2011)「幸福度研究の現状——将来不安への処方箋」『日本労働研究雑誌』612: 4 -15.

浦川邦夫・松浦司 (2007)「格差と階層変動が『生活満足度』に与える影響」『生活経済学研究』26: 13-30.

山田昌弘 (2004a)『パラサイト社会のゆくえ——データで読み解く日本の家族』筑摩書房.

山田昌弘 (2004b)『希望格差社会——「負け組」の絶望感が日本を引き裂く』筑摩書房.

山口洋 (1998)「出身階層と到達階層——世代間社会移動と社会意識」間々田孝夫編『1995 年SSM調査シリーズ6 現代日本の階層意識』平成6年度〜平成9年度科学研究費補助金（特別推進研究 (1)) 研究成果報告書: 47-63.

山口一男 (1999)「既婚女性の性別役割意識と社会階層——日本と米国の共通性と異質性について」『社会学評論』50 (2): 231-252.

Yamaguchi, K (2000) "Multinomial Logit Latent‐Class Regression Models: An Analysis of the Predictors of Gender Role Attitudes among Japanese Women," *American Journal of Sociology*, 105: 1702-1740.

Warr, P. (1999) "Well-Being and the workplace." In D. Kahneman, E. Diener and N. Schwarz eds., *Well-Being: The Foundationsof Hedonic Psychology*: 392-412, New York: Russell Sage Foundation.

Wellman, Barry (1979) "The Community Question: The Intimate Networks of East Yorkers," *American Journal of Sociology*, 84: 1201-31.= (2006) 野沢慎司・立山徳子訳「コミュニティ問題——イースト・ヨーク市民の親密なネットワーク」野沢慎司編『リーディングスネットワーク論——家族・コミュニティ・社会関係資本』勁草書房: 159-204.

Winkelmann, L. and R. Winkelmann, (1998) "Why Are the Unemployed So Unhappy? Evidence from Panel Data," *Economica*, 65: 1-15.

Wright, E. Olin (1997) *Class Counts: Comparative Studies in Class Analysis*, Cambridge, UK: Cambridge University Press.

矢野眞和・濱中淳子 (2006)「なぜ，大学に進学しないのか」『教育社会学研究』79: 85-104.

安田三郎 (1971)『社会移動の研究』東京大学出版会.

横井桃子・川端亮 (2013)「宗教性の測定——国際比較研究を目指して」『宗教と社会』19: 79-95.

Young, Cristobal (2012) "Losing a Job: The Nonpecuniary Cost of Unemployment in the United States," *Social Forces*, 91 (2): 609–634.

あとがき

　格差社会になって人びとの階層意識がどのように変化したのか，このことを探ろうと本書の試みは始まった．まだ完全にその課題を達成できたわけではないが，まずはひと段落つけるところまでたどり着いたことに安堵している．

　本書では，人びとの意識のなかでも特に階層帰属意識に注目し，総中流社会から格差社会という流れのなかで自分たちを社会のなかに位置づける仕方が大きく変わったことを明らかにした．社会のなかで自分がどのような位置を占めており，社会という文脈で自己をどのような人としてイメージするかは，その人のそれ以外のさまざまな社会意識のあり方とも深く関連している．たとえば，それは社会に対する評価を含んだ階層イメージや基本的な社会観とも関係していた．あるいは，働き方と幸福感との連関にも関連しており，宗教といった基本的な人生観とも関係しているし，人びとが自身を自由であると規定する程度にも影響を及ぼしていた．こうした事実からわかることは，物質的な条件・環境だけがその人の生き方を決定しているわけではないこと，その人が与えられた物質的な条件・環境をどのように評価し，そしてそれを自身の行動にどう反映させているのかによっても大きく変わってくることではないかと思っている．もちろん，扱われるべき問題の全体像を考えれば，明らかにされたことはほんのごく一部分かもしれない．しかしそれでも，本書の成果には十分な意味があったと信じている．

　はしがきでも述べたように，本書は SSP プロジェクト（研究代表　吉川徹）の一環として企画され，刊行された．そして，この SSP プロジェクトは現在も継続中であり，SSP プロジェクトにもとづいた研究成果の公開はこの先も続く予定になっている．そのことによって，階層意識をテーマにした研究がよりいっそう充実したものになっていくはずである．一人でなしえることの限り

を考えると，SSP プロジェクトのような共同研究の意義に改めて感じ入ってしまう．共同研究の形をとらなければ，階層意識をテーマにした研究にこれほどの広がりをもたせることはできなかったであろう．

　最後に，本書の成立にあたって力を貸してくれた方々にお礼を述べなければならない．まず，忙しいなか，野心的な原稿を寄せてくれた執筆者の方々，また研究会等で積極的に意見を出してくれた SSP プロジェクトのメンバーの協力に心から感謝を申し上げたい．そして，本書の企画を引き受け，編集作業に尽力してくれた勁草書房の松野菜穂子さんにも心からお礼を申し上げたい．もし彼女の助力を得られなければ，本書を世に出すことはできなかったはずである．最後に，日本学術振興会にも感謝申し上げる．本書は，日本学術振興会科学研究費補助金（課題番号 JP23223002，JP16H02045）による研究成果の一部である．

2017 年 11 月

数土直紀

索　引

あ　行

浅野智彦　56, 64
イースタリン・パラドックス　25
生き方の自由　86
意識の分断　105, 115
一億総中流　3, 17
移動経験　121, 125, 126, 128, 129, 132, 135, 136, 138
移動障壁　93, 97, 98, 100, 107, 112, 113, 115
移動障壁の高さ　110
移動障壁の認識　111
移動の壁　93
今田高俊　143
意欲格差（インセンティブ・ディバイド）　56
ウェル・ビーイング　24, 25, 26, 29, 88
ウェル・ビーイング格差　28
大人の階段　48

か　行

下位一貫層　149, 152, 153
下位一貫的なクラス　146
階級帰属意識　5
階層意識　188, 193
階層意識論　115
階層イメージ　4, 7, 8, 9, 10, 11, 12, 13, 14, 15, 16, 18, 19, 20, 121, 122, 123, 124, 125, 126, 127, 129, 130, 131, 132, 135, 187, 193
階層帰属意識　5, 11, 12, 13, 15, 17, 49, 52, 53, 54, 58, 59, 95, 96, 99, 100, 101, 111, 113, 119, 120, 121, 122, 123, 124, 125, 126, 127, 128, 129, 130, 131, 132, 135, 136, 138, 139, 140, 141, 142, 143, 144, 145, 146, 149, 151, 153, 154, 156, 157, 158, 159, 160, 161, 168, 170, 180, 183, 185, 186, 190, 191, 193

階層帰属意識の静かな変容　174, 181, 186, 187, 189, 190
階層帰属意識分布　183, 184, 185, 186, 187, 189
階層地位　179
階層的地位　159, 160, 162, 173
階層判断基準　184, 185
階層判断基準の共通化仮説　141
格差意識　120, 121, 124, 125, 126, 129, 130, 131, 132, 135, 138, 139
格差肯定的中層　131, 132, 134, 136, 137, 138, 139
格差社会　3, 8, 19, 24, 44, 118, 119, 120, 121, 135, 140, 141, 149, 154, 157, 173, 174, 186, 187, 193
格差社会化　140
格差社会論　118, 125
格差否定的中層　131, 132, 133, 134, 135, 136, 137, 138, 139
獲得的地位化　37, 41, 43
獲得的地位化仮説　36, 40, 43, 44
学歴インフレ　5
学歴価値　163, 164, 165, 167, 168, 170, 172, 174, 176, 178, 179
学歴価値の変化　173
学歴社会　159
学歴の価値　159, 160, 161, 162
学歴の選抜性　168
学歴分断社会　139
学歴分断線　13
下降移動による非中流社会イメージ形成仮説　135
苅谷剛彦　56
川端亮　62
吉川徹　123, 139, 174

208　索　引

逆ピラミッド型　8, 13, 14, 18
客観的階層地位　172, 188, 189
業績主義的な価値　181
業績主義的な価値観　180, 189, 190
均等分布型　8, 11, 13, 14, 17, 18
近隣関係　83, 85
近隣効果　76
近隣生活　83
下り坂の錯覚仮説　124, 125, 138
下意識　137
現在志向　51, 53, 54, 55, 56, 57, 58, 59, 60,
　　63
高学歴化　169, 174, 179, 180
高学歴非一貫　149
高学歴非一貫層　151, 152, 153
高学歴非一貫的なクラス　146
高収入非一貫　149
高収入非一貫層　151, 153
高収入非一貫的なクラス　146
高等教育機関　190
高年齢非正規雇用　115
幸福　22
幸福感　24, 25, 26, 56
幸福度　52, 53
国民生活に関する世論調査　3
個人化　66
雇用格差　26
雇用の流動化　44, 96, 98, 100
混合分布　143, 144

さ　行

佐藤俊樹　143
サポート資源　66
サポートネットワーク　67, 68, 69, 72, 73,
　　85, 86, 87
サポートネットワーク人数　70, 74, 79, 82,
　　83, 86
しがらみ　65, 66, 73, 74, 87, 88
自己イメージ　156, 157, 166, 167, 173, 174,
　　178, 179, 180

自己肯定感　51, 52, 53
自己効力感　72
静かな変容　142
社会階級イメージ　6
社会階層イメージ　6
社会観　19
社会関係資本　15, 17
社会関係的資源　72
社会的凝集性　67, 68, 70, 74, 75, 76, 77, 78,
　　80, 82, 83, 85, 87, 89
社会的資源　69, 71
社会的なつながり　84
社会の形　19
自由　65, 66
自由への制約　83, 84, 85, 86, 87
宗教性　51, 52, 53, 54, 55, 56, 57, 58, 59, 60,
　　62, 63
宗教的な心　52
集合的効力感　15, 16, 17, 18, 74
就職氷河期世代　100
主観的ウェル・ビーイング　25, 26, 27, 30,
　　34, 44
主観的ウェル・ビーイング格差　28, 34, 35,
　　43
主観的下層　132, 135, 136, 137, 138, 139
主観的階層地位　162, 168, 172, 173, 178,
　　179, 180, 181, 187, 188, 189
主観的コントロール　72, 88
主観的社会移動　126, 127, 129, 130
主観的自由　67, 68, 69, 70, 71, 72, 75, 76, 77,
　　80, 82, 83, 84, 86, 88
主観的上層　130, 131, 133, 136, 137, 138,
　　139
主観的な階層的地位　159, 162
準拠集団　9, 11, 13, 14
準拠集団論　20
上位一貫層　149, 151, 152, 153
上位一貫的なクラス　146
上昇移動による中流社会イメージ形成仮説
　　135

索　引　209

障壁の高さ　100, 112
職業威信スコア　30
職場権限変動仮説　35, 36, 37, 39, 40, 43
女性の社会進出　44
所得格差　6, 25
人生ゲーム　51, 52, 57, 61, 62
人的資本　24
数土直紀　123, 141
生活の満足度　24
生活満足感　15, 17, 18
生活満足度　16, 27, 28, 29, 30, 31, 32, 34, 39,
　　40, 42, 43, 44, 48
生活満足度の格差　33
正規雇用　23, 26, 28, 29, 32, 35, 37, 38, 40,
　　42, 43, 44, 94, 110, 112, 113, 116
正規雇用の生活満足度上昇　36, 41
正規と非正規との間の分断　114
正規の生活満足度上昇　37, 39, 43
正規の満足度上昇　34
正規への移動障壁　114
政治的有効性感覚　15, 16
世代間学歴移動　127, 128, 129, 130, 132,
　　133, 134
世代間社会移動　125, 137
世代間の移動経験　121
相対所得仮説　25
相対的貧困率　16, 17, 18
総中流　124
総中流社会　3, 4, 6, 8, 17, 118, 119, 120, 121,
　　122, 135, 140, 141, 157, 173, 186, 193

た　行

大学進学率　175, 176, 177
大学全入時代　176
大学の選抜性　160, 161, 162, 167
大卒者の割合　163, 164, 166, 167, 169, 170,
　　173, 175, 176, 179, 180, 189
大卒の価値　172, 178
大卒の選抜性　172
脱階層群　17

谷岡謙　119
太郎丸博　23
地位アイデンティティ　47, 48, 49, 51, 52,
　　54, 55, 56, 57, 58, 59, 60, 61, 63, 95, 96, 97,
　　98, 99, 100, 101, 102, 105, 109, 110, 111,
　　112, 113, 114, 115, 116, 141, 154
地域コミュニティ　65
地域社会へのコミットメント　86
地域的サポート　68
地位クラス　144, 145, 146, 151, 154
地位クラスの混合分布　153
地位的関係指向　17
地位の一貫性・非一貫性　143, 149, 154
地位の非一貫性　141, 144
地位の非一貫性の増大　184
地位不安　15, 16, 18
中意識　119, 120, 121, 123, 125, 126, 136,
　　137, 138, 143, 144, 184
中間集中型　8, 11, 13, 14, 16, 17, 122, 127,
　　129, 130, 131, 132, 139
中間層　11
中庸なネットワークの強さ　88
中流社会　122, 123, 124, 125, 126, 132, 136,
　　137
中流社会イメージ　124
つながり　72
富永健一　142
友枝敏雄　142
豊泉周治　50

な　行

2極分化型　8, 11, 13, 14, 17

は　行

働き方　22, 43, 109
原純輔　143
反格差意識　15, 16, 18
非正規　94, 100, 102, 107, 109, 110, 111, 112,
　　114
非正規雇用　22, 23, 24, 26, 27, 28, 29, 32, 34,

35, 36, 37, 38, 43, 44, 93, 94, 95, 96, 97, 98,
　　99, 100, 105, 110, 115
非正規雇用の不満足化　　34
人びとのつながり　　65, 69
ピラミッド型　　8, 11, 13, 14, 17
不本意型非正規　　98
浮遊する階層意識　　116
フリーター　　99, 113, 116
古市憲寿　　50
分布イメージ　　6
ポストモダン社会階層論　　17
本意型非正規　　98

ま　行

村上泰亮　　139

や　行

横井桃子　　62

ら　行

ライフコース　　46, 48, 51, 55, 56, 57, 61
ライフコースの個人化　　49
ライフコースの分断　　57
ライフスタイル　　118
利用可能性ヒューリティクス　　20
労働者派遣法　　35

わ　行

若者の意識　　47
若者の格差　　60, 61
若者の地位アイデンティティ　　46, 48, 49,
　　50, 51, 54, 61
若者論　　46, 48, 49, 56

執筆者略歴 （執筆順. ＊は編著者）

数土直紀（すど　なおき）＊はしがき，第8章，終章，あとがき
　1965年生. 東京大学大学院社会学研究科博士課程修了
　現　在　学習院大学法学部　教授
　主要業績 『信頼にいたらない世界』（勁草書房，2013年）

神林博史（かんばやし　ひろし）第1章
　1971年生. 東北大学大学院文学研究科博士後期課程修了
　現　在　東北学院大学教養学部　教授
　主要業績 「階層帰属意識からみた戦後日本」数土直紀（編）『社会意識からみた日本――回想意識
　　　　　の新次元』（有斐閣，2015年）

橋爪裕人（はしづめ　ゆうと）第2章
　1989年生. 大阪大学大学院人間科学研究科博士後期課程単位取得退学
　現　在　公益財団法人たばこ総合研究センター研究員
　主要業績 「非正規・失業と主観的 Well-Being――社会関係資本とリスクの観点から」，『2015年
　　　　　度課題公募型二次分析研究会　パネルデータを活用した就労・家族・意識の関連性につい
　　　　　ての研究　研究成果報告書』133-157，（東京大学社会科学研究所附属社会調査・データア
　　　　　ーカイブ研究センター，2016年）

狭間諒多朗（はざま　りょうたろう）第3章
　1989年生. 大阪大学大学院人間科学研究科博士後期課程修了
　現　在　大阪大学大学院人間科学研究科　特任研究員
　主要業績 「現在志向が若年層のおとなしさに与える影響　政治委任意識と格差肯定意識に注目し
　　　　　て」『ソシオロジ』62（1）：79-96（社会学研究会，2017年）

内藤準（ないとう　じゅん）第4章
　1976年生. 東京大学大学院人文社会系研究科博士課程
　現　在　成蹊大学文学部　専任講師
　主要業績 「社会階層研究における機会の平等と完全移動――概念の分析に基づく方法論的検討」
　　　　　『社会学評論』65（3）：390-408（日本社会学会，2014年）

小林大祐（こばやし　だいすけ）第5章
　1971年生. 同志社大学文学研究科社会学専攻博士課程後期修了
　現　在　金沢大学人間社会研究域人間科学系　准教授
　主要業績 「階層帰属意識における調査員効果について――個別面接法と郵送法の比較から」『社会
　　　　　学評論』66（1）：19-38（日本社会学会，2015年）

金澤悠介（かなざわ　ゆうすけ）第6章
　1980年生. 東北大学大学院文学研究科博士課程後期単位取得退学，博士（文学）
　現　在　立命館大学産業社会学部　准教授
　主要業績 「「中」と答える人たち――「中」意識の構造」数土直紀（編）『社会意識からみた日本

——階層意識の新次元』（有斐閣，2015 年）

谷岡謙（たにおか　けん）第 7 章
　1987 年生．大阪大学大学院人間科学研究科博士後期課程単位取得退学
　現　在　関西学院大学社会学部　非常勤講師
　主要業績　「主観的階層移動の類型化とその規定要因」『パネルデータを活用した就労・家族・意識
　　　の関連性についての研究』158-170（東京大学社会科学研究所附属社会調査・データアー
　　　カイブ研究センター，2016 年）

格差社会のなかの自己イメージ

2018年2月25日 第1版第1刷発行

編著者 数土直紀
発行者 井村寿人

発行所 株式会社 勁草書房
112-0005 東京都文京区水道2-1-1 振替 00150-2-175253
（編集）電話 03-3815-5277／FAX 03-3814-6968
（営業）電話 03-3814-6861／FAX 03-3814-6854
理想社・松岳社

©SUDO Naoki 2018

ISBN978-4-326-60304-6 Printed in Japan

JCOPY 〈㈳出版者著作権管理機構 委託出版物〉
本書の無断複写は著作権法上での例外を除き禁じられています。
複写される場合は、そのつど事前に、㈳出版者著作権管理機構
（電話 03-3513-6969、FAX 03-3513-6979、e-mail: info@jcopy.or.jp）
の許諾を得てください。

＊落丁本・乱丁本はお取替いたします。

http://www.keisoshobo.co.jp

数 土 直 紀	信 頼 に い た ら な い 世 界 権威主義から公正へ	2800円
数 土 直 紀	階 層 意 識 の ダ イ ナ ミ ク ス† なぜ，それは現実からずれるのか	4700円
数 土 直 紀	理 解 で き な い 他 者 と 理 解 さ れ な い 自 己† 寛容の社会理論	3500円
米 村 千 代 編 数 土 直 紀	社 会 学 を 問 う 規範・理論・実証の緊張関係	2800円
吉 川 徹 編著	階 層 化 す る 社 会 意 識 職業とパーソナリティの計量社会学	3200円
中 澤 渉 編著 藤 原 翔	格 差 社 会 の 中 の 高 校 生 家族・学校・進路選択	3200円
原 田 謙	社 会 的 ネ ッ ト ワ ー ク と 幸 福 感 計量社会学でみる人間関係	3500円

石田 浩 監修
── 格差の連鎖と若者 ──

石田 浩 編
第1巻 教育とキャリア 3000 円

佐藤 博樹・三輪 哲 編
第2巻 結婚と若者 近刊

佐藤 香 編
第3巻 ライフデザインと希望 2800 円

＊表示価格は 2018 年 2 月現在。消費税は含まれておりません。
†はオンデマンド版です。